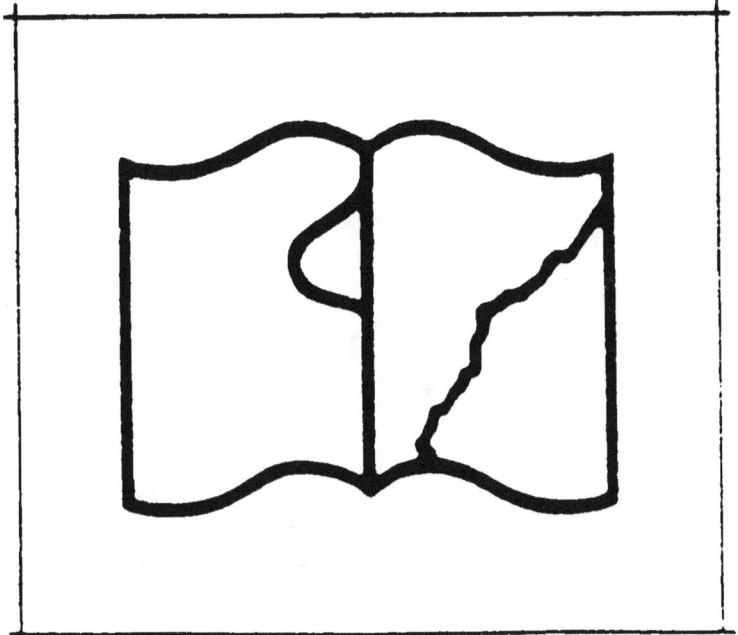

LE FORESTIER

PARIS. — TYPOGRAPHIE MORRIS PÈRE ET FILS

64, RUE AMELOT, 64

LE FORESTIER

PAR

GUSTAVE AIMARD

EN VENTE

AUX BUREAUX DU *JOURNAL DU DIMANCHE*

64, Rue Amelot, 64

PARIS

LE FORESTIER

PAR

GUSTAVE AIMARD

I

Où le lecteur fait à peu près connaissance avec No Santiago Lopez et avec sa famille

A cinq ou six lieues, un peu plus ou un peu moins peut-être, de la ville de Tolède, l'antique capitale des rois goths, puis des rois maures, après le démembrement du califat de Cordoue, et qui, après avoir eu deux cent mille habitants, en compte à peine vingt-cinq mille aujourd'hui, tant la dépopulation marche vite dans cette malheureuse Espagne; à cinq ou six lieues environ, dis-je, de cette ville célèbre, dans les montagnes, au fond d'une vallée verdoyante et presque ignorée, s'élevait à l'époque où commence cette histoire, c'est-à-dire vers 1628, une humble chaumière construite en rondins, couverte tant bien que mal en chaume, appuyée contre un rocher énorme qui la défendait du vent du nord, et entourée sur les trois autres faces par un enclos, bien entretenu et fermé d'une haie vive de bois épineux.

La vallée à l'une des extrémités de laquelle s'élevait cette chaumière était peu étendue; elle avait une lieue de tour à peine, et était coupée en deux parties presque égales par une rivière qui, torrent au sommet des montagnes, tombait de cascade en cascade dans la vallée, et arrivée là fuyait silencieusement sous les glaïeuls, avec ce murmure presque insaisissable de l'eau sur les cailloux qui a le privilège de tant charmer les esprits rêveurs.

Rien de plus poétique, de plus calme et de plus reposé que l'aspect de ce petit coin de terre perdu dans ces montagnes où meurent sans écho tous les bruits du monde; Thébaïde charmante, où la vie s'écoule pure et tranquille loin des soucis des villes et des haines mesquines des envieux.

Le 18 mai 1628, un peu avant midi, un homme jeune encore, grand, bien découplé, à la physionomie douce et énergique à la fois, revêtu du costume des habitants de la campagne des environs de Tolède, portant un fusil sous le bras gauche et un chevreuil sur le cou, descendit presque en courant les pentes abruptes de la montagne, par un véritable sentier de chèvres ou de forestier; il se dirigea tout droit vers la chaumière, suivi ou plutôt précédé par deux superbes chiens, au museau allongé, aux oreilles pendantes, tachetés de feu sur leur robe brune; en approchant de la cabane ils prirent leur course, bondirent par-dessus la haie dont la porte était close et s'élancèrent dans l'intérieur de la chaumière, où ils disparurent en poussant des aboiements joyeux, auxquels répondit un énorme molosse sur un ton plus grave.

Presque aussitôt, comme si ces aboiements eussent été pour elles un signal, trois femmes sortirent de la chaumière, suivies des chiens, et s'avancèrent en toute hâte au-devant du chasseur.

De ces trois femmes, la première avait, de quelques années, dépassé la trentaine; ses traits conservaient les traces d'une beauté qui, quelque dix ans auparavant, avait dû être remarquable, sa taille était droite, flexible, et possédait cette morbidezza gracieuse qui caractérise les Andalouses et les femmes de la Nouvelle-Castille.

Ses compagnes étaient deux jeunes filles, âgées, la première de quinze ans, la seconde de quatorze à peine; toutes deux étaient blondes de cette teinte nacrée particulière à la race gothique et avaient les yeux et les sourcils noirs, ce qui donnait un cachet étrange à leur physionomie rieuse et expressive; leurs traits, peut-être un peu trop réguliers, étaient d'une perfection rare; leur éblouissante et fière beauté avait cette sauvagerie hautaine qu'on ne rencontre que dans les grandes solitudes, qui séduit et charme à la fois et est un attrait de plus pour la passion.

La femme se nommait Maria Dolores; les deux jeunes filles, Cristiana et Luz.

Cristiana était l'aînée.

L'homme au-devant de qui venaient ces trois personnes se nommait Santiago Lopez; il était le mari de Maria Dolores et le père des deux anges blonds qui s'étaient jetés dans ses bras aussitôt qu'il s'était trouvé à leur portée.

Le chasseur débarrassé de ses armes et de son gibier, tous quatre entrèrent dans la chaumière et s'assirent autour d'une table sur laquelle un repas substantiel était préparé, et après une courte prière prononcée à haute voix par le père, ils commencèrent à déjeuner de bon appétit.

Profitons du moment où cette famille aux mœurs patriarcales prend paisiblement son repas pour raconter en quelques mots son histoire, ou du moins ce qu'on savait de cette histoire, ce qui n'était pas grand'chose.

Un jour, il y avait seize ou dix-sept ans de cela, un homme âgé d'une trentaine d'années au plus, venant du côté de Tolède, était arrivé dans la vallée alors complètement déserte.

L'étranger était suivi d'une vingtaine d'ouvriers et de plusieurs mules chargées de vivres, d'outils et de matériaux de toutes sortes, conduites par des arrieros qui portaient non pas le costume castillan ou andalou, mais celui des provinces basques.

Après avoir visité la vallée, et l'avoir pour ainsi dire étudiée sur toutes les faces, l'étranger avait semblé fixer son choix sur la partie la plus reculée; il fait un signe aux ouvriers qui, après avoir aidé les arrieros à décharger les mules, s'étaient immédiatement mis à la besogne avec une grande ardeur.

Les uns construisaient une maison, ou plutôt une chaumière, les autres éfrichaient une assez grande étendue de terre, pour faire un enclos d'abord, puis plusieurs champs assez vastes.

Le terrain n'appartenant à personne, on pouvait en prendre tant qu'on voulait.

Jamais, depuis des siècles, si grande animation n'avait régné dans cette vallée; les arbres tombaient avec fracas, étaient sciés et préparés pour former les murailles; les forgerons et les serruriers travaillaient sur des forges portatives ou des établis improvisés; personne ne restait inactif.

L'étranger surveillait les travaux, expliquait ses plans et donnait des conseils.

Bref, les travaux furent menés avec une telle activité qu'en moins d'un mois la chaumière, haute d'un rez-de-chaussée et d'un premier étage, parfaitement distribuée à l'intérieur, et complètement construite en bois, était achevée, ainsi qu'un grand hangar, une écurie pour trois chevaux, une étable et un cellier.

Le jardin ou huerta était enclos, dessiné, planté d'arbres fruitiers amenés de Tolède en plusieurs voyages, et garni de fleurs. Les champs défrichés étaient ensemencés; deux vaches et une chèvre placées dans l'étable, deux chevaux à l'écurie, et plusieurs chiens de chasse et de garde attachés dans des niches, auprès d'une basse-cour remplie de poules et de canards.

Les meubles seuls manquaient, mais ils arrivèrent, aussitôt la maison construite, ainsi que du linge et de la vaisselle.

Ces meubles étaient simples, mais solides et capables de faire un long usage.

Lorsque tout fut terminé à sa satisfaction, l'étranger, qu'on appelait No Santiago Lopez, rassembla les ouvriers, les félicita sur la façon dont ils avaient accompli leur besogne, leur paya ce qu'il leur devait et les congédia en leur donnant une gratification considérable; ce qui fit que ceux-ci se retirèrent non seulement satisfaits, mais encore en le comblant de bénédictions.

No Santiago dit alors quelques mots à l'arriero mayor, dans une langue que personne ne comprit, mais que celui-ci déclara plus tard être la langue basque; les arrieros se retirèrent à leur tour et l'étranger demeura seul.

Alors il s'occupa à reconnaître son domaine, et à faire de longues courses dans les environs de sa demeure; au bout de quinze jours il connaissait la montagne à dix lieues à la ronde, comme s'il l'avait habitée toute sa vie.

Ces quinze jours écoulés, un matin, au lieu de recommencer une de ses interminables promenades habituelles, No Santiago jeta son fusil sur son épaule, siffla ses chiens et se dirigea à grands pas vers l'entrée de la vallée.

A peine atteignait-il la gorge étroite qui débouchait sur le sentier conduisant dans la plaine en serpentant sur les flancs de la montagne, qu'il entendit le refrain d'une chanson basque chantée à pleine voix et scandée par le bruit argentin des grelots des mules.

Bientôt l'arriero qu'il avait congédié quinze jours auparavant, en lui confiant sans doute une mission de confiance, apparut au détour du sentier.

Il conduisait quatre mules chargées de bagages; derrière ces mules quatre personnes marchaient au petit pas.

La première était une jeune femme de dix-huit à dix-neuf ans, d'une beauté remarquable, mais pâle, frêle et d'une physionomie triste et maladive.

Les trois autres, deux hommes jeunes, grands et vigoureux, et une femme de vingt-deux à vingt-trois ans, assez jolie et très fraîche, étaient des serviteurs; l'un des deux hommes, nommé Pedro, était le mari de cette femme;

Rien de plus calme que ce petit coin de terre.

l'autre, Juanito, était le frère de Pedro, et par conséquent le beau-frère de Paquita la servante.

En apercevant les arrivants, No Santiago s'élança au-devant d'eux.

Les serviteurs s'arrétèrent et le saluèrent avec ce respect joyeux que les domestiques nés dans la maison professent pour le maître qu'ils sont accoutumés à chérir.

No Santiago leur rendit leur salut en souriant, et prenant la jeune femme dans ses bras :

— Vous voilà donc enfin, Dolores ! s'écria-t-il; oh ! que je suis heureux de vous voir, que le temps me pesait loin de vous !

— Et à moi, mon cher don Luis ! s'écria-t-elle en lui rendant ses caresses avec effusion.

— Pas ce nom, mon cher amour, pas ce nom ! s'écria-t-il en lui fermant la bouche d'un baiser : vous savez bien ce qui a été convenu.

— Pardonnez-moi, ami, reprit-elle avec un sourire qui illumina son beau et doux visage comme un rayon de soleil passant entre deux nuages, j'étais si heureuse de vous voir que j'avais tout oublié.

— N'en parlons plus, mignonne, et laissez-moi vous gronder.

— Me gronder, mon cher seigneur, et pourquoi donc?

— Comment, faible comme vous l'êtes, au lieu d'être commodément assise sur votre mule, vous obstinez-vous à marcher?

— J'en ai fait l'observation à madame la comtesse, grommela l'arriero; elle n'a pas voulu m'écouter.

— Eh bien, Arreguy ! s'écria vivement No Santiago, qu'est cela ? que dites-vous donc ?

— Bah ? reprit-il gaiement, nous sommes en famille ici, nous ne risquons rien, laissez-moi parler à ma guise, monseigneur; ne craignez pas que je vous trahisse, votre secret est en sûreté avec moi.

Qu'il fût comte ou non, l'étranger lui tendit la main.

— Je le sais.

On arriva à la chaumière, doña Dolores sourit.

— Oh ! que nous serons heureux ici ! s'écria-t-elle avec joie.

— Oui, si nos persécuteurs ne nous découvrent pas, répondit tristement son mari.

— Comment cela pourrait-il se faire? reprit-elle. N'êtes-vous pas mort, et bien mort, pour tous, et moi, n'ai-je pas fui en France. où j'ai pris le voile dans un couvent d'une province éloignée?

— C'est vrai, dit-il; ne songeons donc plus qu'à vivre pour nous; puisque nous sommes désormais séparés de la société, soyons heureux par notre amour.

— Qui nous suffira, mon cher seigneur, c'est le paradis qu'une telle existence.

Le lendemain, No Santiago partit avec l'arriero pour Tolède.

Là ils se séparèrent, peut-être pour ne plus se revoir. Arreguy retournait en Biscaye.

Ce fut les larmes aux yeux que les deux hommes se serrèrent la main pour la dernière fois.

Bien que la vallée que No Santiago occupait n'appartînt, en réalité, à personne, l'étranger, qui craignait surtout les tracasseries et les vexations que les autorités de la ville voisine auraient pu exercer contre lui, avait résolu de couper court à tout prétexte de la part du fisc de Tolède pour venir le troubler dans sa solitude.

Il s'était abouché avec un notaire de la ville, et l'avait chargé de proposer à l'ayuntamiento l'achat de la vallée.

Les membres du conseil de ville n'avaient d'abord pas compris un mot à cette affaire; ils ignoraient jusqu'à l'existence de la vallée; mais comme, en fin de compte, d'où qu'il vienne, l'argent est toujours bon à prendre, après plusieurs pourparlers assez longs, l'ayuntamiento, réuni en conseil, avait consenti à vendre au sieur No Santiago Lopez, cultivateur, ainsi désigné, la propriété pleine et entière de toute la vallée, pour lui et ses hoirs ou ayants-droit en jouir, vendre ou céder à leur guise et sans autorisation préalable de personne, moyennant la somme de deux mille piastres fortes, en bon argent sonnant et trébuchant, marquées au coin du roi actuellement régnant.

A cette vente était annexé sur la demande expresse du forestier, le droit de chasse à perpétuité et en toute saison sur la montagne, dans un périmètre de quinze lieues tout autour de la dite vallée, et cela moyennant une seconde somme de mille piastres une fois payée.

Une seule réserve était faite en faveur de Sa Majesté le roi, si, pendant son séjour à Tolède, où il venait assez souvent, la fantaisie lui prenait de chasser dans la montagne; ce qui élevait la vente à la somme ronde de trois mille piastres, soit quinze mille francs de notre monnaie, laquelle somme devait immédiatement être versée entre les mains du conseil de la ville par le notaire chargé de l'achat.

Ce que celui-ci fit séance tenante; on lui remit alors l'acte de vente parfaitement en règle, et les consuls de la noble cité tolédane se frottèrent joyeusement les mains, car ils avaient fait une excellente affaire.

A cette époque comme aujourd'hui, les montagnes de Tolède jouissaient d'une si exécrable réputation, comme servant de refuge à tous les bandits de la province, qui tuaient et détroussaient les voyageurs, sans que jamais les alcades ni leurs alguazils osassent s'y opposer, que nul n'aurait osé élever des prétentions sur la vallée qu'il avait plu à No Santiago de choisir pour y établir sa demeure.

Quoi qu'il en fût, celui-ci récompensa généreusement le notaire, serra le papier avec soin, et regagna gaiement la montagne, où il arriva deux heures avant le coucher du soleil, tant il avait grand désir de revoir sa femme, dont il était séparé depuis le matin.

Alors commença pour les solitaires une existence réellement patriarcale.

Paquita était la sœur de lait de doña Maria Dolores; Pedro et Juanito étaient, eux, les frères de lait de No Santiago, de sorte que ces cinq personnes formaient réellement une même famille, tant ils étaient unis.

Cependant, malgré les prières de No Santiago et même malgré ses ordres, jamais les trois serviteurs ne consentirent à s'asseoir à la table avec leur maître.

De guerre lasse, celui-ci finit par les laisser vivre à leur guise; ce qui les rendit très joyeux.

No Santiago chassait, Maria Dolores surveillait le ménage, Paquita faisait les gros ouvrages et soignait la basse-cour, les hommes entretenaient le jardin et labouraient les champs.

Chaque dimanche, la petite colonie allait entendre la messe dans une pauvre bourgade située sur le versant de la montagne, du côté de Tolède.

Ils étaient heureux!

Au bout de quelques mois les deux femmes accouchèrent à quelques jours d'intervalle.

Paquita, la première, mit au monde un gros garçon.

Quinze jours plus tard, Maria Dolores donna le jour à une charmante petite fille.

Paquita voulut nourrir les deux enfants; d'ailleurs, elle ne savait pas lequel elle aimait le mieux, le sien ou celui de sa maîtresse.

L'année suivante, nouvel accouchement dans les mêmes conditions. Les choses se passèrent comme la première fois; ce fut encore Paquita qui fut la nourrice des deux enfants.

La femme de No Santiago, puisque tel est le nom dont, pour des motifs sans doute très graves, il a plu à notre personnage de s'affubler, doña Maria Dolores, dis-je, soit que l'air pur et vif de la montagne lui eût fait du bien, soit que le bonheur calme dont elle jouissait eût apaisé en elle certaines douleurs secrètes, avait senti peu à peu ses forces revenir avec la santé; jamais elle ne s'était sentie mieux portante.

Et puis maintenant elle avait une distraction charmante, une occupation délicieuse pour une mère, le soin de ses enfants.

Ceux-ci se portaient à ravir; du matin au soir leurs frais et cristallins éclats de rire résonnaient dans le jardin comme des chants d'oiseaux; filles et garçons s'ébattaient sous l'œil vigilant de leurs parents, qui les regardaient en souriant doucement.

Le Père Sanchez, un pauvre jeune prêtre plein de foi, d'intelligence et de bonté, qui desservait l'église du village dont nous avons parlé plus haut, s'était chargé de l'éducation des enfants, auxquels trois fois par semaine il venait régulièrement donner ses leçons.

Ces jours-là étaient des jours de joie pour la petite colonie; parfois le digne prêtre consentait à passer la nuit dans la chaumière.

Le lendemain, lorsqu'il partait, tout le monde l'accompagnait jusqu'à l'extrémité de la gorge qui terminait la vallée, et on le suivait des yeux jusqu'à ce qu'il eût disparu dans les méandres du sentier de la montagne.

Les salteadores de la sierra de Tolède, ou pour mieux dire les gentils-hommes de la montagne, ainsi qu'ils s'intitulaient pompeusement eux-mêmes, étaient des gens assez peu scrupuleux de leur nature; et n'ayant de préjugés d'aucune sorte, pas même celui du respect de la vie humaine, ils avaient d'abord vu d'un assez mauvais œil l'établissement d'un étranger dans le voisi-nage de leurs impénétrables retraites; la première pensée qui leur était venue, pensée essentiellement logique, du reste, au point de vue de leur intérêt particulier, était qu'ils avaient affaire à un espion.

En conséquence, ils résolurent de surveiller l'étranger, déterminés à le tuer sans rémission à la moindre démarche suspecte qu'ils lui verraient faire.

Cette surveillance dura une année tout entière.

Les dignes gentilshommes qui, du matin jusqu'au soir, ne perdaient pas une seconde de vue le forestier, arrivèrent enfin, après ce temps écoulé, à se convaincre que l'étranger ne songeait nullement à eux; ils en conclurent que c'était un esprit malade, un misanthrope qui fuyait comme la peste les autres animaux de son espèce, et s'était réfugié au fond des bois, afin d'y vivre seul et loin des hommes que sans doute il détestait.

Alors la surveillance cessa.

Et non seulement elle cessa, mais encore les salteadores, se piquant d'amour-propre et ne voulant en aucune façon gêner un voisin si paisible et si peu embarrassant, firent un crochet de quelques milles, se retirèrent enfin à droite et à gauche, de manière à lui laisser la libre jouissance de son ermitage.

Le forestier s'était parfaitement aperçu des diverses manœuvres de ses voisins les gentilshommes de la montagne, mais il avait feint de ne pas les voir, de crainte de leur faire ombrage.

Plus tard, des relations, peu fréquentes mais assez facilement acceptées de part et d'autre, s'étaient nouées tout doucement entre les deux parties contractantes, selon les exigences de la situation, la nécessité ou le hasard.

C'est-à-dire qu'il était arrivé que maintes fois un bandit serré de trop près avait cherché un refuge dans la chaumière; refuge qui jamais n'avait été refusé; d'autres fois un salteador blessé avait été recueilli, pansé et guéri par la famille du forestier, qui, lui, n'avait, au contraire, jamais eu besoin d'avoir recours pour quoi que ce fût à ses voisins.

Il en était résulté de tout cela que le forestier était réellement le roi de la montagne, et qu'une protection occulte, mais attentive et dévouée, veillait incessamment sur lui et sur sa famille.

Malheur à celui qui, cédant à une mauvaise inspiration, aurait osé faire au forestier ou à quelqu'un des siens la plus légère injure, il l'eût immédiatement payée de sa vie.

Lorsque les filles de No Santiago furent assez grandes pour accompagner leur père, et que même, souvent, selon leur caprice, elles s'amusèrent à courir seules les montagnes comme des biches effarouchées, escortées de leurs frères de lait, aussi jeunes qu'elles, cette protection occulte redoubla, et jamais les jeunes filles n'eurent à se repentir de leur témérité.

Quand, le dimanche, la petite colonie de la vallée partait pour entendre la messe au hameau situé sur le versant de la montagne, la maisonnette demeurait seule, portes et fenêtres ouvertes, sous la garde des chiens; plus formidablement protégée par sa faiblesse même que si elle eût eu une garnison.

Si par hasard un bandit passait par là, ayant faim ou soif, il entrait, mangeait un morceau, buvait un coup, et se retirait après avoir remis tout en place et caressé les chiens, qui l'accompagnaient en remuant la queue jusqu'à la porte de l'enclos.

Depuis près de seize ans les choses allaient ainsi dans cette vallée, coin de terre ignoré, mais où tant de bonheur se trouvait réuni, le jour où commence cette trop véridique histoire.

Voilà quel était, ou du moins paraissait être l'homme que le lecteur sait maintenant être le propriétaire de la chaumière, et ce qui se disait sur son compte.

Lorsque le déjeuner fut terminé, No Santiago tordit une cigarette; mais, au lieu de monter dans sa chambre pour faire la sieste, ainsi qu'il en avait l'habitude après son repas de midi, il remit ses guêtres qu'il avait ôtées, prit son fusil et siffla son chien.

— Vous sortez, don Luis? lui demanda sa femme.

Il n'avait jamais pu l'habituer à lui donner un autre nom.

— Oui, répondit-il, j'ai relevé les passées d'un sanglier; je ne serais pas fâché d'aller voir un peu si je retrouverai l'endroit où il s'est remisé; c'est un solitaire, chassé probablement par nos voisins de la montagne; il s'est réfugié près d'ici.

— Vous feriez mieux de rester; voyez, le ciel se couvre, il y aura certainement de l'orage; vous savez combien les orages sont terribles dans la montagne.

— Oh! il n'éclatera pas avant ce soir; dans deux ou trois heures au plus tard je serai de retour.

— *Tatita*, demanda doña Cristiana, le Père Sanchez vous a-t-il dit que monseigneur le roi est à Tolède depuis quatre jours?

— Oui, mignonne : mais que nous importe cela?

— Pas beaucoup, en effet; mais Juanito dit avoir entendu ce matin le cor dans la montagne.

— Il ne s'est pas trompé, mignonne, je l'ai entendu, moi aussi.

— Ah! fit doña Dolores, peut-être est-ce la cour qui chasse. Dieu veuille que le hasard ne conduise pas de ce côté un chasseur égaré !

— Que nous ferait cela, mon cher amour? Ne sommes-nous pas chez nous, ici ?

— Oui, mais...

— Bannissez ces craintes puériles, señora, nous sommes plus en sûreté ici que dans l'Alcazar de Séville; du reste, je ne crois pas que la cour chasse aujourd'hui; le cor que nous avons entendu est probablement celui de nos voisins; ce sont, vous le savez, de déterminés chasseurs; tout gibier leur est bon, ajouta-t-il en riant. Au revoir !

— Ne vous attardez pas, je vous en supplie, don Luis! je ne sais pourquoi, mais je vous vois partir avec peine; tout le temps que durera votre absence, je serai mortellement inquiète.

— Je vous promets, à moins de circonstances impossibles à prévoir, de rentrer avant le coucher du soleil, et cela d'autant plus que, ainsi que vous l'avez dit, le temps se met définitivement à l'orage.

Là-dessus, il embrassa sa femme et ses enfants, siffla son chien, sortit et s'éloigna à grands pas dans la direction de la montagne.

Mais les chasseurs sont de tous les hommes les plus oublieux; dès qu'ils sont lancés sur la piste d'un gibier quelconque, ils ne se souviennent plus de rien.

Les heures se passèrent sans que le forestier, en quête sous la feuillée, songeât une seule fois à regagner sa demeure.

A plusieurs reprises, il avait entendu des fanfares sous le couvert, mais il n'y avait attaché qu'une médiocre attention; il ne voyait que son solitaire, ou plutôt il ne le voyait pas, ce dont il était fort vexé.

Le soleil était couché depuis longtemps; le soir était venu, avec le soir l'orage.

Plusieurs éclairs blafards avaient sillonné le ciel; le tonnerre avait grondé à plusieurs reprises, et tout à coup la pluie s'était mise à tomber fine et drue avec une force extrême; de plus, l'obscurité était devenue complète.

Le forestier se rappela alors qu'il avait promis à sa femme de rentrer de bonne heure; il se mit immédiatement, quoiqu'un peu tardivement, en devoir de remplir sa promesse.

Bien qu'il fît très sombre, il connaissait trop bien la montagne pour craindre de s'égarer.

Il marchait donc aussi rapidement que le lui permettait le terrain accidenté qu'il foulait, lorsque soudain son chien commença à aboyer avec force; et il crut entendre un cliquetis d'épées à une courte distance de l'endroit où il se trouvait.

Sans réfléchir davantage, il lança le chien sur cette piste et le suivit en courant.

Bientôt il déboucha dans une étroite clairière au centre de laquelle un cavalier démonté et se faisant un rempart de son cheval mort se défendait en désespéré contre six bandits qui l'attaquaient tous à la fois.

Autant que le forestier en pût juger à la lueur d'un éclair, ce cavalier, entièrement vêtu de velours noir, était un gentilhomme de haute mine, pâle, maigre, assez jeune encore et dont la physionomie un peu effacée avait cependant un indicible cachet de grandeur et de noblesse.

— Holà! mes maîtres, s'écria le forestier en dégainant son couteau de chasse et en se plaçant d'un bond à la droite du cavalier. A quel jeu jouons-nous donc ici?

— No Santiago! s'écrièrent les assaillants, qui avaient reconnu sa voix.

Et ils firent un pas en arrière.

Le cavalier profita de cette trêve pour reprendre haleine.

— Eh! compère! dit en riant un des bandits, ce n'est pas d'un bon chasseur, de venir ainsi au secours de la bête lorsqu'elle est aux abois et qu'il ne faut plus qu'un coup pour la mettre à bas; laissez-nous terminer notre besogne, ce sera bientôt fait.

— Non, par le Dieu vivant! s'écria résolument le forestier, à moins que vous ne m'abattiez, moi aussi.

— Allons, allons, No Santiago, laissez-nous faire; que vous importe cet homme que vous ne connaissez pas?

— C'est un de mes semblables en danger de mort, cela me suffit, je veux le sauver.

— Prenez garde, No Santiago, nous avons un proverbe terrible dans la montagne : l'étranger que l'on épargne est un ennemi implacable qu'on se fait.

— Il en sera ce que Dieu décidera, répondit généreusement le forestier, qui cependant avait senti un frisson de terreur glacer son cœur, mais je défendrai cet homme au péril de ma vie.

Il y eut un silence de deux ou trois secondes.

— Puisque vous l'exigez, No Santiago, reprit enfin un des bandits, nous nous retirons; nous ne voulons pas vous refuser la première demande que vous nous adressez; mais, je vous le répète, prenez garde à cet homme. Adieu! et sans rancune, No Santiago. Allons! en route, vous autres! ajouta-t-il en s'adressant à ses compagnons.

Les bandits disparurent dans les ténèbres, et le forestier demeura seul auprès de l'homme qu'il avait si miraculeusement sauvé.

II

Quelques heures peu agréables dans la sierra de Tolède

L'inconnu, accablé par la fatigue et peut-être un peu aussi par l'émotion qu'il avait éprouvée lors de la lutte inégale qu'il avait si bravement soutenue contre les bandits, s'était laissé choir sur le sol, où il gisait presque sans connaissance.

Le premier soin du forestier fut de lui venir en aide et d'essayer de lui faire reprendre ses forces épuisées.

De même que les autres chasseurs ses confrères, il avait toujours une gourde remplie d'aguardiente pendue à son côté.

Il la déboucha, et versa quelques gouttes de ce qu'elle contenait sur les lèvres de l'étranger.

Ce secours suffit pour le rappeler à lui.

Il se redressa et parvint avec l'aide du chasseur à se remettre debout.

— Êtes-vous blessé, señor? lui demanda No Santiago avec intérêt.

— Non, je ne crois pas, répondit-il d'une voix faible encore, mais qui se raffermissait de plus en plus; quelques égratignures peut-être, mais rien de grave.

— Dieu soit loué! mais comment se fait-il que je vous rencontre en si fàcheuse position?

— Le roi chassait aujourd'hui.

— Ah!

— Oui, j'appartiens à la cour; emporté malgré moi à la poursuite de la bête, je me suis égaré.

— Et vous avez été attaqué par six bandits qui vous malmenaient fort.

— Lorsque heureusement pour moi Dieu vous a envoyé à mon secours.

— Oui, fit le forestier en souriant, je crois qu'il était temps qu'il vous arrivàt de l'aide.

— Si grand temps même, señor, que, sans vous maintenant je serais mort; je vous dois la vie, señor, je m'en souviendrai.

— Bah! oubliez cela, c'est la moindre des choses; j'ai fait pour vous ce que j'aurais fait pour tout autre.

— C'est possible, cela me prouve que vous êtes un homme de cœur, mais ne diminue en rien la dette que j'ai contractée envers vous. Je suis riche, puissant, bien en cour, je puis faire beaucoup pour mon sauveur.

— Oubliez-moi, caballero, je ne vous en demande pas davantage. Grâce à Dieu, je n'ai besoin de la protection de personne, le peu que je possède me suffit; je suis heureux dans ma médiocrité, tout changement ne pourrait que m'être défavorable.

L'inconnu soupira.

— Vous souffrez, reprit vivement le forestier; la fatigue, le besoin peut-être, vous accablent; l'orage redouble, nous ne pouvons rester ici plus longtemps; il nous faut trouver un abri; croyez-vous pouvoir retrouver le rendez-vous de chasse?

— Je l'ignore, je ne connais ni ces bois ni ces montagnes.

— Alors, à cette heure de nuit, il serait imprudent de vous y aventurer davantage. Vos forces sont-elles un peu revenues, pensez-vous être en état de marcher?

— Oui, maintenant je suis fort, donnez-moi encore quelques gouttes de la liqueur contenue dans votre gourde, cela me remettra complètement.

Le forestier lui passa sa gourde, l'inconnu but et la lui rendit.

— Maintenant, dit-il, je suis prêt à vous suivre; où allons-nous?

— Chez moi.

— Loin d'ici?

— A une lieue à peine, mais, je vous en avertis, par des chemins exécrables.

— Cela n'est rien, je suis accoutumé à courir les montagnes de nuit comme de jour.

— Tant mieux! alors, partons.

— Oui, car j'ai hâte d'arriver quelque part, mes vêtements sont traversés, le froid me glace.

— Eh bien, en route!

L'inconnu se pencha sur son cheval, retira les pistolets contenus dans les fontes et les passa à sa ceinture.

— Pauvre Saïd, dit-il, un si noble animal tué par de misérables bandits!

— Ne vous plaignez pas, señor, sa mort vous a sauvé en vous permettant de vous faire un rempart de son corps.

— C'est juste.

Ils quittèrent alors la clairière; malgré ce qu'avait dit l'étranger, il lui fallait une énergie surhumaine pour suivre les pas du forestier et ne pas rouler sur le sol.

No Santiago s'aperçut de l'état d'accablement dans lequel se trouvait son hôte; malgré ses protestations, il l'obligea à prendre son bras, et ils continuèrent à s'avancer, mais plus doucement.

— Arrea, mon bellot! cria le forestier à son chien, en avant! en avant! va prévenir nos amis.

Le chien s'élança et disparut dans les taillis, comme s'il eût compris la mission de salut que son maître confiait à son intelligence.

Cependant Dieu a posé aux forces de l'homme une limite que dans aucun cas elles ne sauraient franchir; malgré des efforts de volonté inouïe, il arriva un moment où l'étranger fut réduit à l'impossibilité complète, même avec l'aide du forestier, non seulement de faire un pas de plus, mais encore de se tenir plus longtemps debout.

Il s'affaissa sur lui-même, poussa un soupir de désespoir et roula aux pieds de No Santiago, non pas évanoui, mais, malgré son courage de lion, trahi par sa faiblesse.

Le forestier s'élança vers lui, le releva et l'assit sur le tronc renversé d'un arbre tombé de vieillesse.

L'orage redoublait d'intensité, les éclairs se succédaient avec une rapidité telle que le ciel, d'un bout de l'horizon à l'autre, ressemblait à une immense nappe de feu d'un jaune pâle et sinistre.

Le tonnerre grondait et roulait sans interruption avec des éclats terribles ; le vent mugissait avec une rage irrésistible, fouettant les branches, tordant et brisant les arbres comme des fétus de paille, les emportant dans sa course échevelée, et les faisant tourbillonner dans l'espace ; la pluie qui tombait avec un redoublement de force changeait le terrain en marécages où l'on enfonçait presque jusqu'à mi-jambe ; des torrents impétueux se précipitaient du haut de la montagne avec un bruit horrible, entraînant et renversant tout sur leur passage, détruisant les sentiers et ouvrant des fondrières d'une profondeur insondable.

C'était un spectacle d'une effroyable beauté que celui offert par cette manifestation grandiose de la colère divine.

Si le forestier eût été seul, quelques minutes à peine lui auraient suffi pour gagner sa demeure, mais il ne voulait pas abandonner son compagnon ; cependant il ne se faisait aucune illusion sur la situation terrible dans laquelle il se trouvait : demeurer où il était, c'était la mort, inévitable, horrible.

Il se pencha sur l'inconnu :

— Du courage, señor, lui dit-il doucement de cette voix qu'on emploie pour parler aux enfants ou aux malades.

— Ce n'est pas le courage qui me manque, monsieur, répondit l'inconnu, ce sont les forces ; les miennes sont totalement épuisées, je suis anéanti.

— Essayez de vous lever.

— Tout effort serait inutile, le froid me glace, je le sens qui gagne le cœur, je suis comme paralysé.

— Que faire ? murmura le forestier en se tordant les mains.

C'était une belle et forte nature que celle de cet homme, vaillante et énergique entre toutes ; une de ces natures d'élite qui luttent jusqu'au dernier souffle contre les obstacles même insurmontables et ne tombent que mortes.

— Tenez, señor, reprit l'étranger, dont la voix allait s'affaiblissant de plus en plus, ne résistez pas plus longtemps contre la fatalité qui s'acharne après moi; vous avez fait tout ce qu'il était humainement possible de faire pour me sauver; puisque vous n'avez pas réussi, c'est que je dois mourir.

— Ah! si vous désespérez, s'écria-t-il d'une voix nerveuse, nous sommes perdus!

Il remit ses guêtres, prit son fusil et siffla son chien.

— Je ne désespère pas, mon ami, mon sauveur; non, loin de là, je me résigne, voilà tout; j'ai confiance dans la miséricorde divine. Mais, je le sens, ma dernière heure ne tardera pas à sonner; Dieu me pardonnera, je l'espère, mes fautes, en faveur de mon sincère repentir et de la docilité avec laquelle j'accepte ses arrêts terribles.

— Fadaises que cela, señor; Dieu, que son saint nom soit béni! n'est pour rien dans tout ceci; soyez homme, levez-vous; avant dix minutes nous serons en sûreté; ma chaumière est à deux portées de fusil à peine de l'endroit où nous sommes si malencontreusement arrêtés.

— Non, señor, je vous le répète, je suis incapable de faire le plus léger mouvement, ma prostration est extrême : abandonnez-moi, fuyez, sauvez-vous, puisque vous le pouvez encore.

— Ce que vous me dites serait une insulte grave, señor, si vous n'étiez pas en si fâcheux état.

— Pardonnez-moi, señor, donnez-moi la main, je vous en conjure, partez, partez ! Qui sait si dans un instant il ne sera pas trop tard ? Je vous le répète encore, tous vos efforts pour me sauver seraient inutiles, abandonnez-moi.

— Non, par le Dieu vivant ! je ne vous abandonnerai pas, señor; nous vivrons ou nous périrons ensemble, je le jure par mon nom et par ma foi de... — mais, se reprenant aussitôt — de forestier ! Ce n'est point la première fois que j'en ne trouve en semblable transe; allons, allons, courage! Vive Dieu! nous allons voir qui restera victorieux de la matière inintelligente et brutale ou de l'homme, ce chef-d'œuvre intelligent fait à l'image de Dieu. Eh bien ! cuerpo de Cristo ! puisque vous ne pouvez pas marcher, je vous porterai; nous nous sauverons ou nous périrons ensemble.

Et tout en prononçant ces paroles avec une feinte gaieté, le forestier, sans vouloir écouter davantage les dénégations et les protestations de l'inconnu, l'enleva comme il eût fait d'un enfant, entre ses bras puissants, le chargea sur ses épaules avec une force herculéenne, et, s'appuyant sur son fusil, se mit résolument en route, déterminé à périr plutôt que d'abandonner lâchement l'homme qu'il avait si généreusement sauvé.

Alors commença une lutte réellement gigantesque et qui dépasse toutes les limites du possible, de la volonté intelligente contre l'inertie féroce de la matière, aveugle et bouleversée par l'ouragan.

Chaque pas que faisait le forestier lui coûtait des efforts surhumains, surtout avec le poids dont ses épaules étaient surchargées; il marchait comme un homme ivre, chancelant et trébuchant, s'enfonçant jusqu'aux genoux dans une boue liquide dans laquelle il redoutait à chaque seconde de rester englouti; fouetté par les branches qui lui déchiraient le visage, aveuglé par la pluie, et à demi affolé par le vent qui lui coupait la respiration.

Cependant, il ne se rebutait pas, redoublait d'efforts, et suivait imperturbablement sa route, qu'il perdait et retrouvait vingt fois en dix secondes, au milieu de ce chaos horrible de tous les éléments en fureur ligués contre lui.

En une demi-heure, ce fut à peine s'il réussit à avancer d'une centaine de pas.

Alors il calcula froidement, avec cette netteté d'esprit de l'homme dont la résolution est inébranlable, que, en supposant qu'il ne fût pas brisé dans un précipice, englouti dans une fondrière ou complètement accablé par la fatigue qui déjà faisait perler une sueur froide à ses tempes, il lui fallait, si l'on ne venait pas à son secours, sept heures, de la façon dont il avançait, avant que d'atteindre la chaumière.

— A la grâce de Dieu! murmura-t-il, il est au bout de tout; il arrivera ce que dans sa divine sagesse il a décidé déjà sans doute; mais, tant que mes forces me resteront, je ne m'abandonnerai pas et je continuerai la lutte, mais combien de minutes encore conserverai-je mes forces?

Il étouffa un soupir et redoubla ses efforts déjà prodigieux. Quelques minutes s'écoulèrent.

L'inconnu pendait, masse inerte, sur l'épaule du forestier, sans donner signe de vie. Il était mort ou privé de sentiment.

Tout à coup des aboiements furieux se firent entendre à peu de distance.

Le forestier s'arrêta; il respira à deux ou trois reprises, et un sourire joyeux éclaira son mâle visage.

— Voilà mes braves chiens, dit-il, tout est sauvé!

Alors réunissant toutes ses forces :

— Oh là! oh! cria-t-il d'une voix stridente qui domina le fracas de la tempête : hallo! oh! mes bellots! arrea! arrea!

Les chiens redoublèrent leurs aboiements et bientôt ils apparurent suivis à quelques pas par deux hommes qui tenaient des torches.

— Dieu soit béni! vous voilà enfin! s'écrièrent ces deux hommes avec une joie presque religieuse, tant ils adoraient leur maître.

— Mais qu'est cela? demanda Pedro.

— Un homme que j'ai sauvé et qui a grand besoin de secours, mon ami.

— La señora s'était bien doutée qu'il y avait quelque chose comme cela sous jeu, dit Juanito d'un ton bourru.

— La señora! J'espère que par ce temps horrible elle n'est pas dehors? s'écria-t-il vivement.

— Non, non, señor, rassurez-vous, elle est là-bas; nous avons eu assez de peine à l'empêcher de venir!

— Digne et sainte créature! murmura le forestier.

— Mais ce n'est pas tout cela, notre maître, il faut sortir d'ici, et le plus tôt sera le mieux.

— Oui, oui, hâtons-nous, ce pauvre malheureux est bien mal.

— Ce que c'est que de nous! murmura Juanito, qui était un esprit fort; bah! après nous la fin du monde.

L'inconnu fut doucement posé à terre; le forestier se pencha sur lui, et interrogea son pouls; il était faible, mais distinct : l'inconnu était évanoui.

No Santiago se redressa.

— Nous le sauverons! dit-il joyeusement.

— Amen! répondirent les deux serviteurs.

— Allons, à la besogne vivement, faisons un brancard.

— Oh! ce ne sera pas long.

— Surtout si nous nous y mettons tout de suite.

Les chiens léchaient doucement le visage de l'inconnu en poussant de petits cris plaintifs.

Ces caresses le firent revenir à lui; il ouvrit les yeux.

— Mon Dieu! murmura-t-il, j'ai cru mourir.

— Vous vous êtes trompé, heureusement, dit gaiment le forestier.

— Ah! vous, mon sauveur, près de moi, encore.

— Toujours.

— Vous ne m'avez pas abandonné?

— Vous abandonner! allons donc, on voit bien que vous ne me connaissez pas, allez!

— Vous m'avez encore sauvé!

— Tout ce qu'il y a de plus sauvé. Ainsi, soyez tranquille.

— Comment m'acquitterai-je jamais avec vous ?

— Je vous l'ai dit déjà, en ne me donnant rien; ce sera facile.

—.Oh! ne me parlez pas ainsi.

— Pourquoi donc cela? Tenez, laissez-moi vous parler franc, afin de couper court à votre reconnaissance.

— Dites.

— Est-ce que vous vous figurez que je vous ai sauvé pour vous et que je me suis donné toute la peine que j'ai prise dans le but de vous être agréable?

— Dans quel but, alors ?

— Allons donc! vous êtes fou, señor. Je ne vous connais pas, moi; je ne sais pas qui vous êtes et je ne veux pas le savoir. Tout ce que j'ai fait, je l'ai fait pour moi seul, par égoïsme, purement et simplement; pour me faire plaisir, enfin. J'adore rendre service; c'est une manie comme une autre : chaque homme a la sienne, moi, j'ai celle-là, voilà tout.

— Quel homme étrange vous êtes !

— Je suis comme cela; c'est à prendre ou à laisser.

— Ah! comme vous avez dû souffrir pour en arriver à émettre sérieusement de telles théories, contre lesquelles votre cœur lui-même se révolte.

— Qui sait? Peut être oui, peut-être non; mais ce n'est pas de cela qu'il s'agit pour le présent; comment vous trouvez-vous?

— Mieux, beaucoup mieux; je crois même que je serais en état de marcher.

— C'est une erreur; votre faiblesse est trop grande encore pour que j'y consente; voilà le brancard terminé, nous allons vous y étendre doucement, et puis après en route.

— Oh! non, je vous assure...

— Je n'entends rien, laissez-vous faire.

Sur un signe du forestier, les deux serviteurs enlevèrent l'inconnu dans leurs bras et l'étendirent sur le brancard, puis ils prirent chaque bout du brancard qu'ils enlevèrent.

On se mit en route.

Les chiens étaient déjà partis en avant, sans doute pour annoncer aux personnes restées dans la chaumière le retour du maître.

No Santiago avait dit vrai : ils étaient très rapprochés de la hutte qu'ils atteignirent en effet en moins d'un quart d'heure.

Il est vrai que les conditions n'étaient plus les mêmes.

Les dames et leurs servantes se tenaient inquiètes à la porte de la chaumière, éclairée par une torche que Paquita tenait à la main.

En apercevant le brancard, doña Maria poussa un cri d'effroi et voulut s'élancer en avant.

Elle croyait qu'il était arrivé malheur à son mari.

Mais celui-ci, devinant ce qui se passait dans le cœur de sa femme, accourut vers elle et la serra dans ses bras.

La joie de la famille fut immense en se voyant ainsi réunie après avoir souffert de si terribles angoisses pendant de longues heures.

Un grand feu avait été allumé par les soins de doña Maria et des vêtements secs préparés pour les arrivants.

Aussitôt après que les serviteurs eurent pénétré dans la chaumière, les dames se retirèrent pour laisser aux chasseurs la liberté de changer d'habits.

L'inconnu se leva du brancard avec une vivacité qu'on était loin d'attendre de l'état de prostration dans lequel il était plongé quelques instants auparavant.

No Santiago se changea alors en garde-malade, et avant de songer à quitter ses habits, il s'occupa de l'inconnu auquel, avec une adresse et une légèreté étranges chez un pareil homme, il prodigua les soins les plus empressés et les plus délicats.

Après avoir déshabillé l'inconnu, il le fit frictionner par tout le corps avec de la laine imbibée d'aguardiente, et cela vigoureusement jusqu'à ce que l'épiderme fût devenu rouge ; puis il lui passa lui-même des vêtements chauds et bien secs, lui fit boire un cordial fortifiant et l'installa dans un fauteuil auprès du brasier ardent qui flambait dans la cheminée.

— Maintenant, ne bougez pas jusqu'à ce que je revienne, dit-il, chauffez-vous, et dans dix minutes vous serez un tout autre homme, je vous le prédis.

— Je me sens très bien, je vous jure.

— Vous serez encore mieux tout à l'heure, et j'espère que vous ferez honneur au souper.

— Au souper ? reprit-il en souriant.

— Pardieu ! croyez-vous que nous ne souperons pas ? Je meurs de faim, moi, et vous ?

— Je ne sais, mon cher hôte.

— A quelle heure avez-vous fait votre dernier repas ?

— Vers huit heures ce matin, je crois ; mais je ne me sentais pas en appétit et j'ai à peine mangé une bouchée.

— C'est cela, le besoin vous a ôté vos forces ; ne le niez pas, vos bâillements répétés montrent clairement que votre estomac souffre ; vous mangerez, vous dis-je, et de bon appétit même.

— Je ferai ce que vous voudrez, mon cher hôte.

— A la bonne heure ! vous voilà raisonnable ; ne vous impatientez pas, je serai bientôt de retour.

— N'êtes-vous pas chez vous ? présentez, je vous prie, mes excuses à ces dames pour l'inquiétude que, sans le savoir, je leur ai causée et pour le dérangement que je leur occasionne.

— Vous ferez votre commission vous-même, señor, vous verrez ces dames à souper.

Il fit signe aux serviteurs d'enlever le brancard, prit les vêtements de l'inconnu afin de les faire sécher dans la cuisine, et il sortit.

Demeuré seul, l'inconnu, après avoir jeté un regard circulaire sur la chambre où il se trouvait, laissa tomber sa tête sur sa poitrine, ses sourcils se froncèrent et il se plongea dans une profonde rêverie.

— De tous ceux qui m'accompagnaient, murmurait-il à part lui, pas un seul n'a eu la pensée de se mettre à ma recherche ; ils m'ont tous abandonné, lâchement abandonné, ces hommes que j'ai gorgés d'honneurs et de richesses.

Qui sait ? Peut-être voulaient-ils se défaire de moi ! Oh ! si je le croyais ! Hélas ! je suis seul ! seul toujours ! Personne ne m'aime !... Sans cet homme que la Providence a envoyé à mon secours, mon cadavre serait maintenant étendu brisé au fond de quelque fondrière de cette forêt maudite ! Oh ! mon Dieu ! mon Dieu ! Mais cet homme ! ses manières sont étranges... Il ne ressemble en rien aux mannequins parfumés que j'ai connus jusqu'à présent. Et cependant, il y a en lui quelque chose de puissant et de noble que je ne puis comprendre. Quel est-il ? Je le saurai.

En ce moment un léger bruit lui fit lever la tête.

Une ravissante jeune fille se trouvait près de lui.

L'inconnu voulut quitter son siège.

— Demeurez, caballero, s'écria-t-elle vivement d'une voix douce et harmonieuse, et pardonnez-moi de vous avoir troublé.

— Je songeais, señorita, dit-il avec un pâle sourire ; tout ce qui m'arrive depuis quelques heures est si extraordinaire !... Dieu, après m'avoir sauvé, m'envoie un de ses anges ; qu'il soit béni !

— Ce compliment est trop flatteur pour une pauvre fille comme moi, señor, répondit-elle en rougissant.

— Un compliment ? Oh ! non, señorita ; je vous dis ce que je pense, ne dois-je pas la vie à votre père ?

— C'est un grand bonheur pour nous, señor ; mon père est si bon ! mais, je vous en prie, ne vous dérangez pas, je viens seulement préparer la table pour le souper.

— Faites, señorita ; seulement accordez-moi une grâce.

— Une grâce, señor ?

— Oui. Veuillez me dire votre nom.

— Je me nomme Cristiana, et voici ma sœur Luz, ajouta-t-elle en désignant la jeune fille qui entrait les bras chargés de vaisselle.

— Cristiana, Luz ; merci, señorita, je m'en souviendrai, répondit-il avec un accent profond.

En ce moment, doña Maria Dolorès entra à son tour et s'informa avec intérêt de l'état dans lequel se trouvait l'étranger.

Celui-ci saisit cette occasion d'adresser de chaleureux remerciments à doña Maria et en même temps de lui faire toutes ses excuses pour le trouble qu'il apportait, contre sa volonté, dans sa paisible demeure.

En un instant la table fut prête et chargée de mets fumants de l'apparence la plus appétissante.

— Allons, à table, à table, mon hôte, dit gaiement le forestier en entrant, nous avons bien gagné un bon souper, qu'en pensez-vous ?

— Je pense, répondit l'étranger en souriant, que vous êtes le plus charmant égoïste que j'aie jamais vu, et que vous avez une charmante famille.

— Eh bien ! vous avez peut-être raison, après tout; mais ne laissons pas refroidir le souper.

Chacun prit place; alors le forestier prononça le *benedicite* et le souper si longtemps attendu fut vigoureusement attaqué.

Il se trouva, par hasard, que l'étranger était placé directement en face de Cristiana; il ne pouvait lever les yeux sans que ses regards croisassent ceux de la jeune fille.

L'inconnu semblait avoir repris toutes ses forces; entraîné par l'exemple des autres convives, il chassa certaines pensées qui semblaient l'attrister, et se montra enfin tel qu'il était réellement, c'est-à-dire gai, spirituel, homme du meilleur monde et enfin excellent convive, car, avec les forces, l'appétit était revenu, lui aussi.

Le souper fut égayé par les joyeuses saillies du forestier, qui, bien qu'il ne voulût pas le laisser paraître, était, en somme, très satisfait intérieurement d'avoir sauvé la vie à un galant homme, tel que paraissait l'être son hôte.

L'inconnu se leva de la table tout autre qu'il ne s'y était assis.

Il ne savait à quoi attribuer cet heureux changement qui l'étonnait lui-même.

Lorsqu'il eut pris congé des dames avec la plus exquise politesse, il se retira et suivit son hôte, qui le conduisit dans une chambre située au premier étage et qu'on avait préparée pour lui.

Un grand feu était allumé dans l'âtre; les vêtements de l'étranger séchaient étendus sur des chaises.

Le forestier serra la main de l'étranger et se retira après lui avoir souhaité une bonne nuit.

Avec cet homme, le malheur était entré dans cette pauvre chaumière, si calme et si paisible pendant tant d'années.

III

Comment le malheur entre dans une maison

Dans les montagnes, les orages, à cause même de leur intensité, sont en général de courte durée.

Les éléments bouleversés épuisent en quelques heures leur rage folle, puis ils reprennent rapidement leur équilibre si brusquement rompu.

Le lendemain, le soleil se leva radieux; l'air était calme, le ciel pur; la brise matinale frémissait à travers les branches perlées de rosée et embaumait l'atmosphère de toutes les âcres senteurs qui s'exhalent de la terre après la tempête.

Au point du jour, le forestier, déjà debout depuis longtemps, parut sur le seuil de la chaumière; après avoir jeté un coup d'œil satisfait autour de lui, il se dirigea vers le chenil dans l'intention sans doute de donner la liberté à ses chiens, qui, le sentant venir, le saluaient à qui mieux mieux à leur façon, en aboyant à pleine gueule.

Au même instant une fenêtre s'ouvrit, le forestier se retourna, et il aperçut l'étranger qui le saluait d'un sourire amical.

— Déjà debout? dit gaiement No Santiago.

— Comme vous voyez, mon hôte, répondit l'étranger sur le même ton, et qui plus est complètement vêtu.

— Auriez-vous mal dormi?

— Moi? je n'ai fait qu'un somme jusqu'au matin.

— Bon! Et comment vous trouvez-vous?

— Je ne me suis jamais si bien porté.

— Tant mieux!

— Est-ce que vous sortez?

— C'est mon intention, oui, pourquoi?

— C'est que je désirerais causer un peu avec vous.

— Bon. Qui vous en empêche; voulez-vous que je monte auprès de vous?

— Non pas. Si cela vous est égal, je préfère descendre, au contraire.

— A votre aise, je vous attends alors.

Et pendant que l'étranger refermait la fenêtre, il ouvrait, lui, le chenil, et avait grand'peine à se débarrasser des caresses un peu vives de ses chiens, qui sautaient presque jusque sur ses épaules, tant ils étaient heureux de le voir.

— Ce sont de bonnes bêtes, dit l'inconnu en s'approchant.

— Oui, elles sont franches au moins ; leur amitié me console de l'hypocrisie et de la méchanceté des hommes, répondit-il avec un sourire railleur.

— Toujours ces paroles singulières.

— Pourquoi pas, si elles sont l'expression vraie de ma pensée, mon hôte ?

— Alors je vous répéterai que pour en arriver là vous avez dû bien souffrir.

— Et moi je vous répondrai, comme cette nuit : Qui sait ? Mais laissons ce sujet qui nous mènerait trop loin ; vous désirez causer avec moi. m'avez-vous dit ?

— Oui, s'il vous plaît.

— Rien de plus simple : je prends un fusil, je vous en donne un autre. En attendant le déjeuner, nous allons tirer quelques gélinottes, et tout en chassant, nous causons ; cela vous va-t-il ?

— Je le voudrais, malheureusement c'est impossible, fit-il avec un soupir étouffé.

— Comment ! impossible ? et pourquoi donc cela ? Vous ressentez-vous encore de vos fatigues de cette nuit ? En ce cas c'est différent, je n'insiste pas.

— Non, dit-il en hochant la tête, ce n'est pas cela.

— Qu'est-ce donc, alors ?

— Il faut que je vous quitte, dit-il avec effort.

— Me quitter déjà ? allons donc ! vous plaisantez certainement ?

— Non, mon hôte, malheureusement ; je vous l'ai dit, j'appartiens à la cour. mon devoir m'ordonne de retourner immédiatement à Tolède auprès du roi.

— C'est vrai, je l'avais oublié ; je n'insiste pas, mon hôte ; entrons, je vais vous faire servir une tasse de lait chaud, avec une bouchée de pain, et puis après vous vous mettrez en route.

Au moment où ils entraient dans la chaumière, Cristiana et sa sœur, comme si elles eussent deviné pourquoi les deux hommes revenaient, déposaient des bols de lait fumant sur une table.

— Ce sont deux adorables fées que ces charmantes enfants, dit l'inconnu avec un sourire.

— Ce sont de bonnes filles, voilà tout, dit brusquement le forestier.

Et il passa dans une autre pièce.

— Permettez-moi, señoritas, dit alors l'inconnu en s'adressant aux jeunes filles, mais plus particulièrement à Cristiana, de vous remercier une fois encore des attentions dont vous m'avez comblé pendant le peu de temps que j'ai eu le bonheur de demeurer sous votre toit; je pars.

— Vous partez! s'écria vivement Cristiana; mais elle s'arrêta, rougit et baissa la tête avec confusion.

— Hélas! il le faut, reprit-il avec émotion; peut-être pour toujours.

— Pour toujours! murmura la jeune fille, comme malgré elle.

— Mais, continua l'étranger, je conserverai précieusement dans mon cœur votre... et se reprenant aussitôt, le souvenir, ajouta-t-il, des habitants de cette humble demeure.

— Amen! dit en riant le forestier qui rentrait en ce moment.

Les jeunes filles s'envolèrent comme deux colombes effarouchées.

— Maintenant, en route, dit le forestier quand il eut vidé le bol de lait préparé pour lui, et qu'il vit que l'étranger avait fait de même du sien.

No Santiago prit son fusil, et ils sortirent accompagnés des chiens qui gambadaient autour d'eux.

A la porte du clos, Pedro attendait, tenant en bride un cheval sellé.

— A cheval, mon hôte, dit gaiement le forestier.

— Comment, à cheval?

— Pardieu! Vous êtes à six lieues de Tolède, ici; à pied, vous en auriez pour toute la journée, marcheur comme vous l'êtes; au lieu qu'en un temps de galop vous arriverez juste pour le lever du roi, si Sa Majesté, que Dieu garde! a coutume de se lever de bonne heure.

— Oui, en effet.

— Eh bien, il est six heures à peine. A huit heures, sans vous presser, vous pouvez être rendu à Tolède. Voyons, pas de cérémonies entre nous, mon hôte, acceptez.

— J'accepte, mais à une condition.

— Laquelle?

— C'est que vous me permettrez de vous ramener moi-même votre cheval.

— Je ne vois aucun inconvénient à cela.

— C'est dit, et merci! mais où donc est doña Maria?

— Allons, allons, en route; elle dort; quand vous reviendrez, vous la verrez.

Ils partirent, car le forestier voulut absolument accompagner son hôte jusqu'à l'entrée de la vallée, afin de bien lui indiquer le chemin, offre que naturellement l'étranger accepta avec reconnaissance.

Si l'inconnu s'était retourné au moment de son départ, peut-être eût-il vu un rideau légèrement s'entr'ouvrir à une fenêtre du premier étage et apparaître une ravissante tête blonde, un peu pâle peut-être, tandis qu'un sourire rêveur plissait ses lèvres carminées.

C'était Cristiana qui assistait, invisible et pensive, au départ de l'étranger.

Tout le long de la route, les deux hommes causèrent entre eux de choses indifférentes; lorsqu'ils atteignirent l'endroit où ils devaient se séparer, le forestier indiqua du doigt la route qu'il fallait suivre; d'ailleurs, il n'y avait pas à s'y tromper, il s'agissait seulement de descendre.

— Maintenant, ajouta-t-il, adieu, mon hôte, et bon voyage !

— Adieu et merci encore.

— Bah !

— Un mot, s'il vous plaît ?

— Dites.

— Je suis, ainsi que je vous l'ai dit, un des principaux officiers du roi.

— J'en suis charmé pour vous, si cela vous plaît, mon hôte.

— Si, malgré mon désir, j'étais contraint de rester quelque temps sans vous revoir, et que... on ne sait pas ce qui peut arriver, n'est-ce pas ?...

— C'est vrai, mon hôte, eh bien ?

— Eh bien ! souvenez-vous de ceci : si par hasard il se trouvait que vous ayez besoin de mon appui pour une affaire quelconque, n'hésitez pas, allez directement au palais du roi; là, dites votre nom, et demandez don Felipe.

— Qui est-ce don Felipe, mon hôte ?

— C'est moi, répondit-il en souriant.

— Hum! il faut que vous soyez bien connu pour qu'il suffise de vous demander sous un simple nom de baptême dans une cour où il y a cependant foison de titres sonores.

— Je suis en effet très connu, répondit l'étranger, qui rougit légèrement; vous vous en apercevrez si vous me venez rendre visite; car les ordres seront donnés aujourd'hui même, et n'importe à quelle heure il vous plaira de vous présenter, vous serez immédiatement conduit près de moi. Vous souviendrez-vous ?

— Parfaitement, mon hôte. Mais il est peu probable que j'aille vous chercher à la cour; si vous désirez me voir, je crois que vous ferez mieux de venir ici.

— Je me souviendrai aussi. Allons, au revoir, mon hôte.

— Au revoir, señor don Felipe, je vous recommande mon cheval.

Hâtons-nous, ce pauvre malheureux est bien mal.

— Soyez tranquille, j'en aurai le plus grand soin.

Ils se saluèrent une dernière fois de la main, et don Felipe, puisque tel est le nom de l'étranger, s'éloigna au galop.

Le forestier le suivit un instant du regard, puis il rentra dans la vallée; une compagnie de perdrix se leva devant lui et il se mit gaiement en chasse.

Quelques jours s'écoulèrent; rien n'était changé en apparence à la vie calme et paisible des habitants de la chaumière; pourtant cette existence n'était plus la même; doña Maria était pensive, Cristiana songeuse, Luz ne riait plus ; quant à No Santiago, qui ne savait à quoi attribuer cette tristesse, il se creusait en vain la cervelle pour en découvrir la cause, et il était furieux de ne pas la trouver.

Au bout d'une dizaine de jours, un matin à déjeuner, le forestier se tourna brusquement vers Pedro debout derrière sa chaise :

— Y a-t-il longtemps que tu n'as reçu des nouvelles de tes fils? lui demanda-t-il.

— Assez longtemps, oui, señor.

— Où sont-ils ?

— L'aîné, Michel, s'est fait marin, comme je vous l'ai déjà dit, señor, il s'est embarqué à Bayonne, il voyage sur la mer océane.

— Bon, et l'autre ?

— Perico ?

— Oui.

— Il est au pays, là-bas, vous savez, señor, chez ses grands parents.

— Il ne veut pas être marin, lui, à ce qu'il parait ?

— Oh ! non ; c'est un franc montagnard ; j'attendais une lettre de lui, je suis étonné de ne pas l'avoir reçue.

— Bon ! j'irai demain à Tolède, je m'informerai, sois tranquille.

— Merci ! señor.

— Et puis, je ne suis pas fâché de savoir ce qu'est devenu mon cheval, ce don Felipe me semble ne pas se gêner avec moi.

— Se gêne-t-on avec ses amis ? dit une voix douce du seuil de la porte.

Les convives se retournèrent avec surprise.

Les femmes ne retinrent que difficilement un cri d'effroi.

Don Felipe était debout auprès de la porte, calme, souriant, et le chapeau à la main.

Il s'inclina profondément.

— Salut et santé à tous ! dit-il.

— Pardieu ! s'écria le forestier, vous ne pouviez arriver plus à propos, don Felipe, je parlais justement de vous.

— Je l'ai entendu, répondit-il en souriant.

— Nous ne faisons que nous mettre à table, vous déjeunez avec nous, n'est-ce pas ? Pedro, un couvert.

— J'accepte de grand cœur, mon hôte.

Et il s'assit entre les deux jeunes filles qui se reculèrent, comme d'un commun accord, pour lui faire place.

— Mon cher hôte, reprit don Felipe dès qu'il fut assis, j'ai ramené votre cheval. n'en soyez plus inquiet; je prierai mon ami Pedro de le faire mettre à l'écurie ainsi que le mien.

— Bon! Où sont-ils, señor? demanda No Santiago.

— Mon domestique les garde tous deux à l'entrée de l'enclos.

— Pedro, ajouta le forestier, tu prendras soin du valet de ce señor.

Pedro s'inclina et sortit aussitôt.

La joie et la gaîté qui, depuis si longtemps, avaient disparu, semblèrent être revenues avec l'étranger.

Les lèvres sourirent, les yeux brillèrent, la conversation s'anima. Don Felipe fut charmant d'entrain et d'esprit, il parla de Tolède, de la cour, des seigneurs qui entouraient le roi, en homme fort au courant de ce qui se passait dans l'intérieur du palais, raconta des anecdotes piquantes de la façon la plus spirituelle; bref. par sa bonhomie, son laisser-aller de bon goût et son esprit parfois légèrement caustique, mais toujours raffiné, il enchanta ses auditeurs et les tint constamment sous le charme de sa parole vive, incisive et entraînante.

Les heures s'écoulaient comme les minutes.

Il fallut enfin se séparer; don Felipe, qui semblait beaucoup se plaire auprès de cette charmante famille, retardait le plus possible l'instant du départ.

Mais à trois heures il fut enfin contraint de se retirer; son devoir exigeait impérieusement sa présence à la cour à six heures précises.

Il partit, mais en promettant de revenir, promesse que ses hôtes lui recommandèrent vivement de ne pas oublier.

Don Felipe revint, en effet, d'abord toutes les semaines, puis deux fois par semaine, puis, enfin, tous les jours.

Chaque fois ses visites se faisaient plus longues; il semblait éprouver une peine extrême à se séparer, même pour quelques heures seulement, de ses nouveaux amis.

Quant à eux, ils éprouvaient pour lui une profonde et sincère amitié.

Don Felipe, rendons-lui cette justice, faisait tout ce qu'il pouvait pour plaire à tout le monde.

Il chassait avec le forestier, causait des choses de la religion avec doña Maria, qui était très religieuse, riait, chantait, jouait et courait avec les jeunes filles, se montrait généreux et bonhomme avec les domestiques et flattait les chiens, auxquels il donnait des gimblettes.

En fallait-il davantage?

Un jour, don Felipe annonça qu'une affaire imprévue le retiendrait absent de la chaumière pendant trois jours. Sa Majesté Philippe IV devait recevoir un ambassadeur du roi de France, arrivé depuis la veille à Tolède, où la cour qui, dans le principe, ne devait rester que quelques jours, semblait avoir fixé sa résidence, du moins provisoirement; depuis cinq mois déjà, elle habitait l'Alcazar des rois maures.

On ne savait à quoi attribuer cette prédilection subite du roi pour la ville de Tolède: mais les habitants de la province et ceux de la ville étaient fort satisfaits de ce séjour prolongé, qui donnait un grand essor au commerce; et, entre autres avantages, avait produit celui de délivrer la Sierra de Tolède des bandits qui l'infestaient et avaient jusque-là joui d'une impunité complète, au grand détriment des paisibles habitants de la ville et des environs.

Le lendemain même de la chasse que nous avons rapportée, plusieurs détachements de troupes avaient complètement cerné la montagne, que d'autres soldats battaient en même temps dans tous les sens. Les bandits avaient tous été pris et pendus aussitôt haut et court, sans autre forme de procès.

Donc, don Felipe se retira en annonçant, ce qui chagrina fort toute la famille, que la présentation de l'ambassadeur français le retiendrait trois jours, mais que le quatrième on le verrait arriver ventre à terre auprès de ses bons amis.

Deux jours s'étaient écoulés; le matin du troisième, le père Sanchez, le digne instituteur des jeunes filles et l'ami dévoué de la famille, descendit de sa mule devant la porte de la chaumière; chacun accourut avec empressement à sa rencontre; le bon curé semblait triste et préoccupé.

C'était à cette époque un homme de trente-cinq ans environ, mais au visage austère, à la parole grave, vieilli avant l'âge par le malheur et la triste expérience du cœur humain.

La visite que, ce jour-là, le curé faisait à la chaumière, était complètement en dehors de ses habitudes; il avait cessé depuis plus d'un an déjà de donner des leçons aux jeunes filles, dont l'instruction était terminée; deux fois par mois, trois fois au plus, il venait passer quelques heures dans la famille du forestier, jamais davantage : or, il y avait à peine cinq jours que le digne prêtre avait fait sa visite habituelle. Les dames, tout en étant charmées de le voir, ne comprenaient rien à cette visite si en dehors des habitudes du père Sanchez, l'homme réglé et ponctuel par excellence.

En serrant la main du forestier, le prêtre lui glissa à l'oreille :

— Trouvez un prétexte pour que nous soyons seuls, j'ai à vous entretenir d'une affaire importante.

— Eh, père, répondit No Santiago à voix haute, il est de bonne heure encore : avant de vous enfermer avec ces dames, ne voulez-vous pas venir faire un tour avec moi dans la vallée ? le gibier abonde en ce moment ; peut-être tuerons-nous quelque chose pour le dîner.

— Vous, et non moi, cher señor : vous savez que je ne chasse jamais, dit le prêtre avec un doux sourire ; cependant, puisque vous semblez le désirer, je vous accompagnerai avec plaisir, je crois qu'un peu d'exercice me fera du bien après une longue course à cheval.

— Allez, padre, dit doña Maria, mais ne demeurez pas trop longtemps dehors avec mon mari ; surtout prenez garde qu'il ne vous entraîne trop loin ; songez que nous vous attendons avec impatience.

— Dans une heure au plus, nous serons de retour, n'est-ce pas, No Santiago ?

— Nous reviendrons quand vous voudrez, padre.

— A la bonne heure, reprit doña Maria, voilà parler ; bien du plaisir, señores.

Les deux hommes partirent aussitôt ; ils ne s'entretinrent que de choses indifférentes tant qu'ils furent en vue de la chaumière ; mais après avoir fait plusieurs coudes, ils atteignirent un bois assez touffu sous le couvert duquel, tout en surveillant ce qui se passait autour d'eux, ils pouvaient causer tout à leur aise sans craindre d'être surpris ou entendus.

Le forestier se coucha à demi sur le gazon, fit signe au prêtre de se placer près de lui, et ordonna à ses chiens de faire bonne garde.

— Maintenant, dit-il au père Sanchez, me voici prêt à vous écouter. Qu'avez-vous à me dire, mon vieil ami ?

— Mon ami, répondit le prêtre de sa voix sympathique, je désire seulement vous raconter une histoire.

— Une histoire ?

— Oui, mon ami, reprit-il avec son fin sourire, une histoire dont, bien entendu, vous serez libre de tirer la conséquence vous-même.

— Ah ! fort bien ; je vous comprends, padre ; parlez, je vous écoute.

— Or, mon ami, reprit le prêtre, il y avait en ce temps-là un grand roi d'Espagne nommé don Felipe, je ne me souviens plus du chiffre, c'est-à-dire si c'était un, deux, trois ou quatre.

— Peu importe ; continuez, padre. Vous disiez donc ?

— Je disais donc que ce roi don Felipe — le numéro ne fait rien à la chose — était un grand voyageur ; et s'il voyageait ainsi, c'était, dit la chronique...

— Pas celle de Turpin.

— Je crois que si ; c'était pour échapper aux obsessions de son premier ministre, qu'il détestait, mais auquel il avait laissé prendre tant d'influence sur lui qu'il n'osait s'en débarrasser autrement. Le dit roi arriva un jour dans sa bonne ville de Cordoue.

— Ou de Tolède, fit en ricanant le forestier.

— Que voulez-vous dire, mon ami ? s'écria le prêtre en tressaillant.

— Rien, padre, rien encore ; continuez, je vous prie, cette histoire m'intéresse extraordinairement.

— Soit, donc : or, à son arrivée dans la ville de... Cordoue ou de Tolède, comme il vous plaira...

— Je préfère Tolède.

— Disons Tolède, je le veux bien : une chasse fut organisée ; auprès de la ville se trouve une montagne fort giboyeuse ; donc la cour se mit en chasse ; malheureusement le roi, se laissant emporter par le plaisir tout nouveau pour lui de se trouver à peu près libre, perdit la chasse.

— Pauvre roi !

— Oui, certes, pauvre roi, car il s'égara si bien qu'il lui fut impossible de rejoindre sa cour ; sur ce fait la nuit vint et un orage effroyable éclata, comme si ce n'était pas assez pour accabler le malheureux prince et pour compliquer encore l'affreuse position dans laquelle il se trouvait...

— Six bandits surgirent subitement devant lui, interrompit le forestier, l'attaquèrent tous à la fois, tuèrent son cheval, le malmenèrent de telle sorte que si, sur ces entrefaites, un chasseur égaré, lui aussi, n'était subitement venu à son secours, le roi don Felipe, *sans numéro*, était mort ; maintenant continuez, padre, je vous prie.

— Vous connaissez donc cette histoire ?

— En gros, comme vous voyez, mais j'en ignore complétement les détails ; et ce sont les détails surtout qui sont intéressants, n'est-ce pas, padre ? donc, je vous écoute.

— Que vous dirai-je de plus, mon ami ? le chasseur délivra le roi des bandits qui l'attaquaient ; il le sauva au péril de sa vie des dangers non moins terribles d'un ouragan dans la montagne ; bref, son dévouement pour le prince qu'il ne connaissait pas fut complet, absolu, loyal et sans arrière-pensée ; il conduisit le roi dans sa demeure, lui offrit l'hospitalité la plus large. Le roi vit ses filles. Le chasseur avait deux filles ravissantes, toutes deux pures, simples, candides et naïves.

— Assez, padre, assez ! s'écria tout à coup le forestier, dont le visage était livide ; laquelle aime-t-il !

— Cristiana !

— Cristiana, la plus chérie ! murmura-t-il ; mais elle ne l'aime pas, elle ! reprit-il avec violence.

— Elle l'aime ! dit nettement le prêtre.

— Oh ! lâcheté humaine ! s'écria le forestier avec désespoir, cet homme qui me doit la vie ; ce roi que j'ai vu haletant, à mes pieds ; que j'ai sauvé au risque de périr moi-même ; voilà donc la récompense qu'il me réservait ! Oh ! c'est horrible ! ils sont bien tous les mêmes, ces tyrans couronnés que la sotte multitude met au-dessus du droit commun, et pour lesquels il n'y a rien de sacré que leurs hideux caprices !

— Calmez-vous, mon ami, au nom du ciel !

— Me calmer ! s'écria-t-il avec égarement. Ah çà ! mais vous, ministre d'un Dieu de paix, de quel droit me venez-vous conter cette horrible histoire ; elle est donc connue de tous maintenant ? Mon honneur est donc livré à la risée générale ?

— Je vous ai conté cette histoire, señor, dit froidement le prêtre, parce que tout peut encore se réparer, que votre fille est pure, la sainte et naïve enfant ; que vous pouvez fuir et la soustraire ainsi aux poursuites du roi.

— Fuir, moi ! s'écria-t-il avec éclat ! Ah ! vous me connaissez mal, mon père ; je suis né pour la lutte, moi ! Par le Dieu vivant ! je ferai bravement face à l'orage, au contraire.

— Prenez garde, ami, vous vous perdez !

— Padre, reprit-il avec un froid glacial, il faut que votre amitié pour moi soit bien véritable pour que vous ayez risqué ainsi votre vie sur un coup de dé en me racontant cette hideuse histoire ; je vous remercie sincèrement, car, sans hésitation, vous m'avez montré le précipice ; peu d'hommes à votre place se seraient sentis capables d'un si grand courage ; votre main, je vous aime ; oh ! oui ! je vous aime ! car vous vous êtes montré pour moi un véritable ami ; écoutez-moi ; demain à la première heure il accourra chez moi, ce roi, ce misérable, ce séducteur couronné qui paie le plus noble dévouement par la plus ignoble trahison. Promettez-moi, sur l'honneur, de vous trouver ici demain à midi précis. Me le promettez-vous ?

— Que prétendez-vous faire, mon ami ?

— Cela me regarde ; rassurez-vous, ma vengeance, si je me venge, sera noble et digne de moi.

— Je vous engage ma parole, mais à une condition.

— Non, mon ami, sans condition.

— Soit, puisqu'il le faut ; j'ai foi en votre honneur.

— Merci ! maintenant, plus un mot ; rentrons, on nous attend ; prenons garde de laisser deviner ce qui s'est passé entre nous ; ceux qui aiment, hélas ! sont clairvoyants.

— Soyez tranquille, ami ; pour plus de sûreté, aussitôt après le déjeuner je partirai.

— Vous aurez raison, en effet, mais demain.

— Demain à midi je serai chez vous, je vous l'ai juré.

Ils se levèrent alors, sortirent du bois, et regagnèrent la chaumière à petits pas ; en chemin le forestier eut l'occasion de tuer quelques gelinottes.

Donc il avait chassé, pas autre chose.

LV

Où il est prouvé que ni l'or ni la grandeur ne rendent heureux

Le lendemain, vers dix heures du matin, don Felipe, qui, certes, était bien loin de soupçonner la réception que lui ménageait le forestier, arrivait tout joyeux à la chaumière.

Son cheval, blanc d'écume, témoignait de la rapidité avec laquelle il était venu.

Il s'arrêta à l'entrée de l'enclos, mit pied à terre, jeta la bride au domestique qui l'accompagnait ; reçut des mains de celui-ci un large portefeuille en maroquin rouge fermant à clef, le mit sous son bras et se dirigea à grands pas vers la chaumière, sur le seuil de laquelle il apercevait le forestier debout et immobile.

— Me voilà, mon cher hôte, dit-il en tendant la main au forestier.

— Je vous attendais, don Felipe, répondit celui-ci en faisant un pas en arrière sans prendre la main qui lui était tendue.

Don Felipe ne remarqua pas ce mouvement, ou, s'il le remarqua, il n'y attacha pas d'importance.

— Tout le monde se porte bien ici? reprit-il; il me semble qu'il y a un siècle que je ne suis venu?

— Tout le monde se porte bien, oui, señor.

— Tant mieux! j'avais hâte de vous revoir.

— Et moi aussi, señor! reprit le forestier d'une voix sourde.

Force fut enfin à don Felipe de s'apercevoir de la froide réception qui lui était faite.

— Qu'avez-vous donc, mon ami? demanda-t-il avec intérêt; vous me semblez triste, préoccupé; auriez-vous quelque chagrin que j'ignore?

— Je suis triste, en effet, señor, excusez-moi donc, je vous prie; don Felipe, je désire vous entretenir d'une affaire grave; voulez-vous me faire l'honneur de m'accorder quelques minutes de conversation particulière?

— Avec le plus grand plaisir, répondit gaiement don Felipe en tapotant à petits coups sur le portefeuille qu'il tenait sous son bras, car moi aussi j'ai à vous entretenir d'une affaire très importante.

— Pour moi?

— Pour qui donc, si ce n'est pas pour vous?

— Je ne comprends pas quelle affaire?

— Peut-être, reprit finement don Felipe, mon affaire et la vôtre n'en font-elles qu'une seule.

— J'en doute, murmura le forestier, dont les sourcils se froncèrent.

— Causerons-nous ici?

— Non, cette salle est commune; tout le monde y vient, mieux vaut entrer chez moi.

— Comme il vous plaira, mon hôte.

Le forestier passa devant et monta l'escalier, suivi par don Felipe.

Celui-ci remarqua, non sans surprise, que, contrairement à ce qui se passait à chacune de ses visites, les dames ne s'étaient pas montrées.

Le forestier semblait être seul dans la chaumière.

En ce moment, No Santiago ouvrit la porte de la chambre, et s'effaça pour laisser passer don Felipe; il entra avec lui, referma la porte avec soin, et mettant brusquement sur sa tête le chapeau que jusque-là il avait tenu à sa main, il se redressa, se retourna vers son hôte, et il lui dit avec hauteur:

— Maintenant que nous sommes seuls, expliquons-nous.

— Il paraît, mon cousin, dit en souriant don Felipe, qu'il te plaît enfin de te souvenir que tu es grand d'Espagne de première classe, caballero cubierto, et que tu as le droit de parler au roi le chapeau sur la tête; j'en suis charmé et pour toi et pour moi.

— Qu'est-ce à dire ? s'écria le forestier avec stupeur.

— C'est-à-dire que je suis Philippe IV, roi d'Espagne et des Indes, et que tu es, toi, don Luis de Tormenar, comte de Tolosa et duc de Biscaye. Me trompé-je, mon cousin ?

— Sire, murmura don Luis en proie à une émotion extraordinaire.

— Ecoute-moi, duc, reprit vivement le roi avec un charmant sourire : tu m'as sauvé la vie au péril de la tienne; j'ai voulu te connaître; tu t'es obstiné à demeurer impénétrable; tu as refusé tous mes dons et repoussé toutes mes avances: cette obstination m'a piqué au jeu; j'ai voulu savoir, et j'ai su. Duc de Biscaye, mon père, le roi Philippe III, trompé par de fausses apparences, écoutant trop facilement les calomnies de tes ennemis, a été dur et inexorable envers toi, j'ajouterais même qu'il a été injuste, s'il n'était pas mon père, et maintenant assis au ciel à la droite de Dieu. Il y avait une grande injustice à réparer; je l'ai fait : ton procès a été revisé par la cour suprême ; le jugement qui te condamnait, cassé; ton nom hautement réhabilité; maintenant, mon cousin, tu es bien réellement don Luis de Tormenar, comte de Tolosa, marquis de San Sébastian, duc de Biscaye, ta fortune t'est rendue, ton honneur sauf, tes ennemis punis : es-tu content ?

Et il lui tendit la main.

Don Luis, éperdu, en proie à mille sentiments divers, plia le genou et voulut baiser cette main qui lui rendait si noblement tout ce qu'il avait perdu ; mais le roi ne le souffrit pas ; il le retint, l'attira doucement dans ses bras et le serra sur sa poitrine.

— Oh ! sire, s'écria le duc avec un sanglot, pourquoi faut-il...

— Silence ! mon cousin, reprit doucement le roi, je n'ai pas terminé encore.

— Mon Dieu ! dans quel but tout cela a-t-il été fait ? murmura le duc d'une voix sourde.

— Tu vas le savoir.

— J'écoute, sire.

— Je serai franc avec toi ; reçu comme un ami, presque comme un frère dans ta noble famille, je n'ai pu voir ta fille Cristiana sans l'aimer.

— Ah ! fit-il en pâlissant.

— Oui, don Luis ; ici ce n'est plus le roi, c'est l'ami qui parle ; je l'aime comme jamais je n'ai aimé encore ; sa candeur naïve, sa pureté virginale, tout m'a charmé ; alors...

— Alors, sire, vous l'ami de son père, dit-il avec amertume, de son père qui vous a sauvé la vie, vous avez voulu reconnaître ce bienfait en...

— En demandant au duc de Biscaye, mon ami, moi, le roi, la main de sa fille, répondit noblement don Felipe ; me refusera-t-il, et ne m'aura-t-il sauvé la vie que pour me condamner à être éternellement malheureux ? Maintenant réponds-moi, duc, ou plutôt réponds-moi, mon ami, je n'ai plus rien à t'apprendre.

— Mais, moi, sire, j'ai à vous apprendre que je suis indigne de vos bontés ; que j'ai douté de vous, de votre cœur, de votre grandeur d'âme enfin ; qu'hier, lorsqu'on m'a révélé qui vous êtes, j'ai cru que vous vouliez porter le déshonneur dans ma maison.

— Don Luis, tais-toi !

— Non, sire, je ne me tairai pas, il faut que vous sachiez tout : la haine que je portais dans mon cœur contre le roi votre père s'est aussitôt réveillée en moi plus vive et plus terrible, et, Dieu me pardonne! un instant la pensée m'est venue de laver dans votre sang cette injure irréparable que vous me vouliez faire !

— Tu en aurais eu le droit, don Luis, car si j'avais eu réellement les intentions que tu me supposais, j'aurais été un lâche et un traître. Duc de Biscaye, tu n'as pas répondu à la demande que je t'ai adressée.

— Oh! sire, tant d'honneur ! murmura-t-il, accablé par le conflit d'émotions qui gonflait sa poitrine.

— Allons donc, mon cousin, reprit le roi avec bonté ; est-ce donc la première fois que ta maison s'allie à celle d'Espagne ? Crois-moi, duc, ton bonheur fera des jaloux, mais non des envieux ; car cette alliance rendra aux yeux de tous ta réhabilitation complète et montrera la grande estime dans laquelle te tient ton roi et ton ami.

— Merci, sire, vous êtes grand et généreux.

— Non, répondit-il en souriant, je suis reconnaissant, juste et surtout amoureux ; et maintenant que nous nous entendons, causons de nos affaires, afin qu'il ne puisse plus exister à l'avenir de malentendus entre nous.

— J'écoute respectueusement Votre Majesté, sire.

— Assieds-toi là, près de moi.

— Sire !

— Je le veux.

Le comte s'inclina et prit un siège.

Le roi posa le portefeuille sur une table, l'ouvrit avec une petite clef

d'or curieusement ciselée, puis il en retira plusieurs parchemins remplis de
sceaux et de cachets de toutes sortes et de toutes couleurs.

— Voici ! dit le roi, tous les papiers relatifs aux affaires dont nous avons
parlé, vos titres de propriétés ; enfin tout ce qui vous appartenait et que je
vous ai rendu ; voici de plus votre nomination au gouvernement de la province
de Biscaye : ce dernier papier est le contrat rédigé par moi de mon mariage
avec doña Cristiana ; vous verrez que je lui reconnais une dot d'un million
de piastres, et que je lui assure en même temps un douaire de deux cent mille
piastres par an.

— Ah ! sire, c'est trop.

— Nous ne sommes pas d'accord, mon cousin ; moi je trouve que ce n'est
pas assez, mais passons : voici la clef et le portefeuille, mon cousin : serrez
toutes ces paperasses et parlons d'autre chose.

— Sire...

— Demain, s'il est possible, mon cousin, il vous faudra quitter cette vallée
où vous avez été si heureux, et partir pour Madrid avec toute votre famille ;
votre palais de la calle d'Alcala, fermé depuis si longtemps, est prêt à vous
recevoir.

— J'obéirai à Votre Majesté. Sire, demain je serai parti.

— Très bien ; de mon côté je quitte Tolède ce soir, de sorte que nous
arriverons presque en même temps à Madrid ; je viens maintenant à la partie
la plus délicate de ma mission, et pour plus de sûreté, afin d'être bien compris
de vous, mon cousin, je continuerai à vous parler avec la plus entière franchise.

Le duc s'inclina respectueusement.

— Vous savez, ou vous ne savez pas, mon cher don Luis, reprit le roi avec
une feinte gaieté qui cachait mal son embarras, que je suis, ou du moins que
je passe pour un roi très faible et très débonnaire, qui se laisse conduire par
ses ministres, et fait à peu près tout ce qu'ils veulent.

— Oh ! sire !

— C'est exact. Or, il résulte ceci : c'est qu'en effet, soit ennui, soit lassitude de la lutte contre des natures plus opiniâtres que la mienne, il y a beaucoup de vrai dans ces reproches, j'en conviens, mais qu'y faire ? Maintenant,
la chose est sans remède. M le comte-duc d'Olivarès, mon premier ministre,
gouverne le royaume à peu près à sa guise ; je le laisse faire ; comme en
réalité, c'est un profond politique et un homme qui possède une grande expérience des affaires, presque toujours je m'en trouve bien. Il ressort de tout
cela que, ne voulant pas m'attaquer à lui de front lorsqu'il me prend une

Maintenant, adieu et bon voyage !

velléité d'indépendance, je biaise, je tourne la difficulté et je l'oblige ainsi à s'incliner devant le fait accompli. Me comprends-tu, duc ?

— Oui, sire, je comprends parfaitement ce que Votre Majesté me fait l'honneur de me dire.

— Alors, je continue : la circonstance dans laquelle je me trouve en ce moment, c'est-à-dire le mariage que je veux contracter avec doña Cristiana, est une de ces velléités dont je vous parlais à l'instant.

— C'est-à-dire que Votre Majesté désire tourner la difficulté.

— C'est cela ; et voici le moyen que j'ai trouvé ; il est fort simple et réussira inévitablement.

— J'écoute, sire.

— Je contracte avec doña Cristiana un mariage secret !

— Un mariage secret !

— Oui. Il me naît un fils ; immédiatement mon mariage est reconnu publiquement et mon fils déclaré héritier de ma couronne ; et comme toujours, le comte-duc d'Olivarès, bien qu'en enrageant, car il doit avoir en tête quelque autre projet de mariage, est obligé de s'incliner ; mais il faut nous hâter avant qu'il soit averti, car il a des espions bien habiles.

— Un mariage secret, sire !

— Je le sais bien, mais il n'y a pas d'autre moyen ; et puis c'est une affaire d'un an au plus ; bien que non officiellement reconnue, doña Cristiana aura rang à la cour.

— Si la chose doit se faire ainsi, je désirerais, au contraire, sire, que ma fille continuât à habiter mon palais ; elle attirera moins les regards sur elle.

— Vous avez raison, mon cousin, cela vaut mieux ainsi ; maintenant, vous avez ma parole royale en garantie de ma promesse. Consentez-vous, duc ?

— Il le faut bien, sire.

— Sans arrière-pensée, au moins ?

— Sans arrière-pensée, sire, et aussi loyalement que Votre Majesté elle-même.

— Voilà qui va bien alors ; ne dites rien à ces dames de notre conversation jusqu'à ce que je vous aie revu à Madrid ; je désire surprendre ma charmante doña Cristiana.

— Il sera fait selon votre désir, sire ; Votre Majesté m'autorise-t-elle à lui adresser une requête ?

— Tout ce que tu voudras, mon cousin : elle est accordée d'avance, dit gracieusement le roi. De quoi s'agit-il ?

— D'un pauvre prêtre, sire, desservant de l'église du village qui se trouve à mi-côte de la montagne ; il a été l'instituteur de mes enfants, c'est un homme selon l'Évangile, très attaché à ma famille, je désirerais ne pas me séparer de lui.

Sans répondre, le roi attira à lui une feuille de papier, écrivit une cédule qu'il signa et au bas de laquelle il apposa le chaton d'une bague qu'il portait pendue à son cou par une chaîne d'or, puis il plia le papier en quatre et le remit à don Luis.

— Ne regarde pas, mon cousin, fit-il avec un sourire, tu lui remettras cela toi-même.

— Il va arriver dans un instant.

— Alors tu attendras mon départ avant de lui donner ce papier. Est-ce tout ? N'as-tu rien de plus à me demander ?.

— Rien, sire ; il ne me reste qu'à remercier Votre Majesté des bontés dont elle me comble.

— Et toi, ne fais-tu donc rien pour moi, don Luis ? Plus un mot à ce sujet ; maintenant, descendons auprès des dames...

— Je suis à vos ordres, sire.

— N'oublie pas, mon cousin, que je conserve encore aujourd'hui mon incognito, que je ne suis et ne veux être que don Felipe.

— J'obéirai, sire.

Les dames, assez inquiètes de ce long entretien dont elles ignoraient les motifs, attendaient avec anxiété qu'il se terminât ; ce fut avec plaisir qu'elles virent enfin arriver auprès d'elles les deux hommes, la physionomie riante, et causant entre eux de la façon la plus amicale.

Au même instant, le padre Sanchez parut à l'entrée de l'enclos ; il était fort inquiet, aussi fût-ce avec un indicible sentiment de joie et de reconnaissance envers le ciel qu'il accueillit les assurances de don Luis, qui s'était empressé d'aller à sa rencontre, que tout était terminé de la manière à la fois la plus heureuse et en même temps la plus extraordinaire pour lui ; don Luis ajouta que, plus tard, il lui dirait tout, et que sans doute comme lui, il serait enchanté de ce dénouement imprévu d'une affaire qui menaçait d'avoir de si terribles conséquences.

— Surtout, ajouta-t-il, gardez-vous de reconnaître le roi ; il veut aujourd'hui encore conserver le plus strict incognito.

— Je me conformerai aux ordres de Sa Majesté, mon cher don Luis, vous serez content de moi, répondit le prêtre avec un doux et fin sourire.

La journée s'écoula en douces et charmantes causeries.

Vers trois heures, ainsi qu'il en avait l'habitude, le roi prit congé ; don Luis et le père Sanchez l'accompagnèrent jusqu'à l'extrémité de la vallée.

— A bientôt ! dit le roi en leur faisant un dernier signe de la main.

Et il s'éloigna.

Les deux hommes regagnèrent la chaumière à petits pas ; don Luis raconta au prêtre dans les plus grands détails ce qui s'était passé entre lui et le roi; il termina son récit en lui disant que, ne voulant pas se séparer de lui, il avait demandé à Sa Majesté l'autorisation de l'emmener à Madrid.

— Voici, ajouta-t-il en lui présentant la cédule royale, ce que le roi m'a chargé de vous remettre, mon père.

Le prêtre ouvrit le papier et jeta un cri de surprise : le père Sanchez était nommé prieur du couvent des Hiéronymites de Madrid.

Le lendemain, la vallée dans laquelle pendant tant de temps la famille de Tormenar avait vécu si heureuse était déserte de nouveau, la chaumière abandonnée; ses habitants l'avaient quittée pour toujours.

Les choses se passèrent ainsi que le roi l'avait décidé.

Le mariage de Philippe IV et de doña Cristiana fut célébré à l'Escurial, en présence d'une partie de la cour et du comte-duc d'Olivarès lui-même, bien que ce mariage eût été déclaré secret.

Le ministre tout-puissant cacha habilement le déplaisir que lui causait cette union, contractée malgré lui; en apparence du moins, il s'inclina comme toujours devant le fait accompli.

Les choses durèrent ainsi pendant assez longtemps; le ministre, et, à son exemple, tous les courtisans faisaient une cour assidue à celle qui d'un jour à l'autre pouvait être déclarée reine.

Don Luis de Tormenar jouissait ou paraissait jouir d'un crédit immense et bien établi à la cour, où il résidait presque constamment, ne faisant que de courtes et rares visites à son gouvernement de Biscaye.

Deux ans s'écoulèrent : enfin doña Cristiana devint enceinte; au mois de décembre 1641 elle donna le jour à un fils.

Cette naissance, si impatiemment attendue par le roi, le combla de joie.

Averti aussitôt, il accourut au palais de Tormenar, où doña Cristiana avait continué de résider; il voulut placer lui-même dans le berceau de ce fils tant désiré le grand cordon de la Toison d'or, dont les rois d'Espagne étaient grands maîtres, comme héritiers directs des ducs de Bourgogne.

Le nouveau né fut baptisé sous les noms de Gaston-Philippe-Charles-Laurent, créé aussitôt par son père comte de Transtamarre, et almirante de Castille.

Puis le roi, fidèle à la parole qu'il avait donnée au duc de Biscaye, se mit en mesure de faire déclarer publiquement son mariage, et de faire reconnaître doña Cristiana comme reine d'Espagne et des Indes.

Les choses marchèrent très rapidement; tout fut prêt de façon à ce que la cérémonie eût lieu, aussitôt après les relevailles de la future reine, au couvent de las Huelgas.

Les couches de doña Cristiana avaient été fort laborieuses ; elle ne se rétablissait que très difficilement ; cependant les médecins ne montraient aucune inquiétude ; ils annonçaient que bientôt la jeune femme serait en état de se lever ; lorsque tout à coup, contre toute prévision, doña Cristiana, après une visite assez longue que lui avait faite le comte-duc d'Olivarès, fut prise subitement d'une crise nerveuse et expira après une demi-heure de souffrances horribles, sans pouvoir prononcer une parole, entre les bras du roi presque fou de désespoir.

Cette mort fit grand bruit à la cour.

Les ennemis du ministre, et il en avait un grand nombre, allèrent jusqu'à parler tout haut d'assassinat, c'est-à-dire d'empoisonnement ; mais rien ne vint justifier ces bruits qui finirent par s'éteindre d'eux-mêmes.

Le roi, inconsolable de la mort de cette femme, la seule qu'il eût véritablement aimée, et qui par sa douceur angélique et sa haute intelligence était si digne de son amour, lui fit faire des funérailles magnifiques ; pendant longtemps il s'enferma dans son palais, où il s'obstina à ne recevoir que quelques-uns de ses familiers les plus intimes.

Les malheurs vont par troupes, dit-on ; ce dicton populaire sembla cette fois fatalement se réaliser.

Doña Maria Dolorès et sa seconde fille doña Luz s'étaient retirées en Biscaye aussitôt après la mort de doña Cristiana, et avaient été cacher leur douleur dans le château de Tormenar, sombre édifice construit dans les montagnes, à deux ou trois lieues à peine des frontières françaises.

Une nuit, le château fut surpris et incendié par des maraudeurs appartenant, dit-on, à l'armée française : la faible garnison qui défendait Tormenar fut massacrée, le bourg et le château mis à feu et à sang.

Le lendemain, il ne restait plus que des ruines fumantes ; l'incendie avait été éteint dans le sang ; les maraudeurs gorgés de richesses avaient disparu, emmenant avec eux doña Maria et sa fille doña Luz.

Ce nouveau et terrible coup qui frappait don Luis faillit le rendre fou de douleur.

Le duc cependant, à force de volonté, dompta son désespoir ; il voulait retrouver sa femme et sa fille ; mais vainement il prodigua l'or et les promesses ; toutes ses recherches furent sans résultat ; tous ses efforts demeurèrent stériles ; jamais le mari désolé, le père désespéré, ne réussit à apprendre un mot du sort de ces deux créatures qui lui étaient si chères ; un mystère impénétrable enveloppa cette sombre et ténébreuse histoire.

Après avoir, pendant plusieurs années, parcouru l'Europe dans tous les

sens à la recherche des deux anges qu'il avait si déplorablement perdus, le
duc, brisé par la douleur, résigna toutes ses charges entre les mains du
comte-duc d'Olivarès, plus puissant et plus heureux que jamais; et il se
retira dans le château de Tormenar, qu'il avait fait reconstruire à la place
même qu'il occupait primitivement, résolu à y terminer ses jours, loin de ce
monde par lequel il avait tant souffert.

Mais un ami dévoué lui était demeuré fidèle dans l'adversité; cet ami
était le père Sanchez, qui avait tout quitté pour venir partager sa solitude, et
non pas le consoler, il y a certaines douleurs qui demeurent toujours vives
et saignantes au cœur; mais pour l'aider à supporter bravement les coups
redoublés qui le frappaient, et le soutenir dans sa voie douloureuse.

Gaston-Philippe, sur la tête duquel le roi son père semblait avoir reporté
tout l'amour qu'il avait éprouvé pour sa mère, avait par les soins du roi reçu
la plus brillante éducation.

C'était, à l'époque à laquelle nous sommes arrivés, un beau et fier jeune
homme de seize à dix-sept ans, doué de toute la ravissante beauté que possédait sa mère à ce même âge, mais avec une expression plus mâle et surtout
plus accentuée.

Par l'ordre exprès du roi qui paraissait craindre de s'en séparer, il avait
continué à résider à la cour et à habiter le palais de son grand-père; il
portait le titre de comte de Transtamarre et il était depuis le jour de sa naissance, ainsi que nous l'avons dit, almirante de Castille.

Bien que Gaston ne vit le duc de Biscaye, son grand-père, que très rare-
ment, cependant il avait pour lui une profonde et sincère affection; c'était un
bonheur pour le jeune homme lorsqu'il pouvait obtenir du roi l'autorisation
d'aller passer quelques jours à Tormenar.

C'était fête aussi au château; le vieillard en revoyant son petit-fils semblait
renaître à la vie, il se sentait presque joyeux; c'était avec un plaisir infini
qu'il écoutait les longs récits du jeune homme sur sa manière de vivre
à Madrid, les événements qui se passaient à la cour et dont il était le
témoin.

Cependant une inquiétude secrète dévorait le vieux duc.

Le roi, tout en paraissant aimer beaucoup Gaston-Philippe, en le comblant
d'attentions et de faveurs, n'avait pas, selon la promesse solennellement
faite, déclaré la légitimité du mariage contracté avec doña Cristiana et régu-
larisé ainsi la position de son fils qu'il devait, à la suite de cette déclaration
publique, nommer son héritier au trône.

Cette indifférence du roi, cet oubli inconcevable peinaient le vieillard, non pas par ambition, depuis bien longtemps déjà toute ambition était morte dans son cœur; mais il trouvait que cette réparation si juste était due au fils de la femme que lui, le roi, avait tant aimée, et qu'il faisait injure à sa mémoire en faussant la parole qu'il lui avait si solennellement engagée.

Ce n'était pas tout encore; le roi n'était pas demeuré fidèle au souvenir de la pauvre morte; malgré l'éclat de sa douleur, peu à peu il avait repris son train de vie habituel; plusieurs maîtresses s'étaient succédé auprès de lui et avaient brillé à la cour; une d'elles lui avait donné un fils; ce fils, sous le nom de don Juan d'Autriche, était publiquement élevé auprès du roi, qui l'aimait beaucoup, et dont il partageait les faveurs avec Gaston-Philippe, qui lui, cependant, bien que non reconnu encore, était fils légitime du roi, et l'héritier direct de la couronne.

De plus, une haine sourde, implacable, toujours vivace, semblait depuis sa naissance veiller attentive auprès du jeune homme. Était-ce fatalité?

Vainement le vieux duc essayait d'acquérir une certitude à ce sujet; mais un concours inouï de circonstances groupées par le hasard ou par une haine patiente augmentait encore sa perplexité en redoublant ses craintes pour la vie de son petit-fils.

A plusieurs reprises, le jeune homme avait failli être victime d'accidents singuliers; sa vie même avait été mise en péril.

Ces accidents avaient été si habilement préparés que Gaston, avec l'insouciance naturelle à son âge, et d'ailleurs doué d'une bravoure à toute épreuve, racontait en riant à son grand-père, qui, lui, hochait tristement la tête en l'écoutant, comment, emporté par un cheval devenu subitement furieux, il avait failli se briser sur les rochers; comment, une autre fois, en faisant des armes avec le comte de Medina Sidonia, jeune homme à peu près de son âge et son grand ami, le fleuret du comte s'était tout à coup démoucheté sans qu'on sût à quoi attribuer cet accident, et que peu s'en était fallu qu'il fût traversé de part en part.

Une autre fois, à la chasse, des balles avaient sifflé à ses oreilles sans qu'il fût possible de découvrir celui ou ceux qui avaient commis cette maladresse.

Enfin l'ensemble de tous ces faits était effrayant et donnait fort à penser au vieux duc.

Les choses en étaient là, lorsqu'un matin du mois de mai 1750, le comte Gaston arriva à l'improviste à Tormenar, où, depuis près d'une année, il n'avait pas mis les pieds.

Le duc de Biscaye, prévenu par un de ses serviteurs, se hâta d'aller à la rencontre du jeune homme, qui, en apercevant son grand-père, sauta à bas de son cheval et se jeta dans ses bras en l'accablant de ces caresses filiales si douces au cœur des vieillards.

Puis le jeune homme offrit son bras au duc, et tous deux remontèrent doucement dans les appartements.

V

Le serment d'Annibal

Le jeune homme était pâle, ses sourcils se fronçaient malgré lui ; il semblait être sous le poids d'une grande douleur ou d'une vive émotion.

Le duc fit asseoir son petit-fils sur un coussin, à ses pieds, prit ses mains dans les siennes, et, après l'avoir attentivement considéré pendant deux ou trois minutes :

— Pauvre enfant, lui dit-il en lui mettant un baiser au front, vous souffrez beaucoup, n'est-ce pas ?

— Oh ! oui, mon père, répondit-il les yeux pleins de larmes.

— Voulez-vous me faire part de votre chagrin, mon enfant ?

— Je suis venu vous trouver exprès pour cela, mon père.

— Comment ! vous avez fait deux cents lieues...

— A franc-étrier, oui, mon père, pour tout vous dire.

— Mais... le roi ?

— Le roi ! fit-il avec amertume, le roi est un grand prince, mon père.

— Me resterez-vous longtemps, cette fois ?

— Vous même en déciderez.

— Ah ! alors, s'il en est ainsi je vous posséderai longtemps à Tormenar.

— Qui sait ? murmura-t-il d'un air pensif.

— C'est juste, peut-être que le roi votre père...

— Je n'ai plus d'autre père que vous, monsieur le duc.

— Ciel ! le roi serait-il mort ?

— Rassurez-vous, mon père ; la santé de Sa Majesté est parfaite.

— Alors, mon cher fils, ce que vous me dites me semble être une énigme dont je renonce à chercher le mot.

— Je vous le donnerai, moi, soyez tranquille; mais avant de m'expliquer, j'aurais voulu voir près de vous un saint homme...

— Il est absent, mon fils, interrompit le duc; depuis un mois déjà le père Sanchez m'a quitté; car c'est de lui que vous voulez parler, sans doute?

— Oui, mon père, de lui, votre vieil ami; le seul qui soit resté fidèle à notre famille.

— Hélas! enfin, le père Sanchez est depuis un mois à Madrid, où l'ont appelé à l'improviste des affaires de la plus haute importance, à ce qu'il m'a dit du moins avant de quitter le château; je m'étonne que vous ne l'ayez pas vu à la cour.

— J'en suis étonné, moi aussi, mon père; ordinairement, lorsqu'il venait à Madrid, sa première visite était pour moi. Sans doute il aura été empêché, mais puisque le padre Sanchez est absent, je vous dirai tout, à vous seul, mon père.

— Parlez, enfant, je vous écoute.

— Je dois d'abord vous dire, monsieur le duc, que, depuis quelques mois déjà, j'avais cru remarquer qu'un grand changement s'opérait dans les manières du roi à mon égard; Sa Majesté continuait à me bien traiter sans doute, mais sans épanchement, sans laisser aller; il y avait enfin dans ses manières, lorsque j'allais lui rendre mes devoirs à l'Escurial, une gêne et une contrainte que je n'avais jamais observées en lui jusqu'alors; plus le temps s'écoulait, plus ces manières se faisaient froides, sèches et même hautaines; plusieurs fois, l'entrée de la chambre royale me fut refusée et je quittai le palais sans parvenir jusqu'à Sa Majesté.

— Oh! cela c'est singulier, en effet! murmura le duc dont les sourcils se froncèrent.

— Cela n'était rien encore, continua le jeune homme avec ironie; j'étais destiné à souffrir d'autres insultes autrement graves que celle-là; les courtisans, se modelant selon leur coutume sur le souverain, prenaient avec moi un ton qui me déplaisait fort, ils chuchotaient, se parlaient bas à l'oreille lorsqu'ils m'apercevaient; s'ils l'eusssnt osé, ils m'auraient tourné le dos; je souffrais en silence ces attaques ridicules, attendant patiemment qu'une insulte directe me fût faite en face, afin d'en tirer une éclatante vengeance. Avais-je raison, mon père?

— Oui, mon fils, vous agissiez en homme de cœur; je pressens comment tout cela a dû finir.

— Au contraire, mon père, vous ne vous en doutez pas, repondit-il avec un

rire nerveux ; oh! ma vengeance a été belle, allez! plus belle même que je ne
l'espérais.

— Continuez, mon fils, je vous écoute.

— Sur ces entrefaites, le bruit courut à la cour, et prit bientôt une certaine
consistance, du mariage du roi.

— Du mariage du roi! s'écria le duc avec une douloureuse surprise; le roi
va donc se marier?

— Oui, mon père, le fait est aujourd'hui officiel : Sa Majesté épouse une
princesse accomplie, dit-on. Mais que vous importe?

— C'est juste, murmura le duc, les dents serrées, tandis qu'un sourire de
dédain se jouait vaguement sur ses lèvres blêmies; continuez, mon fils.

— Un matin, reprit Gaston, le valet de chambre du roi se présenta au
palais de Tormenar, il m'annonça que le roi me demandait. Je montai à cheval
et je me rendis à l'Escurial. Sa Majesté m'attendait dans son oratoire; son
visage était pâle, ses yeux rougis par la veille ou par la douleur; le roi
congédia son valet de chambre d'un geste et me fit signe de m'approcher.
J'obéis; le roi, remarquant que je tenais mon chapeau à la main, me dit sèchement : « Couvrez-vous, vous êtes grand d'Espagne. — C'est vrai, répondis-je,
mais si j'ai le droit de parler au roi le chapeau sur la tête, il est de mon devoir
d'écouter mon père le front nu et incliné. »

— Bien, mon fils.

— Le roi détourna la tête, reprit Gaston, puis au bout d'un instant, il
reprit : « Monsieur, je vous ai fait venir en ma présence, parce que j'ai à
vous entretenir de choses d'importance et qui n'admettent pas de délai. »
Jamais le roi ne m'avait parlé avec cette sécheresse : je tressaillis, mais je ne
répondis pas; le roi, voyant que je gardais le silence, reprit du ton d'un
homme pressé d'en finir, parce qu'il reconnaît intérieurement qu'il fait mal :
« Monsieur, le bien de l'État exige que je me marie, vous avez sans doute
appris cette nouvelle? » Je m'inclinai. « Ce mariage aura lieu prochainement;
je suis contraint de vous éloigner temporairement de la cour. — Est-ce un
exil, sire? demandai-je. — Non, se hâta-t-il de répondre; c'est une mesure
de prudence exigée par la politique. Je vous laisse libre du choix de votre
résidence, pourvu que vous n'alliez pas en Biscaye auprès de votre aïeul... »

— Le roi a dit cela? s'écria le duc.

— Il l'a dit, mon père, puisque je vous le répète.

— C'est vrai; pardonnez-moi, mon fils.

— « Et, reprit le jeune homme, que vous n'approchiez pas à plus de vingt-
cinq lieues de la cour; du reste, cette absence durera peu, je l'espère; voilà

tout ce que j'avais à vous dire ; allez, de près comme de loin, ma bienveillance veillera sur vous. » Et sans me laisser le temps de lui répondre, le roi me fit un geste d'adieu et passa dans une autre pièce. Je sortis je ne sais comment de l'Escurial et je rentrai dans mon palais, sans qu'il me fût possible de savoir de quelle façon j'y étais revenu ; je trouvai chez moi le secrétaire particulier du puissant ministre qui venait, au nom du roi, me demander la démission de toutes mes charges ; le roi se hâtait de me donner des preuves de la bienveillance dont il m'avait assuré ; je donnai ces démissions, que je signai sans daigner prononcer une parole ; le secrétaire les prit, les examina, puis il me demanda avec un sourire légèrement ironique quand je comptais quitter la cour : « Cette nuit même, » répondis-je ; et je congédiai cet homme.

— Ainsi, vous n'êtes plus rien, mon fils ?

— Rien, mon père, que le fils de Cristiana de Tormenar, et ce titre, vive Dieu ! nul ne pourra me l'enlever. D'ailleurs, que me font les titres ? Mais je n'ai pas fini mon récit, mon père.

— Continuez donc, mon fils, je vous écoute.

— Le soir de ce même jour, le duc de Médina Sidonia, père d'un de mes amis les plus intimes, donnait une fête à laquelle toute la haute noblesse avait été invitée ; comme je n'avais commis aucun crime, qu'à ma connaissance je n'étais coupable d'aucune mauvaise action, je ne trouvai pas digne de moi de quitter la cour en fugitif ; je résolus donc d'assister à cette fête et de m'y présenter le front haut, comme doit le faire un homme fort de son innocence ; je fis préparer mes équipages, je réglai tout pour mon départ, et après avoir ordonné à mes gens de m'attendre à Alcala de Henares, je me rendis au palais de Medina Sidonia, suivi d'un domestique que j'avais, seul, gardé près de moi. La foule était nombreuse, brillante, et envahissait les salons. Mon entrée fit sensation ; je m'y attendais ; je me tins ferme ; ma disgrâce était connue déjà sans doute, car de tous mes nombreux amis de la veille, cinq ou six seulement eurent le courage de venir à moi et de me presser la main, marque de sympathie dont je leur sus gré au fond du cœur. Medina Sidonia, le fils du duc, et d'Ossuna, me prirent par le bras, se promenèrent en causant gaiement avec moi à travers la foule, qui s'écartait sur notre passage comme si j'eusse eu la peste ; puis ils m'entraînèrent dans un salon éloigné où toute la jeune noblesse semblait s'être donné rendez-vous, pour rire et plaisanter à son aise, sans crainte d'être dérangée.

Parmi ces jeunes seigneurs s'en trouvait un à peu près de mon âge, nommé, ou plutôt qu'on nomme don Felipe de Guzman d'Olivarez. Il est fils du comte-duc et d'une comédienne de Séville. Trois ans auparavant son père, grâce à sa toute-puissance, l'avait fait légitimer. Ce jeune homme, insignifiant du reste et très enflé de ses nouveaux titres, m'avait toujours témoigné, sans que jamais j'en aie su la cause, une haine profonde, dont au reste, mon père, je vous avoue que je ne me préoccupais guère. Au moment où je pénétrai dans le salon, don Felipe parlait avec animation au milieu d'un groupe rassemblé autour de lui ; en m'apercevant, un de ses amis lui fit un signe et il se tut subitement.

Ici, j'abuserai franchement de mon privilège de romancier pour substituer mon récit à celui du comte Gaston de Transtamarre, convaincu que l'intérêt ne pourra qu'y gagner.

Le jeune homme s'était parfaitement aperçu du silence causé, parmi les jeunes seigneurs composant le groupe rassemblé autour de don Felipe, par son apparition inattendue sur le seuil du salon ; cependant il n'en laissa rien paraître ; il s'avança doucement jusqu'auprès de don Felipe, en saluant à droite et à gauche et, d'une voix très calme :

— Pardon ! caballeros, leur dit-il, vous causiez de choses fort intéressantes sans doute, lorsque je suis entré ; serait-il indiscret de vous demander quel sujet avait le privilège d'exciter autant votre attention ?

— Nullement, señor, répondit insolemment don Felipe, nous parlions de bâtards.

— Nul mieux que vous, caballero, reprit froidement Gaston, n'est à même de traiter une telle question ; comment se porte madame votre mère, s'il vous plaît ?

— Señor, s'écria le jeune homme avec violence, une telle insulte !

— Une insulte, parce que je vous parle de madame votre mère, vous n'y songez pas, caballero.

Don Felipe se mordit les lèvres.

— Je parlais de vous, grommela-t-il entre ses dents.

— C'est donc à dire que je suis un bâtard ! s'écria le jeune homme dont l'œil noir lança un fulgurant éclair ; vive Dieu ! vous en avez menti et vous êtes non seulement un sot mais encore un calomniateur.

— Eh ! señores, s'écria un jeune homme avec violence, les fils de courtisanes viendront-ils donc ici nous imposer des lois ? Jetons cet homme à la porte !

— Que personne ne bouge, dit Gaston d'une voix stridente en arrêtant ses amis qui faisaient mine de le défendre, ceci me regarde seul ; vous passerez après don Felipe, comte de Caseres ! Allons, señores, d'autres prétendent-ils encore soutenir cette honteuse querelle ?

— Moi !

Silence, mon cousin , je n'ai pas terminé encore.

— Et moi aussi! s'écrièrent deux jeunes gens presque ensemble.

— Très bien, marquis d'Alvimar : vous ensuite, n'est-ce pas, comte de Sierra Blanca? Soit, caballeros, je vous ferai face à tous les quatre l'un après l'autre, à votre choix, ou plutôt à tous ensemble, ce qui, je crois, vous conviendra mieux.

Les jeunes seigneurs poussèrent un cri de rage à cette nouvelle insulte, plus sanglante encore que les précédentes.

— Señores, dit Medina Sidonia en s'avançant, je suis honteux pour vous d'une telle conduite dans la demeure de mon père que vous auriez dû respecter. Le comte de Transtamarre, mon ami et mon hôte, est un gentilhomme de nom et d'armes que tous nous aimons; vous vous êtes conduits envers lui, sans provocation aucune, comme des palefreniers; mes amis et moi nous saurons le soutenir, car sa querelle est la nôtre.

— Oui, oui, s'écrièrent la plupart des gentilshommes en venant serrer avec effusion la main de Gaston.

L'élan était donné, les insulteurs demeurèrent à peu près seuls et isolés au milieu du salon.

— Je vous remercie, caballeros, s'écria le jeune homme avec émotion; il m'est doux de voir que je n'ai pas baissé dans votre estime.

Il y eut une protestation unanime.

— Caballeros, reprit Gaston, cette nuit même je quitte Madrid; demain, au lever du soleil, je vous attendrai à Alcala de Henares.

— Nous y serons tous pour vous servir de seconds, s'écrièrent avec enthousiasme les amis du jeune homme.

Deux heures plus tard, Gaston sortit du palais de Medina Sidonia; il rentra chez lui, mit quelques papiers en ordre, s'arma, puis monta à cheval; suivi par son domestique, il quitta Madrid et se dirigea vers Alcala de Henares, où il arriva dix minutes environ avant le lever du soleil.

À l'entrée du village il trouva une quarantaine de gentilshommes appartenant à la grandesse qui l'attendaient et lui firent cortège.

Cette manifestation de la noblesse en sa faveur lui fit du bien. Il remercia ces amis de la dernière heure avec effusion et, accompagné par eux, il arriva à un endroit assez retiré, situé derrière un couvent de chartreux, et qui avait été choisi par les seconds des deux partis pour être le théâtre du duel.

Là, tous les jeunes gens mirent pied à terre et confièrent leurs chevaux à leurs valets.

— Caballeros, dit Gaston à ses amis, cette affaire me regarde seul, laissez-moi seul la terminer.

Medina Sidonia et d'Ossuna voulurent soulever quelques objections.

— Je vous en supplie par notre amitié, leur dit-il.

Ils lui serrèrent affectueusement la main et se turent.

En ce moment, les adversaires de Gaston arrivèrent; mais presque aussitôt parut le vieux duc de Medina Sidonia, qui accourait à toute bride.

Malgré son âge, il sauta à bas de son cheval avec la vivacité d'un jeune homme, et s'approchant de Gaston, qui de son côté venait à sa rencontre:

— Monsieur le comte de Transtamarre, dit-il d'une voix claire en mettant le chapeau à la main, en même temps qu'il promenait un regard fier autour de lui, j'ai appris que cette nuit, lors de la visite dont vous avez daigné m'honorer, vous avez été gravement insulté chez moi ; veuillez, je vous prie, monsieur le comte, recevoir ici mes plus humbles excuses ; je vous tiens pour un loyal et parfait gentilhomme et suis très honoré d'être compté au nombre de vos amis.

Ces paroles, prononcées par un des plus loyaux représentants de la grandesse, émurent Gaston jusqu'aux larmes.

— Merci, señor duc, dit-il d'une voix tremblante, vous m'avez réhabilité devant tous ; avec la grâce de Dieu, mon épée fera le reste.

— Je le désire vivement, monsieur le comte, répondit le noble vieillard.

— Habits bas, caballeros ! la dague et l'épée en main ! ceci est un duel à mort, dit Gaston d'une voix stridente, en jetant ses habits sur le sol ; à vous, don Felipe !

Les Espagnols sont essentiellement braves ; pour eux un duel est presque une partie de plaisir ; don Felipe était déjà en garde. A la deuxième passe l'épée de Gaston lui traversa la poitrine de part en part.

— A un autre ! dit froidement le jeune homme, en voyant son adversaire se tordre à ses pieds dans les angoisses de l'agonie.

Le comte de Caseres était devant lui, l'épée haute.

Gaston lui fit signe qu'il était prêt ; les deux ennemis se ruèrent l'un sur l'autre.

Le comte de Caseres tomba comme une masse : la dague du jeune homme l'avait frappé au cœur.

Les assistants étaient épouvantés ; ils voulurent intervenir.

— Arrière ! s'écria Gaston en brandissant son épée rougie jusqu'à la garde, ces hommes m'appartiennent.

— Je vous attends, dit le marquis d'Alvimar.

— Me voici ! répondit Gaston avec un rugissement de tigre.

Ce n'était plus une créature humaine ; la colère et le sang l'enivraient ; il ne rêvait plus que le meurtre.

Le comte tomba la gorge traversée.

Presque aussitôt le comte de Sierra Blanca se trouva en garde.

— Tuez-moi donc aussi ! s'écria-t-il d'une voix stridente.

— J'y tâcherai, señor, répondit Gaston avec rudesse.

Cette fois le combat fut long et acharné. Les deux adversaires étaient passés maîtres en fait d'armes. Gaston, fatigué par ses luttes précédentes, avait perdu beaucoup de son agilité. Son adversaire, froid, méthodique, calculait ses coups et ne se livrait jamais; son épée se tordait autour de lui comme un serpent et lui formait une impénétrable cuirasse.

Gaston comprit que si le combat durait plus longtemps il était perdu; alors il changea de tactique : il se fendit sur son adversaire, engagea le fer jusqu'à la garde, et faisant un bond en avant, avant que celui-ci pût revenir à la parade, il lui planta sa dague dans le cœur.

Le comte tomba sans jeter un soupir; il était mort.

Les quatre ennemis du jeune homme gisaient à ses pieds.

— Ai-je fait en homme de cœur et en gentilhomme? demanda-t-il en piquant en terre la pointe de son épée?

— Oui, répondirent tristement ses amis, vous avez noblement combattu.

— Et maintenant lisez ce papier à voix haute, duc de Medina Sidonia.

Et il remit au duc un papier que celui-ci lut aussitôt : c'était le contrat de mariage du roi Philippe IV avec doña Cristiana.

— Donc je ne suis pas un bâtard! dit-il d'une voix fière.

Tous s'inclinèrent.

Le jeune homme prit alors son épée et la brisa sur son genou.

— Ecoutez tous, dit-il, cette épée que je brise, c'est mon serment de fidélité à la couronne d'Espagne que je romps; je renonce à ma patrie; je ne veux plus servir un roi parjure, qui fait litière de l'honneur des femmes de sa noblesse et désavoue ses enfants! Tant que je vivrai, la monarchie espagnole n'aura pas de plus cruel ennemi que moi! Je la poursuivrai partout, sans trêve et sans merci; dites-le au roi, messeigneurs, afin qu'il sache bien que ce fils qu'il a renié et auquel il a lâchement volé tous ses droits, a conservé le plus précieux de tous, son honneur! Adieu à jamais, messieurs! Le comte de Translamarre est mort! bientôt vous entendrez parler du vengeur! Sur les cendres de ma mère, morte victime de ce misérable couronné, je vous le jure! ajouta-t-il d'une voix stridente.

Il jeta un manteau sur ses épaules, monta sur son cheval et partit ventre à terre sans que personne songeât à s'opposer à son départ.

Les assistants étaient frappés de stupeur; il ne savaient s'ils étaient bien éveillés ou bien s'ils étaient en proie à un cauchemar horrible.

Le duc de Biscaye avait écouté ce terrible récit avec une joie sombre.

— Bien, mon fils, dit-il au jeune homme, lorsque celui-ci eût enfin terminé; je reconnais le descendant des Tormenar; mais ce serment terrible que tu as prononcé, il faut le tenir, mon fils.

— Jusqu'à la mort, mon père, je vous le jure!

— Ah! nous serons donc vengés enfin! s'écria le vieillard avec une animation extraordinaire; tu ne peux demeurer plus longtemps ici; il faut partir, à l'instant, s'il est possible.

— Soit, mon père, je suis prêt, répondit le jeune homme en se levant.

— Mais où aller? reprit le duc.

— En France d'abord; de là, Dieu me conduira!

— Bien, mais hâte-toi.

Au même instant un serviteur entra et annonça au duc qu'une quinzaine de cavaliers arrivaient au galop le long de la rampe qui conduisait au château.

— Tout le monde sous les armes! commanda le duc.

— Ils ont fait diligence, dit le jeune homme avec un sourire.

— Oui, mais il ne faut pas qu'ils s'emparent de toi.

— Ne craignez rien, mon père, ils ne m'auront pas vivant?

Ils sortirent.

Les domestiques du château, tous vieux serviteurs du duc, avaient pris les armes; ils se tenaient prêts à obéir à leur maître, quel que fût l'ordre qu'il lui plût de leur donner.

Cependant les estafiers arrivaient grand train; lorsqu'ils ne furent plus qu'à quelques pas du château, un homme vêtu de noir, qui avait une chaîne d'or au cou et tenait à la main une baguette en ébène, réclama au nom du roi l'entrée du château.

— Le roi n'a rien à faire ici, répondit nettement le duc.

Alors l'homme noir déplia un parchemin qu'il se mit à lire gravement.

Pendant ce temps, Gaston était monté à cheval et avait donné quelques ordres à voix basse au portier.

— Que prétends-tu faire? demanda le duc.

— Passer au milieu de ces drôles.

— Mais ils te tueront, enfant! s'écria le vieillard.

— Non pas, mon père, répondit-il en riant, ils sont trop maladroits pour cela.

— Mon Dieu! mon Dieu!

— Mon père, donnez-moi votre bénédiction, dit le jeune homme en se découvrant.

— Sois béni, mon fils. répondit le vieillard d'une voix brisée. Mon Dieu! faut-il donc te perdre, toi aussi, le dernier, le plus chéri de tous?

— Dieu me protégera, mon père. Ne faut-il pas que je venge celle qui prie là-haut pour nous?

(LIV. 10)

— Oui, mon fils, oui, venge ta mère! Mais que dis-je, mon Dieu! ils vont te tuer, ces hommes qui sont là au-dehors.

— Je ne le crois pas, mon père; mais si cela arrive, vive Dieu, je me serai fait de belles funérailles; donnez-moi un dernier baiser, mon père, et laissez-moi partir.

Il se pencha sur le vieillard, qui le baisa au front en pleurant.

— Et maintenant adieu, mon père, dit le jeune homme, me voilà fort!

— Attends, reprit le duc, je vais détourner leur attention.

L'homme noir, qui n'était autre qu'un alcade du palais du ministre, avait terminé sa lecture.

— Si vous n'ouvrez pas les portes, cria-t-il en pliant son parchemin, on fera feu sur vous comme sur des rebelles au roi.

— Votre roi, nous ne le connaissons pas, répondit le vieillard d'une voix stridente.

Au même instant, la porte s'ouvrit, et Gaston s'élança, l'épée aux dents, les pistolets aux poings, à toute bride au milieu des estafiers.

— Feu! feu! sur les rebelles, hurla l'alcade.

— Feu! répondit le duc.

Deux terribles décharges éclatèrent presque en même temps.

Le vieillard tomba, la poitrine traversée, mais il se releva aussitôt.

Il y eut quelques secondes d'une mêlée affreuse entre les estafiers et le jeune homme; enfin celui-ci se lança au milieu d'eux et, s'ouvrant un sanglant passage, il disparut sur le versant de la montagne en brandissant son épée et en jetant un cri de triomphe.

— Il est sauvé, Dieu soit béni! s'écria le vieillard qui s'était cramponné à la muraille pour assister à la fuite de son petit-fils; Seigneur, murmura-t-il, Seigneur, ayez pitié de moi!

Il lâcha l'appui qui jusque-là l'avait soutenu, et il roula sur le sol sans même jeter un soupir.

Il était mort.

FIN DU PROLOGUE

I

**Ce qui se passait entre quatre et cinq heures du matin,
le 28 février 1664,
sur une plage déserte aux environs de Chagrès.**

Pour l'Européen à peine débarqué en Amérique, c'est un merveilleux et majestueux spectacle que celui d'une nuit tropicale; alors que la brise frissonne mystérieusement dans les hautes ramures des arbres séculaires des forêts vierges; que le ciel, diamanté d'étoiles étincelantes, étend jusqu'aux extrêmes limites de l'horizon son dôme d'azur, dont la frange plus sombre se confond avec la nappe immobile de l'Atlantique; et que le disque argenté de la lune se balance dans l'éther, faisant scintiller comme autant de miroirs les innombrables flaques d'eau verdâtre que le flot, en se retirant, éparpille comme à regret au milieu des roches noires et menaçantes de la plage.

Tout dort, tout repose dans la nature ensommeillée; seul, on aperçoit comme dans un rêve le roulement continu de la lame sur la grève, et le bourdonnement monotone des infiniment petits, dont la tâche mystérieuse est incessante.

Oh! nuits tropicales! plus lumineuses mille fois que les jours les plus beaux et si sombres de nos froids climats du nord; qui élèvent l'âme, rendent la vie au corps épuisé, l'énergie au cœur affadi et découragé; rien ne saurait exprimer le charme enivrant, caché sous votre voile transparent et cependant si mystérieusement grandiose!

Si, le 28 février 1664, un étranger ou un curieux quelconque se fût trouvé, vers quatre heures du matin, c'est-à-dire une heure à peu près avant le lever du soleil, au sommet d'une falaise escarpée, située à cinq lieues environ au nord du port de Chagrès, et tout en fumant son cigare ou sa cigarette, eût laissé errer son regard sur l'Océan, dont la nappe, calme en ce moment, se déroulait immense et sombre à ses pieds; ce curieux ou cet étranger eût assisté à un spectacle auquel, malgré ses efforts d'imagination, il lui eût été, certes, impossible de rien comprendre.

Le panorama qui se fût déroulé sous les yeux de cet observateur ne manquait point d'un certain cachet de beauté grandiose et mélancolique, surtout à cette heure matinale où la nuit commençait à lutter avec le jour qui ne devait pas tarder à la vaincre.

D'abord, au pied même de la falaise, commençait une plage sablonneuse, le long de laquelle s'étendait sur un parcours assez considérable une levée de dunes couronnées par des bouquets d'arbres tropicaux, au feuillage bizarrement découpé, dont les troncs minces et élancés, ou noueux et bas, s'échappaient dans toutes les directions.

A gauche, une pointe de terre, couverte de taillis impénétrables, s'enfonçait comme un coin dans la mer, formant une anse elliptique au fond de laquelle des navires d'un tonnage même assez considérable auraient pu, au besoin, chercher un abri ou même se cacher au milieu des palétuviers.

De l'autre côté, c'est-à-dire à droite de la pointe, on distinguait les méandres, argentés par la lune, d'une rivière qui déchargeait ses eaux dans l'Océan, et sur les bords de laquelle étaient éparses quelques cabanes en roseaux, à demi ruinées, sans doute abandonnées depuis longtemps déjà par leurs habitants.

Une ligne d'opale commençait à franger les contours de l'horizon d'une teinte de bistre, les étoiles s'éteignaient les unes après les autres dans le ciel, lorsqu'un point noir apparut à quelque distance en mer, grossit rapidement et prit bientôt l'apparence d'un brick de deux cents tonneaux environ.

Ce navire s'approcha de la côte en louvoyant, puis, arrivé à portée de mousquet de la pointe, il mit en travers et demeura immobile.

Presque aussitôt une pirogue fut affalée, se détacha du bord et se dirigea à force de rames vers la plage.

A peine la pirogue se fût-elle éloignée, que le brick orienta ses voiles au plus près, piqua dans le vent, et bientôt disparut derrière la pointe.

La pirogue, vigoureusement manœuvrée, ne tarda pas à s'engager dans les palétuviers, au milieu desquels, sans presque ralentir son allure, elle se fraya un passage jusqu'à deux ou trois toises du rivage; alors elle s'arrêta auprès d'un tronc d'arbre tombé de vétusté, mais qui, maintenu au niveau de l'eau par ses congénères, formait un pont naturel pour atteindre la plage.

Les trois hommes qui composaient l'équipage de la pirogue se levèrent alors.

Deux d'entre eux sautèrent à la fois sur l'arbre, tandis que le troisième, demeuré seul à bord, rassembla plusieurs paquets assez volumineux qu'il fit passer ensuite à ses compagnons qui, au fur et à mesure, les mettaient en sûreté sur le sable sec de la rive.

— Là! dit l'homme resté dans la pirogue, après une recherche minutieuse sous les bancs, voilà qui est fait, tout est débarqué.

— Tu es sûr que nous n'avons rien oublié, Michel? demanda l'homme le plus rapproché de l'embarcation.

— Pardieu! Monseign...

— Hein? s'écria vivement son interlocuteur dont l'œil noir lança un fulgurant éclair.

— Pardon! la langue m'a fourché, répondit l'autre en s'excusant. D'ailleurs, ne parlons-nous pas français?

— En effet, mais je t'ai ordonné, ou plutôt prié... reprit-il d'un ton plus doux.

— Bah! dites ordonné, ne vous gênez pas, fit l'autre d'un ton bourru; une prière de vous n'est-elle pas un ordre pour moi? N'ayez peur, on ne m'y reprendra plus, c'est la dernière fois.

— J'y compte.

— Que faut-il faire maintenant?

— Saborde rondement et en route, matelot; voilà le soleil qui sort de la mer; bientôt il ne fera pas bon ici pour nous.

— C'est juste.

Alors Michel, puisque tel est son nom, saisit une hache et en asséna deux coups vigoureux dans le fond de la pirogue qui s'emplit d'eau si rapidement qu'il eut à peine le temps de s'élancer d'un bond prodigieux sur l'arbre, pour ne pas être englouti avec elle.

Les trois singuliers voyageurs, après ce naufrage factice et s'être assurés que rien de l'embarcation ne surnageait, sautèrent sur le rivage, où ils se chargèrent en une seconde des paquets qu'ils avaient précédemment débarqués.

— Maintenant, chef ou qui que vous soyez, dit le premier interlocuteur en se tournant vers celui de ses compagnons qui jusqu'alors était demeuré silencieux, le reste vous regarde.

— Suivez-moi, caballeros, répondit celui auquel il s'adressait.

— Un instant, reprit l'autre en lui posant rudement la main sur l'épaule et le regardant fixement; nous sommes entre vos mains, Michel le Basque et moi; souvenez-vous qu'à la moindre apparence de trahison, foi de boucanier, je vous tue comme un chien.

L'Indien, car l'homme auquel l'aventurier faisait cette terrible menace était un Indien, supporta sans se troubler le regard qui pesait sur lui; il sourit doucement et d'une voix grave:

— Suivez-moi! reprit-il laconiquement.

— C'est bien, répondit le boucanier; marchons.

Ils se mirent en route, et s'enfoncèrent sur les pas de l'Indien dans les taillis touffus qui bordaient la rivière.

Leur course cependant ne fut pas longue; après avoir marché une demi-heure à peine à travers les halliers, où l'Indien se dirigeait avec autant d'aisance et de sûreté que s'il se fût trouvé sur une grande route d'un pays civilisé, ils firent halte devant une cabane enfouie dans un massif, en apparence impénétrable, et si bien cachée aux regards sous un fouillis de feuilles et de branches, qu'à cinq pas il était impossible de l'apercevoir.

L'Indien siffla doucement.

Après cinq ou six minutes d'attente un sifflet semblable se fit entendre.

C'était évidemment une réponse au signal donné par le guide.

Celui-ci, du moins, le comprit ainsi.

Sans hésiter davantage, il enleva une claie, faite d'un cuir de daim tendu sur quatre roseaux et servant de porte à la hutte; puis il s'effaça, et se penchant vers ses deux compagnons, immobiles derrière lui:

— Entrez dans mon humble demeure, caballeros, dit-il de sa voix douce, sonore et cadencée; vous êtes en sûreté ici pour tout le temps qu'il vous plaira d'y rester.

Les deux hommes passèrent devant le chef et pénétrèrent dans la hutte.

L'Indien replaça la claie devant l'ouverture et siffla de nouveau.

— Que faites-vous? demanda le boucanier.

— Je donne l'ordre qu'on veille sur nous, répondit-il paisiblement.

— Habillons-nous, dit Michel, on ne sait pas ce qui peut arriver; il est important d'être sur ses gardes.

— Bien parlé, matelot, fit en riant le boucanier. Vive Dieu! quelle prudence!

— Frère, répondit avec intention Michel le Basque, dans une expédition comme la nôtre, où le moins qu'on risque est la tête, souvenez-vous bien de ceci: ce qui surtout ne doit pas être négligé c'est...

— Quoi? interrompit son compagnon en riant.

— Les détails, frère, les détails: tous deux nous parlons le castillan comme des natifs de la Castille, cela est vrai; mais n'oublions pas qu'il y a des Espagnols parmi les Frères de la Côte, bien qu'ils soient en petit nombre. A trompeur, trompeur et demi; les *gavachos* sentent les boucaniers de dix lieues à la ronde; ils ont un flair infaillible qui les leur fait reconnaître; jouons d'autant plus serré que nous sommes seuls, abandonnés sans secours possible, en pays ennemi, et que de plus nous avons affaire à si forte partie que la moindre négligence, le plus léger oubli, nous perdrait irrévocablement.

— Bien prêché, cher ami; je dois convenir que tu as raison de tous points; donc entendons-nous bien; afin de ne pas commettre de gaucheries dans l'exécution de nos rôles.

— J'écoute, mais j'ai bien peur.

— Tu as toujours peur, fit l'autre en riant.

— S'il ne s'agissait que de moi!

— C'est bon; vas-tu recommencer?

— Je me tais.

— Ce n'est pas malheureux! Tu t'effraies d'une ombre; rien n'est plus simple et plus facile que ce que nous voulons faire, cependant.

— Hum! hum!

— Encore?

— Non, non; je suis enroué, voilà tout. J'écoute.

— Avant tout, établissons bien ceci, dit le boucanier, qui tout en causant procédait à sa toilette : c'est que nous sommes Basques tous les deux, ce qui veut dire que nous appartenons à une race qui, sous son apparence de naïve franchise et de bonhomie, cache l'intelligence la plus déliée et les instincts les plus rusés; tu conviendras de cela avec moi, n'est-ce pas?

— Parfaitement. Continuez, je ne perds pas un mot.

— Or, il ferait beau voir que ces drôles de *gavachos* nous prissent pour des imbéciles! Souviens-toi bien de ceci, Michel, mon vieux camarade : je suis le comte Fernando Garci Lasso de Castel Moreno, *cristiano viejo*, dont la famille depuis un siècle est fixée au Mexique.

— Bon, je préfère cela.

— Pour quel motif?

— Dame! parce qu'à défaut d'autre titre, je pourrai vous donner celui de comte.

— Qu'importe cela, Michel!

— Cela me sera plus facile ainsi; je ne craindrai pas de faire de sottises; quelle triomphante idée vous avez eue là, monseigneur!

— Tu recommences!

— Eh non, j'entre dans mon rôle, au contraire, n'êtes-vous pas grand d'Espagne de première classe, *caballero cubierto*, que sais-je encore? allez, allez, il n'y a plus de risque que je me trompe.

— Fou! reprit en souriant le boucanier, soit, puisque tu le veux; mais n'oublie point ceci : l'Adelantado de Campêche, mon très proche parent, sachant que j'ai l'intention de fonder à Panama, des pêcheries de perles sur une grande échelle, m'a muni de lettres fort pressantes pour le gouverneur de ladite ville : tout cela est limpide, il me semble.

— Limpide et clair comme de l'eau de roche, monsieur le comte. Vous voyez que je m'habitue déjà.

— Soit, voilà tout ; ah ! encore ceci : tu es mon serviteur dévoué...

— Pardieu !

— Laisse-moi donc achever... le fils aîné de ma nourrice, presque mon frère de lait par conséquent.

— Sauf l'âge, du reste, tout cela est vrai.

— Oui, mais voilà où cela change : tu te nommes Miguel Warroz.

— Bon ; il n'y a pas à s'y tromper, Michel, Miguel, c'est, en somme, la même chose.

— Absolument ; de plus, nous ne parlerons plus que la langue espagnole à compter de ce moment même : cela nous coûtera un peu pour commencer, mais nous en prendrons bientôt l'habitude ; de cette façon nous entrerons plus facilement dans notre défroque castillane.

— *Es entendido, señor conde* — c'est entendu, monsieur le comte — répondit en riant Michel le Basque.

Les aventuriers, tout en causant ainsi, avaient fait peau neuve et s'étaient métamorphosés de la tête aux pieds.

Les boucaniers avaient disparu pour faire place, le premier à un gentilhomme de haute mine, de vingt-huit à trente ans au plus, aux manières élégantes, aux gestes séduisants, mais cependant au regard d'aigle et à la physionomie altière et tant soit peu railleuse, ce qui, du reste, loin de nuire à son déguisement, au contraire le complétait ; le second âgé de quarante à quarante-cinq ans, à l'œil sournois, à la mine futée et doucereuse, aux façons souples et félines, avait tous les dehors d'un serviteur de bonne maison.

Le travestissement était si complètement réussi que l'œil le plus fin n'eût point découvert la fraude.

Le comte Fernan, puisqu'il lui plaît de prendre ce nom que provisoirement nous lui conserverons faute d'autre, et Michel le Basque son pseudo-serviteur, étaient deux de ces titans foudroyés, de ces déclassés de la société féodale du dix-septième siècle, mis hors la loi par le despotisme énervant des gouvernements européens, qui, plutôt que de courber la tête sous le joug avilissant qu'on prétendait leur imposer, s'étaient fièrement retirés à l'île de la Tortue.

Doña Cristiana.

Cette île servait alors de refuge à tous les grands cœurs méconnus et désespérés.

Après s'être affiliés à la redoutable association des Frères de la Côte, flibustiers et boucaniers de Saint-Domingue, en peu de temps, grâce à des prodiges inouïs d'audace, d'intelligence et do témérité, les deux hommes que nous mettons en scène étaient devenus les égaux des Montbarts, des Poletais, des Olonnais, des Vent-en-Panne, des Barthélemy, des Ourson Tête-de-Fer et de tous ces aventuriers de génie qui faisaient trembler les plus puissants rois sur leur trône; et avec lesquels ils traitaient hautement en arborant fièrement sur leur étendard aux trois couleurs, bleue, blanche et rouge, cette implacable devise :

Au delà des Tropiques,
Ni paix, ni trêve avec l'Espagne!

Lorsqu'ils eurent revêtu leurs costumes, les deux aventuriers se placèrent en face l'un de l'autre; mais de même que les augures de l'ancienne Rome, ils ne purent se regarder sans rire, tant ils ressemblaient peu à ce qu'ils étaient un instant auparavant.

Fernan, le plus jeune et par conséquent le plus rieur des deux, fut le premier à éclater.

— Ma foi! cher ami, dit-il gaiment, il faut en prendre notre parti; nous sommes magnifiques; nous ressemblons à s'y méprendre à des mannequins de la Passion.

— Bah! répondit philosophiquement Michel, que signifie cela? Si nous sommes laids, tant mieux, on nous prendra plus facilement pour des hidalgos, c'est ce qu'il nous faut en ce moment, monsieur le comte.

— Parfaitement, cher ami.

— Donc tout est bien; il est inutile de nous rire au nez plus longtemps comme des caïmans qui bâillent au soleil.

A cette comparaison, tant soit peu saugrenue, ils éclatèrent de nouveau, au risque de compromettre leur dignité d'emprunt.

Heureusement ils furent interrompus par l'Indien qui, avec ce savoir-vivre inné chez les Peaux-Rouges, avait quitté la hutte afin de les laisser s'habiller en toute liberté, et qui rentra alors pour les prévenir que le déjeuner était prêt.

Aucune nouvelle ne pouvait être mieux reçue; les aventuriers, à jeun depuis le soir précédent, fatigués par une longue course sur terre et sur mer, mouraient littéralement de faim; ils se hâtèrent de suivre leur guide et de s'asseoir avec lui sur l'herbe, en face d'un cuissot de daim rôti et de patates douces cuites sous la cendre, destinées à remplacer peut-être avec désavantage le pain absent.

Nous noterons en passant ce fait caractéristique, lequel ne manque pas d'une certaine importance; les gens accoutumés aux dures péripéties de la vie d'aventure, quelle que soit du reste la disposition d'esprit dans laquelle ils se trouvent, joie ou douleur, mangent toujours de bon appétit.

Il en est, du reste, de même des soldats en campagne ou bivouaquant devant l'ennemi la veille d'une bataille; ils disent avec raison, à notre avis, car nous avons été nous-même souvent mis en mesure d'en constater la vérité pendant nos longues courses en Amérique, que le physique sauvegarde le moral, et que, pour avoir les idées claires et le cœur fort, il faut, avant tout, avoir le ventre plein.

Les deux boucaniers firent honneur au simple mais copieux repas que leur offrait leur hôte; repas égayé par quelques *tragos* de bonne eau-de-vie de France, dont, en vieux routiers qu'ils étaient, ils avaient eu soin d'emporter avec eux quelques lourdes *botas*, en cas d'accident, ainsi que disait Michel le Basque avec ce sérieux railleur qui était un des côtés saillants de son caractère.

L'Indien, de même que la plupart des guerriers de sa nation, était fort sobre: il mangea quelques bouchées, mais malgré les pressantes instances de ses convives, il refusa de goûter la liqueur dorée.

Cet homme se nommait, ou plutôt se laissait nommer José, nom générique que les Espagnols, on ne sait pourquoi, par ironie peut-être, donnent à tous les Indiens, *bravos* ou civilisés.

C'était un des types les plus accomplis de la belle race indienne, croisée avec celles de l'Europe et de l'Afrique.

D'une taille élevée, bien prise, parfaitement proportionnée, son corps eût pu servir de modèle à l'Apollon Pythien; ses membres, dont les muscles saillants avaient la rigidité du fer, dénotaient une vigueur, une agilité et une souplesse peu communes.

Son visage au galbe pur, aux traits fins, réguliers, avait cette sûreté de lignes que l'on ne rencontre ordinairement que dans la race caucasienne; ses yeux noirs, bien fendus, frangés de longs cils bruns qui jetaient une ombre sur ses joues d'un rouge cuivré, avaient le regard droit, profond, scrutateur, et imprimaient à sa physionomie mobile un cachet de finesse impossible à rendre et que le sourire de sa bouche un peu rêveuse rendait plus saisissant encore; de plus, il était doué de cette singulière faculté magnétique qui permet à ceux qui la possèdent d'exercer une influence irrésistible sur les gens avec lesquels le hasard ou les circonstances les mettent en rapport.

José paraissait avoir de quarante à quarante-cinq ans; peut-être était-il plus âgé, peut-être l'était-il moins: il est impossible de fixer exactement l'âge d'un Indien.

Quand à son moral, il était assez difficile de savoir à quoi s'en tenir sur son compte à cet égard. Son caractère paraissait doux, franc, loyal, désintéressé, gai, communicatif, mais peut-être jouait-il un rôle et, sous les apparences d'une feinte bonhomie, essayait-il de tromper ceux dont il avait intérêt à capter la confiance.

Qu'était-il? D'où venait-il? Ceci était un impénétrable mystère; il ne parlait jamais de sa vie passée, très peu de son existence présente. Deux ans auparavant il était arrivé à Chagrès, venant on ne savait d'où; depuis ce temps, il avait vécu du produit de sa chasse et de l'argent qu'il gagnait, soit en conduisant des voyageurs de Chagrès à Panama, à travers l'isthme, soit en servant de courrier entre les deux villes.

Lui aussi avait jugé à propos de faire une espèce de toilette, c'est-à-dire qu'il avait quitté le pagne en roseaux tressés qui remplaçait pour lui les autres vêtements, pour endosser les trousses de toile bise, le poncho de cuir tanné et le chapeau de paille à forme conique et à larges bords des *peones* occupés sur les plantations espagnoles.

Les aventuriers mangent vite; pour eux le temps est de l'argent, ainsi que disent les Yankees de nos jours : les trois hommes avaient, sans prononcer une parole, expédié leur repas en quelques minutes.

Lorsque la dernière bouchée eut été engloutie, Fernan avala d'un trait un grand coup d'eau-de-vie, poussa un hem! sonore, et tout en bourrant sa pipe à tuyau de cerisier et à fourneau de terre rouge, il se tourna vers l'Indien :

— Nous voici à terre, José, mon garçon, lui dit-il dans le plus pur castillan qui se parlait à Madrid; maintenant, où sommes-nous? que faisons-nous? Passemoi du feu, Miguel.

L'aventurier saisit délicatement entre le pouce et l'index un charbon incandescent, et il le plaça sur le foyer de la pipe de son compagnon.

— Nous sommes à cinq lieues à l'est de Chagrès, répondit l'Indien, la rivière auprès de laquelle nous campons, et qui n'est plus celle que nous avons suivie pour venir ici, sort de la Cordillère; elle se nomme le Rio Bravo et se jette dans l'Océan Pacifique à huit lieues environ de Panama.

— Est-elle navigable dans tout son parcours? reprit Fernan.

— Oui, pour les pirogues légères, sauf quelques portages peu importants, répondit aussitôt l'Indien.

— Bon! voilà qui est parler: ainsi nous continuons notre voyage par eau?

— Ce qui sera fort agréable, observa Michel entre deux bouffées de tabac.

— Non pas, reprit l'Indien, cela nous obligerait à des détours qui nous feraient perdre un temps précieux.

— Hum! fit Michel, ceci ne manque pas de justesse.

— D'ailleurs, continua l'Indien, don Fernan est un gentilhomme castillan, il voyage à cheval, ce qui est plus noble et plus commode.

— Certes, fit l'incorrigible Michel, mais ceci est un peu l'histoire du civet pour lequel il faut un lièvre.

— C'est-à-dire, ajouta Fernan, que pour voyager à cheval il faut d'abord des chevaux.

L'Indien sourit.

— Deux chevaux sellés et portant vos valises vous attendent, attachés là dans ce bouquet de sabliers, dit-il.

— Bah!

— Ne vous l'avais-je pas promis?

— C'est vrai! Pardonnez-moi, chef, je l'avais oublié. Je reconnais maintenant que vous êtes homme de parole: mais pourquoi deux chevaux et non pas trois?

— Parce que, répondit l'Indien avec un sourire railleur d'une expression terrible, moi je ne suis qu'un pauvre Indien manso, un peon; mon devoir est de courir devant Vos Seigneuries pour vous frayer la route : que penserait-on de vous si votre esclave était à cheval !

— Ah! ah! c'est comme ça? fit Michel en ricanant: ces bons gavachos, toujours humains !

— Quand partons-nous? demanda don Fernan.

— Quand il vous plaira, caballeros.

— Rien ne nous retient plus ici ?

— Rien, señor.

— Partons tout de suite, alors.

— Soit !

Ils se levèrent.

En ce moment une voix douce, mélodieuse, à l'accent presque enfantin, se fit entendre dans un fourré de naranjos.

— *Tatita!* — petit père — dit cette voix.

Et une jeune fille bondit comme une biche effarouchée et s'élança vers l'Indien, qui l'enleva dans ses bras puissants et la serra avec passion sur sa large poitrine, en s'écriant avec un bonheur inexprimable:

— Aurora! mon enfant adorée! oh! je tremblais d'être contraint de m'éloigner sans t'embrasser !

A la vue de la jeune fille, les aventuriers s'étaient arrêtés saisis d'admiration, et ils l'avaient respectueusement saluée.

II

Comment s'accomplit la première étape

La jeune fille s'aperçut seulement alors de la présence des étrangers, elle baissa les yeux, se recula de quelques pas et s'arrêta confuse et rougissante.

Malgré le triple airain qui entourait leurs cœurs de tigres, les aventuriers avaient été doucement émus à la vue de cette charmante jeune fille, qui s'était si subitement montrée comme une céleste apparition devant eux ; à peine osaient-ils l'effleurer d'un regard discret, tant ils craignaient d'augmenter sa confusion et de l'obliger ainsi à se retirer.

Elle était bien belle, en effet, cette chaste créature de seize ans à peine, mais qui possédait déjà sans s'en douter toutes les séduisantes perfections de la femme.

Ses grands yeux rêveurs au regard doux et un peu inquiet, son teint à peine bistré, les lignes pures de son beau visage, ses lèvres carminées qui, en s'entr'ouvrant par un rire cristallin, découvraient la double rangée de ses dents éblouissantes ; ses cheveux d'un noir bleu d'une finesse extrême, dont il lui eût été facile de s'envelopper tout entière, flottant comme un nuage embaumé autour d'elle ; sa taille svelte, cambrée, aux mouvements gracieusement ondulés ; sa voix mélodieuse comme un chant d'oiseau, la suave harmonie de ses formes exquises ; tout enfin se réunissait en elle pour lui compléter la plus ravissante beauté qui jamais eût été le partage d'une fille d'Ève, et la douer de cette attraction irrésistible qui est l'aimant du cœur.

L'Indien considéra un instant la charmante enfant d'un œil attendri, puis il l'attira doucement dans ses bras, où elle se blottit comme une colombe peureuse, et s'inclinant avec une courtoisie fière et majestueuse devant ses hôtes :

— Caballeros, leur dit-il d'une voix grave, je vous présente ma fille.

Les deux hommes saluèrent silencieusement.

— Pourquoi êtes-vous venue malgré mes ordres? reprit l'Indien en s'adressant à sa fille d'une voix qu'il essayait vainement de rendre sévère.

— J'avais si grande hâte de vous embrasser, mon père! répondit-elle en balbutiant, et puis...

— Et puis, quoi? demanda-t-il en voyant qu'elle s'arrêtait.

— Je voulais prendre vos ordres, mon père.

— Mes ordres? fit-il avec surprise.

— Oui, mon père, au sujet des hôtes que vous avez amenés.

— Ah! fort bien, *querida,* reprit-il avec un léger sourire; je n'ai pas d'ordre à vous donner au sujet de ces cavaliers; dans dix minutes ils seront partis.

— Ah! fit-elle en jetant à la dérobée un regard sur les deux hommes.

— Oui, Aurora, chère petite, je les accompagne.

— Vous les accompagnez, vous, mon père, s'écria-t-elle avec un tressaillement douloureux, et moi?

— Eh bien! vous, ma fille?...

— Resterai-je donc ici seule, mon père?

— Seule? Non pas. Silah, Kamish, Thorab suffisent, il me semble, pour vous garder de toute inquiétude et vous défendre au besoin. Ce sont des serviteurs dévoués.

— Oui, mon père, cela est vrai; mais vous ne serez pas là, vous! et pardonnez-moi, j'ai peur.

— Vous êtes une folle et une enfant gâtée par ma tendresse, Aurora; j'ai été trop faible pour vous.

Mais comme il vit que les yeux de la jeune fille se remplissaient de larmes:

— Allons, ne pleurez pas, querida mia, reprit-il plus doucement, je ne puis rester ici; mais soyez sans crainte, mon absence sera courte; bientôt je reviendrai près de vous.

— Dieu le veuille, mon père! Cette hutte est si isolée; il y a tant de coureurs de bois!

— Rassurez-vous, vous dis-je; vos craintes sont absurdes; d'ailleurs, si un de ces misérables ose s'approcher à portée de fusil de la hutte, on lui enverra une balle dans le crâne. J'ai particulièrement recommandé à vos serviteurs de surveiller Cascabel. Si ce *picaro* s'avise de rôder aux environs, comme il semble prendre l'habitude de le faire, son compte sera immédiatement réglé; ainsi, je vous le répète, soyez sans crainte.

— Cascabel! murmura faiblement la jeune fille avec un geste d'effroi.

— Plus un mot, *niña*, reprit-il d'un ton péremptoire ; je n'ai perdu déjà que trop de temps ; embrassez-moi et retirez-vous.

La jeune fille n'osa insister davantage, elle se jeta en sanglotant dans les bras de son père, puis elle disparut légère comme un oiseau.

— C'est une enfant, dit l'Indien d'une voix qu'il essayait de rendre ferme ; elle ne sait rien encore de la vie et se figure que tout doit aller selon son caprice.

— Que Dieu lui conserve longtemps cette ignorance ! dit Michel le Basque, elle est heureuse ainsi.

— C'est vrai, pauvre enfant ! reprit l'Indien ; et changeant brusquement de ton : Suivez-moi, caballeros, nous devrions avoir fait deux lieues déjà.

— Bah ! rien ne nous presse ! d'ailleurs nous aurons bientôt rattrapé le temps perdu.

Ils suivirent alors l'Indien jusqu'à un bosquet touffu, au milieu duquel deux chevaux magnifiques, richement harnachés à l'espagnole, étaient tenus en bride par un jeune Indien de bonne mine.

— Voilà vos montures, dit José.

— Les belles et excellentes bêtes ! ne put s'empêcher de s'écrier Fernan avec joie.

— Vous les apprécierez davantage encore lorsque vous les connaîtrez, reprit le chef.

Les deux hommes se mirent en selle.

José parla pendant quelques minutes à voix très basse au jeune Indien, qui s'inclina respectueusement, posa la main sur son cœur, et d'un bond disparut au milieu des broussailles.

— En route, caballeros ! dit le chef en se plaçant en avant de la petite troupe.

Ils partirent.

Ils suivaient une *sente* à peine tracée par les bêtes fauves, et qui longeait les bords accidentés de la rivière.

Un paysage sévère, calme, sauvage, mais grandiose, se déroulait au fur et à mesure, comme un immense kaléidoscope, devant leurs yeux émerveillés.

Nulle part la main brutale de l'homme ne se laissait voir.

Cette magnifique contrée avec ses forêts dix fois séculaires, ses prairies couvertes de hautes herbes, était demeurée telle qu'elle était sortie des mains puissantes du créateur.

C'était bien réellement un sol vierge que foulaient les aventuriers.

Parfois, sur leur passage, un daim montrait sa tête inquiète au-dessus des broussailles, puis s'échappait en bondissant effaré; des oiseaux de toutes sortes et de toutes couleurs volaient çà et là; d'autres se balançaient nonchalamment sur l'eau de la rivière, à peine ridée par le souffle léger d'une folle brise.

Mais aussi loin que la vue pouvait s'étendre dans toutes les directions, on n'apercevait aucune trace de culture; aucun vestige de la présence de l'homme, qui cependant devait être assez près, puisque le pays que les aventuriers parcouraient en ce moment était une des colonies les plus riches et les plus puissantes de toutes celles que possédaient les Espagnols sur le sol américain; de plus, Panama, sur le Pacifique, et Chagrès, sur l'Atlantique, se reliaient l'un à l'autre par un transit qui était sans doute très fréquenté, puisque ces deux ports servaient d'entrepôts aux incalculables richesses du Nouveau-Monde.

Les aventuriers, sur la recommandation expresse de leur guide, avaient mis leurs chevaux au grand trot; cependant l'Indien, se servant de ce pas gymnastique et balancé particulier aux hommes de sa race, suivait facilement les cavaliers, en avant desquels il se tenait toujours sans paraître aucunement incommodé de cette allure rapide.

Michel le Basque, subissant la double influence du soleil de midi qui tombait droit sur sa tête et de la selle arabe dans laquelle il se trouvait solidement établi, s'était tout prosaïquement endormi.

Ce fut en vain que Fernan essaya à plusieurs reprises de l'éveiller et d'entamer une conversation quelconque avec lui; chaque fois, l'autre ne répondit que par des ébrouements inintelligibles et brefs; il finit par ne plus répondre du tout et par ronfler avec toute la magistrale ampleur des orgues de Séville, un dimanche de grande fête.

De guerre lasse, Fernan renonça à causer avec un aussi obstiné dormeur; mais, comme il était, lui, un de ces hommes qui ne s'endorment sous aucun prétexte, lorsqu'ils ont en tête des projets sérieux ou qu'ils sont chargés d'une mission non seulement difficile, mais encore périlleuse, il résolut, à défaut de son compagnon qui ne voulait pas lui donner la réplique, d'entreprendre le guide, de l'interroger et d'essayer d'en tirer quelques renseignements utiles, dont plus tard probablement il ferait son profit.

Fernan était doué d'une finesse extrême, rusé comme un montagnard, c'est-à-dire jusqu'au bout des ongles, mais jusqu'alors il n'avait eu affaire qu'aux Européens; il ignorait par conséquent le caractère des Indiens, ne connaissait pas leur côté faible, et avec la fatuité européenne, s'imaginait qu'il viendrait facilement à bout d'un sauvage à peine dégrossi, comme celui qui trottait si gaillardement à dix pas de son cheval.

Le brave aventurier était loin de se douter que, comme ruse, adresse et astuce, il y a chez l'Indien le plus candide en apparence, l'étoffe généreusement taillée de trois Bas-Normands, de deux Bas-Bretons et de pareil nombre de Gascons ou Basques; gens, au dire de chacun, ce que [Dieu me garde de garantir! les plus madrés qui soient sur la surface de ce globe sublunaire.

En conséquence, l'aventurier se croyant à peu près sûr de son fait et jugeant inutile d'user de certaines précautions, interpella carrément son guide.

— Ohé, José! cria-t-il d'une voix joyeuse, ne pourriez-vous courir un peu moins vite et vous venir placer à ma botte? Nous causerions tout en cheminant, ce qui nous aiderait à tuer le temps, qui entre nous me semble diablement long par ce soleil à cuire la carapace d'une tortue?

— A votre aise, señor, répondit paisiblement l'Indien, mais à quoi bon causer quand on peut dormir? Voyez votre compagnon, il a pris le bon parti et se laisse bercer doucement par son cheval; pourquoi n'imitez-vous pas son exemple?

— Pour deux raisons, cher ami, répondit le jeune homme en goguenardant: la première est que je ne me sens aucune envie de dormir, la seconde que je ne suis pas fâché de me rendre compte de la route que nous suivons.

— Rien de plus facile, puisque vous avez les yeux si bien ouverts, señor; nul besoin n'est de causer pour cela.

— C'est juste, mon bon ami, parfaitement juste, je le reconnais; cependant, si cela ne vous désoblige pas trop, je serai charmé de jouir de votre conversation; je vous avoue que j'aime beaucoup causer; ce qui, du reste, est un des plus sûrs moyens de s'instruire.

— Ah! vous voulez vous instruire, señor?

— Ma foi! oui, j'en ai l'ardent désir.

— Voyez comme vous tombez mal, mon cher señor, répondit l'Indien d'une voix railleuse; je suis peut-être l'homme le plus incapable de vous donner cette satisfaction que vous ambitionnez si fort.

— On ne sait pas, cher ami, on ne sait pas, venez toujours près de moi, si cela ne vous déplaît pas trop, et causons de choses et d'autres: peut-être, sans que nous nous en doutions ni l'un ni l'autre, sortira-t-il quelque chose de cet entretien à bâtons rompus.

— Je ne le pense pas; cependant, pour ne point vous désobliger, je me rends à votre désir. Maintenant causons ou plutôt causez, señor, me voici prêt à vous répondre, si je le puis.

Tout en parlant ainsi, l'Indien avait ralenti son pas et s'était placé à la droite de l'aventurier.

Celui-ci, étonné d'une aussi vigoureuse résistance et commençant à comprendre qu'il avait peut-être affaire à plus forte partie qu'il ne l'avait supposé, résolut de se tenir sur ses gardes et de changer ses batteries. Ce fut donc de l'air le plus indifférent en apparence qu'il reprit la parole :

— Ma foi ! dit-il, je vous avoue, entre nous, que si je tiens si fort à causer, c'est tout simplement parce que je ne veux pas me laisser aller au sommeil.

— Cela est évident, répondit nonchalamment l'Indien.

Et il écrasa avec la baguette qu'il tenait à la main la tête d'un serpent corail qui s'était tout à coup dressé devant lui.

— Diable, s'écria le jeune homme avec admiration, comme vous tuez ces vilaines bêtes, compagnon ! c'est affaire à vous de vous en débarrasser aussi vite.

— Oh ! c'est la moindre des choses ; vous disiez donc, señor ?

— Moi ? Je ne disais rien du tout.

— Bon ! alors la conversation est finie.

— Oh ! non, elle commence, au contraire ; vous savez bien que les premiers mots sont toujours les plus difficiles à trouver.

— Bah ! señor, vous plaisantez, ou voulez-vous vous moquer de moi ?

— Pouvez-vous le penser ?

— Je ne pense rien, señor, seulement je suis certain de ce que je dis ; écoutez-moi : vous ne seriez pas fâché, n'est-ce pas, de savoir qui je suis, d'où je suis, d'où je viens et où je vais ?

— Mais, qu'est cela ? s'écria le jeune homme avec une gaîté de commande qui cachait mal sa confusion réelle, faisons-nous donc de la diplomatie ?

— Nullement, pas de mon côté du moins, señor ; je vous parle au contraire avec toute franchise ; je n'ai rien à vous dire ni à vous apprendre pour le moment ; plus tard peut-être, lorsque nous nous connaîtrons mieux, vous témoignerai-je une confiance qu'il est inutile que je vous montre maintenant ; un homme dans lequel vous avez une foi entière m'a chargé de vous servir de guide, cet homme sait qui je suis, il m'aime, me protège, et je me ferais tuer pour lui, cela doit vous suffire ; j'ai promis de vous conduire en sûreté à Panama, je tiendrai mon serment, voilà tout ce que je puis vous apprendre quant à présent ; si cela ne vous satisfait pas, rien ne nous est plus facile que de rebrousser chemin, d'autant plus que le temps se gâte et que je crains un temporal ; vous demeurerez caché dans ma hutte ; à la première occasion, je m'engage à vous remettre sain et sauf à bord de votre navire.

L'aventurier fut un instant décontenancé par cette fière réponse si nettement articulée, mais se remettant presque aussitôt :

— Nous ne nous entendons pas du tout, mon brave homme, dit-il d'un air enjoué; je n'émets aucun doute sur votre dévouement, il m'est affirmé par un homme qui est presque un frère pour moi, seulement je vous avoue franchement que devant, pendant quelque temps au moins, avoir avec vous des relations assez intimes, je ne serais pas fâché de vous connaître davantage; il y a autour de vous un mystère qui ne m'inquiète pas, il est vrai, mais qui excite ma curiosité au dernier point.

— Cependant, señor, il me semble...

— Pardieu! interrompit-il vivement, à moi aussi il me semble que votre conduite est loyale, vos façons franches, mais que prouve tout cela? Mon compagnon et moi, nous jouons en ce moment un jeu à nous faire remplir la tête de plomb; vous connaissez les Espagnols au moins aussi bien que nous, vous savez la guerre atroce qu'ils nous font, la haine qu'ils nous portent, haine que nous leur rendons bien, du reste; ils nous appellent *ladrones* et nous chassent comme des bêtes fauves, nous massacrant sans pitié partout où ils nous rencontrent isolés.

— Oui, oui, fit le guide d'un air rêveur, ils usent envers vous des mêmes procédés qu'envers les Indiens.

— A peu près, peut-être plus mauvais encore. Au demeurant, les Indiens, étant leurs esclaves, représentent à leurs yeux un capital qu'ils ne se soucient que médiocrement de perdre. Quant à nous, c'est autre chose; au plus léger soupçon qui s'élèverait sur notre identité, nous serions impitoyablement fusillés après avoir subi d'horribles tortures. Certes, la mort ne m'effraie point, je l'ai trop souvent vue en face pour la redouter. Mais, s'il me convient de risquer bravement ma vie pour gagner honneurs, gloire et richesses, je ne me soucie pas d'être pris comme un loup au piège et tué comme un niais, sans autre bénéfice que celui de faire pâmer d'aise d'insolents *gavachos*. En somme et pour me résumer, si mauvaise que soit ma tête, je vous confesse que j'ai la faiblesse d'y tenir extraordinairement, par la raison que j'en trouverais difficilement une autre qui allât aussi bien sur mes épaules.

— Vous avez raison, señor, tout ce que vous dites est très juste; la confiance exige la confiance. Vous êtes en effet entre mes mains, et si j'étais un traître, c'en serait fait de vous, mais laissez-moi agir à ma guise. Il ne faut pas presser le bétail d'un homme. Chacun se conduit selon ses instincts et ses intérêts. Peut-être cette confiance que vous réclamez aujourd'hui, demain, de mon propre mouvement, vous la donnerai-je tout entière; cela dépendra surtout des événements; d'ailleurs, sachez que j'aurai avant peu un service important pour moi à réclamer de votre courtoisie, ce sera donnant donnant, si vous voulez.

— Soit, j'accepte, et de tout cœur ; seulement veillez au grain, mon camarade, car, sur ma foi de Frère de la Côte, si vous me manquez, moi je ne vous manquerai pas.

Sans me laisser le temps de lui répondre, le roi passa dans une autre pièce.

— C'est convenu ; maintenant éveillez votre compagnon, le ciel prend une apparence qui m'inquiète, il nous faut faire diligence et précipiter notre marche.

— Que craignez-vous donc ?

— Un *temporal*. Regardez au-dessus de votre tête et autour de vous, et vous comprendrez qu'il est important de nous hâter.

Le jeune homme fit ce que désirait le guide, et il ne put retenir un mouvement de surprise.

Le soleil avait disparu pour ainsi dire subitement derrière d'immenses nuages jaunâtres qui roulaient dans le ciel avec la rapidité vertigineuse d'une armée en déroute; bien qu'il n'y eût pas un souffle dans l'air, la chaleur était suffocante; on respirait du feu, les oiseaux voletaient lourdement, ils tournoyaient affolés dans l'espace en poussant des cris rauques et saccadés; des animaux de toutes sortes émergeaient des bois et des forêts, fuyant effarés dans toutes les directions avec des hurlements lugubres.

Prodige étrange et terrible; les eaux de la rivière semblaient tout à coup être devenues stagnantes; le courant, si rapide d'ordinaire, avait subitement disparu, et les eaux étaient lisses et immobiles comme la surface d'un miroir.

Les arbres, les broussailles, les brins d'herbe eux-mêmes, comme subissant une commotion intérieure, avaient du sommet à la base des frémissements qui les agitaient avec une force électrique.

On entendait comme un écho lointain dans les mornes, des grondements sourds et indéfinissables.

Les chevaux des voyageurs, les naseaux à terre, renâclaient avec force, grattaient le sol et, l'œil ardent, les oreilles couchées, en proie à une terreur innommée, refusaient d'avancer et poussaient par intervalle des hennissements plaintifs.

— Qu'est-ce que cela veut dire? demanda don Fernan avec une surprise presque mêlée de crainte.

— Cela veut dire, señor, qu'à moins d'un miracle nous sommes perdus, répondit froidement le guide.

— Perdus! allons donc! s'écria le jeune homme, et pourquoi cela, ne pouvons-nous pas chercher un refuge?

— Le chercher, oui; le trouver, non; il n'y a pas de refuge contre le *terremoto*.

— Que voulez-vous dire?

— Qu'il va y avoir temporal compliqué de tremblement de terre.

— Diable! c'est sérieux alors?

— Plus que sérieux : terrible.

— Sommes-nous loin de la halte de nuit?

— Deux lieues à peine.

— Ce n'est rien, un temps de galop et...

— Trop tard! s'écria tout à coup le guide : à bas de cheval tout de suite, ou vous êtes perdu!

Et saisissant le jeune homme par la ceinture, il l'enleva de selle et se coucha sur le sol auprès de lui.

Le cheval, délivré de son cavalier, se coucha aussitôt.

Une rafale effroyable, brisant et renversant tout sur son passage, arrivait avec une rapidité foudroyante.

Michel le Basque tomba à terre comme un sac, à peine éveillé encore et ne comprenant rien à ce qui se passait.

Heureusement pour le brave aventurier, le choc fut rude et il resta à demi évanoui, étendu tout de son long.

En même temps, un crépitement sec, strident comme celui que produirait une batterie de cent pièces de gros calibre, éclata avec une force épouvantable; les eaux de la rivière, soulevées par une force inconnue, se gonflèrent, semblèrent bouillir et s'abattirent sur leurs rives, qu'elles inondèrent à droite et à gauche, à une grande distance; la terre trembla avec des frémissements sourds et sinistres, de larges crevasses s'ouvrirent çà et là, les montagnes oscillèrent sur leurs bases, et les arbres bondirent et s'entrechoquèrent comme s'ils eussent été piqués de la tarentule.

Puis soudain le silence se fit, les nuages qui obscurcissaient le ciel se fondirent dans l'espace, le soleil reparut et le calme revint.

— Debout! cria le guide d'une voix stridente.

Les deux hommes se relevèrent aussitôt; ils jetèrent autour d'eux des regards effrayés.

La campagne avait complètement changé d'aspect, elle était méconnaissable; en quelques secondes un bouleversement général s'était opéré, là où était une vallée il y avait une montagne, la rivière semblait avoir changé de lit, les arbres déracinés, tordus, brisés, enchevêtrés les uns dans les autres, gisaient pêle-mêle sur le sol, d'énormes crevasses s'étaient ouvertes, coupant la plaine dans tous les sens; tout chemin, tout sentier avait disparu.

Cependant la brise de mer s'était levée et rafraîchissait l'atmosphère, le soleil brillait radieux dans l'éther azuré; un calme profond avait, comme par enchantement, succédé à l'effroyable cataclysme; les animaux rassurés avaient repris leur tranquillité première, les oiseaux recommençaient leurs chants sous la feuillée.

Jamais contraste plus profond et plus saisissant ne frappa les yeux de l'homme.

— Que faire? demanda Fernan.

— Attendre, répondit le guide.

— Charmant pays, grommela Michel en se frottant les côtes, la terre même manque sous les pieds, à qui se fier, bon Dieu! J'aime mieux décidément la mer.

— Allons-nous donc rester ici? reprit Fernan.

— Jusqu'à demain, oui, la route est coupée, il nous faut nous en frayer une autre, la journée est trop avancée pour commencer ce travail. Campons où nous sommes.

— Pourquoi donc? demanda Michel. Une halte en pleine campagne n'a rien de rassurant dans un pays comme celui-ci, où les montagnes dansent le menuet comme des matelots ivres.

— Il le faut, il nous est impossible d'atteindre ce soir l'endroit où nous devions camper.

— Bon! fit Miguel, à défaut de celui-là, un autre.

— Nous sommes dans un désert.

— Mais non, pas tant que cela; qu'est-ce donc que ces murs que j'aperçois là-bas?

— Rien, fit le guide avec hésitation.

— Allons donc! vous voulez vous gausser de moi.

— Je ne comprends pas.

— Comment! dit Fernan, vous n'apercevez pas au sommet de cette colline, là un peu sur la droite, à dix minutes à peine de l'endroit où nous sommes, les murs blancs d'une grande habitation à demi cachée dans ce fourré d'arbres?

— Pardieu! appuya Michel, à moins d'être aveugle.

Le guide eut un tressaillement nerveux, mais tout à coup il sembla prendre une détermination inflexible :

— Señores, dit-il, je vois cette maison aussi bien que vous pouvez la voir. Je la connais depuis longtemps.

— Quelle est cette propriété? demanda Fernan.

— C'est l'hacienda del Rayo.

— Le nom est éclatant, fit Miguel avec un sourire.

— Elle appartient à don Jesus Ordoñez de Silva y Castro, continua impassiblement le guide.

— Bon! et quel homme est ce don Jesus Ordoñez, etc., reprit Fernan.

— C'est un des plus riches propriétaires de la province.

— Très bien! mais ce n'est pas cela que je désire savoir; quel homme est-ce?

— Un Castillano Viejo, farci de préjugés sur toutes les coutures, dévot, hypocrite, dissolu, traître comme un Juif et menteur comme un Portugais; au demeurant, le meilleur fils du monde : voilà l'homme.

— Hum! fit Miguel, le portrait n'est pas flatté, et, s'il est ressemblant, il n'a rien de fort aimable.

— Il est vrai, mais permettez-moi d'insister pour que nous restions ici, cela vaudra mieux pour nous sous tous les rapports.

— Bah! serons-nous donc mal reçus?

— Quant à cela, n'ayez crainte, vous serez bien reçus. Seulement...

— Seulement?

— On raconte des choses étranges sur don Jesus et la maison qu'il habite.

— Voyons, parlez franchement, comme un homme! dit Fernan avec impatience.

— Eh bien, cette hacienda n'est pas en bonne réputation dans le pays; les gens prudents s'en écartent; on raconte des histoires effrayantes sur ces vieux murs; bref, l'hacienda est hantée.

— Bon! ce n'est que cela! s'écria gaiement Miguel; pardieu! voilà une occasion de voir des revenants que je ne laisserai pas échapper, moi qui brûle d'en voir et qui n'ai jamais eu ce bonheur.

— Conduisez-nous, José, ne demeurons pas davantage ici.

— Mais...

— Trêve à vos rêveries, nous ne sommes pas des enfants qu'on effraie avec des contes de nourrices; partons.

— Réfléchissez.

— Il n'est besoin de réfléchir, en route!

— Vous le voulez?

— Je l'exige.

— Soit, que votre volonté soit faite, mais souvenez-vous que je n'ai fait que céder à votre exigence.

— C'est convenu, José, j'assume toute responsabilité sur moi.

— Allons donc, puisque vous le voulez, mais, croyez-moi, prenez garde!

— Pardieu! qu'avons-nous à craindre? dit Michel en riant; ne serons-nous pas diables contre diables! Satan sera, je n'en doute pas, de bonne composition avec des confrères.

Le guide haussa les épaules, sourit tristement et reprit sa marche.

Au bout de dix minutes à peine, les voyageurs atteignirent l'hacienda.

Au moment où ils en franchissaient la porte, José aperçut, pérorant au milieu d'une foule de personnes rassemblées autour de lui, un Indien hideux, moucheté comme une panthère de taches verdâtres sur tout le corps, à la physionomie basse, rusée, cruelle et repoussante, borgne et manchot.

Cet Indien avait près de lui une mule grisâtre, maigre, efflanquée, saignante, qui portait la tête basse, avec cette résignation désespérée de l'animal non pas dompté mais martyrisé par l'homme; un énorme chien au poil rude et fauve, aux oreilles et à l'œil sanglants, était couché aux pieds de l'Indien.

En apercevant cet individu, José tressaillit, un éclair jaillit de son regard, et d'une voix basse qui fut cependant entendue par don Fernan :

— Cascabel ici ! Qu'y vient-il faire? murmura-t-il.

Et il passa ; les deux voyageurs le suivirent.

III

Quel homme c'était en réalité que le señor don Jesus Ordoñez de Silva y Castro, propriétaire de l'hacienda del Rayo.

José et l'Indien si bizarrement moucheté avaient, en se croisant, échangé, rapide comme l'éclair, un regard chargé de toute la haine que peut contenir un cœur humain ; peut-être y aurait-il eu entre eux une vive altercation, si l'haciendero apparaissant subitement dans la cour d'honneur ne se fût avancé précipitamment au-devant des hôtes qui lui arrivaient.

— Veille au grain, matelot, dit à voix basse Fernan à son compagnon, c'est maintenant qu'il nous faut jouer serré.

— Monsieur le comte peut être tranquille, répondit respectueusement le boucanier en s'inclinant sur le cou de son cheval, peut-être pour cacher un sourire narquois à l'adresse de l'Espagnol.

Cet haciendero, don Jesus Ordoñez, etc., ainsi que disait facétieusement l'aventurier, était un homme entre deux âges, ni grand ni petit, assez replet, aux traits réguliers, au teint brun, au regard perçant, à la moustache retroussée, aux lèvres railleuses et sensuelles et à la physionomie empreinte de cette bonhomie narquoise qui empêche le plus souvent l'observateur de se former une opinion exacte de l'homme auquel il a affaire ; du reste, empressé, cordial, charmant sous tous les rapports et comprenant les lois de l'hospitalité castillane dans toutes ses excentriques exigences, ce qui veut dire que les voyageurs furent non seulement bien reçus, mais accueillis avec toutes les apparences de la joie la plus vive.

— Soyez le bienvenu dans ma pauvre demeure, caballero, dit l'haciendero avec un salut cordial, vous connaissez notre proverbe castillan : l'hôte est l'envoyé de Dieu ; son arrivée dans une maison y porte la joie et le bonheur. Donc, je vous le répète, soyez le bienvenu dans ma chétive maison; tout ce qu'elle renferme est à vous, et don Jesus Ordoñez de Silva y Castro, votre serviteur, tout le premier.

Ce discours fut prononcé tout d'une haleine et avec une volubilité qui ne permit pas à l'aventurier de l'interrompre.

— Mille grâces, caballero, répondit-il enfin en mettant pied à terre, et abandonnant la bride de son cheval à José, mille grâces, caballero, pour ce courtois accueil; j'ai été, il y a une heure, surpris avec ce serviteur de confiance et ce guide indien par le terremoto, non loin d'ici ; me trouvant malgré moi dans l'impossibilité de continuer ma route, je me suis décidé à vous demander une hospitalité de quelques heures, ce dont je vous adresse toutes mes excuses.

— Des excuses! se récria l'haciendero, vous plaisantez sans doute, caballero, c'est à moi seul qu'il appartient de vous en faire pour la mauvaise réception qui vous attend ici; le terremoto nous a complètement bouleversés, c'est à peine si mes gens sont revenus de la terreur qu'ils ont éprouvée, tout est encore en désordre, mais nous ferons de notre mieux pour vous satisfaire.

Après cet échange de compliments, l'haciendero, précédé par son major-dome, grand gaillard à mine patibulaire, vêtu de velours noir de la tête aux pieds, une lourde chaine d'or au cou et une baguette d'ébène à la main, insignes de sa dignité, conduisit ses hôtes dans une vaste pièce où il les laissa, après s'être assuré par lui-même que rien ne manquait de ce qui leur était nécessaire.

— Dans une heure on sonnera la cloche du souper, dit-il, et il fit un mouvement pour se retirer.

— Pardon! répondit le jeune homme en le retenant, permettez-moi, señor, de me faire connaitre à vous.

— A quoi bon, caballero? vous êtes mon hôte, cela me doit suffire.

— A vous peut-être, mais non à moi, señor, tout en vous remerciant de votre gracieuse obligeance, je ne veux pas en profiter : je suis le comte Fernan Garci Lasso de Castel Moreno, arrivé depuis quelques jours à Chagrès et me rendant à Panama, où m'appellent de hauts intérêts privés et politiques.

L'haciendero se découvrit respectueusement, salua jusqu'à terre, et d'une voix que l'émotion faisait trembler :

— Le comte Garci Lasso de Castel Moreno, dit-il, le neveu de Son Altesse le vice-roi de la Nouvelle-Espagne, le parent de l'Adelantado de Campêche, caballero Cubierto, et grand d'Espagne de première classe ! Oh! monseigneur, quel honneur pour ma pauvre maison, quel bonheur pour moi que vous ayez daigné accepter mon hospitalité !

Et il se retira à reculons et continua ses révérences jusqu'à la porte, puis il sortit, suivi du majordome, tout aussi décontenancé que son maître.

La porte se referma enfin, et les deux aventuriers demeurèrent seuls.

Miguel avait apporté les valises qu'il avait déposées sur un meuble. Fernan procéda immédiatement à sa toilette, aidé par son compagnon, qui s'acquittait de son office en conscience et avec tout le respect nécessaire.

Les Frères de la Côte avaient depuis longtemps l'habitude des demeures espagnoles ; ils savaient qu'elles fourmillaient de portes secrètes, d'escaliers dérobés, de judas invisibles par lesquels on pouvait les voir et les entendre, ils se tenaient sur leurs gardes.

Bien leur en prit, cette fois, d'être prudents, car ils étaient consciencieusement espionnés ; non pas peut-être dans une mauvaise intention, mais le nom et le titre que s'était donnés le jeune homme avaient produit un effet magique sur l'haciendero, digne campagnard peu accoutumé à recevoir si bonne compagnie ; il regardait et écoutait son hôte afin de se rendre bien compte de la manière dont les grands seigneurs agissaient en particulier avec leurs gens.

Sans doute ce qu'il vit le satisfit complètement, car il s'éloigna le visage radieux et en se frottant les mains.

Les deux hommes avaient constamment parlé castillan ; ce qu'ils avaient dit n'avait fait qu'augmenter encore la bonne opinion que l'haciendero s'était faite d'eux dès le premier moment.

Don Jesus Ordoñez de Silva y Castro, natif de Burgos, était venu tout jeune chercher fortune en Amérique ; chercher est le mot vrai, car en mettant le pied sur le sol à peu près vierge du Nouveau-Monde, le digne garçon, alors âgé de treize ou quatorze ans au plus, ne possédait autre chose qu'un grand désir de s'enrichir, sans avoir en poche la plus minime mise de fonds. Cependant il ne se découragea pas, loin de là ; il fit à peu près tous les métiers, parcourut l'une après l'autre toutes les colonies espagnoles, successivement marin, soldat, arriero, mineur, colporteur, que sais-je encore ? Bref, cette existence sans doute passablement accidentée, mais dont personne ne put jamais savoir le dernier mot, car le digne garçon était très discret, surtout pour ses propres affaires, cette existence dura une quinzaine d'années, puis un beau jour notre aventurier arriva à Panama sur un bâtiment frété par lui et dont le chargement lui appartenait en entier.

Mais ce n'était plus No Jesus Ordoñez, il avait fait peau neuve, était riche, tranchait du grand seigneur et se faisait nommer emphatiquement don Jesus Ordoñez de Silva y Castro, noms très ronflants et qu'il jugea à propos de garder définitivement.

De plus, il était marié ; sa femme était jeune, charmante, avait une physionomie douce et triste qui intéressait, à première vue ; elle avait une délicieuse petite fille de deux à trois ans, rieuse et espiègle, nommée Flor, et dont le señor don Jesus Ordoñez de Silva y Castro était naturellement le père.

Cette dame était-elle heureuse avec son mari ? Il y avait des raisons pour en douter ; souvent on lui avait vu les yeux rouges ; on assurait même l'avoir vue pleurer en secret en embrassant sa fille et la serrant sur son cœur ; mais jamais elle ne se plaignait et, si parfois on se hasardait à l'interroger, elle détournait adroitement la conversation, ébauchait un sourire et feignait une gaieté, qui, à tous, paraissait trop forcée pour être naturelle.

Quoi qu'il en fût de ces suppositions qui, en réalité, ne reposaient sur aucune base sérieuse, puisque jamais un mot, un regard ou un geste n'étaient venus donner un corps aux soupçons des oisifs, des curieux ou des amis du nouveau débarqué, celui-ci faisait grande figure à Panama ; il était riche et partant considéré et même recherché par tout le monde ; d'ailleurs, quelle que fût la façon d'agir du señor don Jesus Ordoñez de Silva y Castro dans son intérieur, ce dont personne ne savait rien, en public il était charmant, aimable, empressé, et se faisait noblement honneur de sa fortune bien ou mal acquise.

Lorsque le señor don Jesus Ordoñez de Silva y Castro eut terminé les affaires qui le retenaient à Panama, il déclara que le pays lui plaisait et qu'il désirait s'y fixer, mais que, trop jeune encore pour vivre dans l'oisiveté, il voulait mener la vie de gentilhomme campagnard et fonder un établissement agricole.

Sur ces entrefaites, un riche propriétaire de la colonie, qui, lui, désirait se retirer en Espagne, mit ses biens en vente ; au nombre de ces biens se trouvait une magnifique hacienda, bâtie à quelques lieues de Chagrès, possédant d'immenses dépendances en forêts et en prairies en plein rapport, et abondamment pourvue de chevaux et de bestiaux de toutes sortes.

Cette hacienda, nommée l'hacienda del Rayo, avait été construite aux premiers jours de la découverte par un des redoutables compagnons de Fernan Cortès qui était venu s'échouer sur cette colonie alors à peu près inconnue. On racontait d'étranges histoires sur cet aventurier ; des scènes sinistres, des orgies monstrueuses, des crimes effroyables s'étaient, dit-on, passés derrière les murs de cette sombre demeure; la mort du premier propriétaire avait été enveloppée de circonstances terribles qui n'avaient jamais été bien expliquées; un mystère redoutable planait depuis lors sur cette demeure que chacun fuyait et dans laquelle, disait-on tout bas en se signant, on entendait parfois des bruits et des rumeurs inexplicables, mais qui remplissaient chacun d'une invincible terreur.

Le propriétaire actuel ne l'avait jamais habitée; une seule fois il avait voulu y établir sa résidence et s'y était rendu en annonçant l'intention formelle de s'y fixer; mais après un séjour de quarante-huit heures à peine, il l'avait quittée avec une précipitation qui ressemblait beaucoup à une fuite, et il était revenu à Panama sans s'arrêter ni retourner la tête, laissant à un serviteur de confiance le soin de régir cette immense et magnifique proprié‍té.

L'hacienda del Rayo, ainsi discréditée, était mise à prix à cent cinquante mille piastres, avec toutes ses dépendances, prix comparativement fort minime, car elle valait au moins cinq ou six fois plus, mais à ce prix même, le propriétaire doutait beaucoup de trouver acquéreur.

Heureusement pour lui, don Jesus entendit parler de cette vente. L'aventurier était un esprit fort, il n'ajoutait qu'une mince croyance aux contes de nourrices, ainsi qu'il le disait lui-même; son existence avait été panachée de péripéties trop singulières pour qu'il s'effrayât des bruits plus ou moins véritables qui couraient sur cette demeure.

Il avait besoin d'une hacienda, celle-ci s'offrait à lui, le prix en était très modéré, elle était parfaitement à sa convenance; il s'aboucha avec le propriétaire, le fit consentir à un rabais de vingt-cinq mille piastres, solda séance tenante son acquisition en bonnes onces d'or bien trébuchantes, et il devint ainsi légitime possesseur de l'hacienda del Rayo.

Plusieurs personnes s'étaient hasardées à lui faire certaines observations; elles avaient essayé de le détourner de cette acquisition dont, disaient-elles, il ne tarderait pas à se repentir; mais le digne hidalgo s'était contenté de sourire et de hausser les épaules, et il avait tenu bon avec cet entêtement qui formait le fond de son caractère; en somme, l'affaire était excellente pour lui, il achetait presque pour rien une propriété de plus de trois ou quatre millions; il n'y avait rien à répondre à cela, on se tut, mais non sans lui prédire auparavant toute espèce de malheurs.

Cependant, en apparence du moins, ces prédictions ne se réalisèrent pas; au grand ébahissement de ses amis et connaissances, don Jesus Ordoñez continua à prospérer.

Sans se préoccuper davantage de ce qu'on disait, le nouvel haciendero fit sans sourciller tóutes ses dispositions pour quitter Panama et aller établir sa résidence à l'hacienda del Rayo. Et effet, huit jours à peine après son marché conclu, un matin, au lever du soleil, il sortit de Panama avec sa femme et sa fille, et suivi d'une nombreuse troupe de serviteurs bien armés et montés sur de bons chevaux, il se dirigea vers l'hacienda del Rayo, où il arriva le quatrième jour vers trois heures du soir.

Ce n'était pas marcher trop vite, l'hacienda n'étant éloignée que de quatorze lieues au plus de la ville, mais les chemins étaient exécrables où. pour être plus vrai, n'éxistaient pas du tout; de plus, don Jesus conduisait avec lui une vingtaine de mules chargées d'objets de toute sorte, quatre ou cinq chariots traînés par des bœufs et un palanquin dans lequel se trouvaient sa femme et sa fille.

Les femmes de service avaient été placées tant bien que mal dans les chariots. Une si nombreuse, et surtout si encombrante caravane, avait fort à faire pour sortir des ravins et des marécages dans lesquels, à chaque pas, elle s'embourbait, il fallait littéralement s'ouvrir passage la hache et la pioche à la main; heureusement. grâce à de prodigieux efforts, on y réussit et on parvint, après des fatigues surhumaines, à atteindre l'hacienda.

L'aspect imposant et véritablement grandiose de cette magnifique demeure à l'apparence féodale réjouit fort les yeux et surtout le cœur du nouvel enrichi, qui était loin de s'attendre à une si splendide habitation; selon sa coutume, il se frotta joyeusement les mains, et ce fut d'un air délibéré et sans le moindre souci de ce que l'avenir lui réservait peut-être dans ce château qu'il pénétra au galop de son cheval dans la cour d'honneur, où le majordome et tous les peones attachés à l'exploitation de l'hacienda attendaient impatiemment leur nouveau seigneur pour lui offrir leurs hommages et l'assurer de leur respect et de leur dévouement.

Don Jesus n'était pas homme à perdre son temps en futilités; après avoir distribué quelques réaux aux peones et les avoir complimentés, il les laissa et, précédé du majordome, il procéda à la visite des appartements de l'hacienda depuis les combles jusqu'aux celliers, des magasins à la chapelle et des corales aux communs.

Alors sa joie n'eut plus de bornes et se changea en enchantement. Tout était en ordre et en bon état; les meubles et les tentures eux-mêmes reluisaient comme s'ils eussent été achetés et posés de la veille. Don Jesus félicita chaleureusement le majordomo, et pour la première fois peut-être de toute sa vie. revenant sur une résolution prise, il annonça au majordomo qu'il le gardait et qu'il ne dépendait que de lui de mourir à son service; le mayordomo remercia son maitre avec d'autant plus d'effusion qu'il savait que d'abord celui-ci voulait le renvoyer.

L'haciendero désigna les appartements qu'il prétendait occuper, ainsi que ceux qu'il réservait à sa femme et à sa fille, donna l'ordre qu'ils fussent prêts pour le soir même, et, de plus en plus satisfait de son acquisition, il acheva la visite de l'hacienda dans les dispositions les plus charmantes.

Le mayordomo ne lui fit pas grâce d'une chambre de cette immense habitation et il le conduisit partout; un peu sans doute pour faire valoir aux yeux de son maître le soin qu'il avait apporté à ce que tous les ameublements se conservassent en bon état; la visite fut longue, mais quel est le propriétaire qui se fatigue à contempler ses richesses?

Depuis près de deux heures l'haciendero et son mayordomo montaient, descendaient, allaient à droite, tournaient à gauche, parcouraient les corridors, sondaient les murs, ouvraient les portes dérobées, franchissaient les escaliers secrets, car cette maison, bâtie dans l'ancien style féodal, était pour ainsi dire double; les appartements et les passages inconnus étaient plus importants que ceux qui ouvraient leurs portes et leurs fenêtres au grand soleil.

Les deux hommes avaient atteint l'aile droite de l'hacienda, construite en forme de tour sarrasine, se terminant au sommet par une espèce de mirador d'où on apercevait la campagne à une grande distance. Don Jesus allait redescendre dans la cour d'honneur, lorsqu'un courant d'air s'engouffra dans la salle où il se trouvait, agita les draperies et, comme peut-être elles étaient mal attachées, une de ces draperies tomba et, en tombant, démasqua une porte si bien ajustée et si adroitement enchâssée dans le mur, qu'il fallait regarder avec le plus grand soin pour la reconnaître; du reste, cette porte paraissait ne pas avoir été ouverte depuis très longtemps; on n'y voyait aucune trace de serrures.

L'haciendero regarda le mayordomo : celui-ci était pâle et frissonnant; une sueur froide perlait en larges gouttelettes sur son front.

— Où conduit cette porte? demanda don Jesus.

— Je l'ignore, répondit en hésitant le mayordomo.

— Ouvrez-la.

— C'est impossible.

— Pourquoi?

— Voyez vous-même, señor; elle n'a ni serrure ni verrous; de plus, elle paraît condamnée depuis longtemps. On la nomme, je ne sais pourquoi, la porte del Moro. L'ancien propriétaire l'a, dit-on, fait murer.

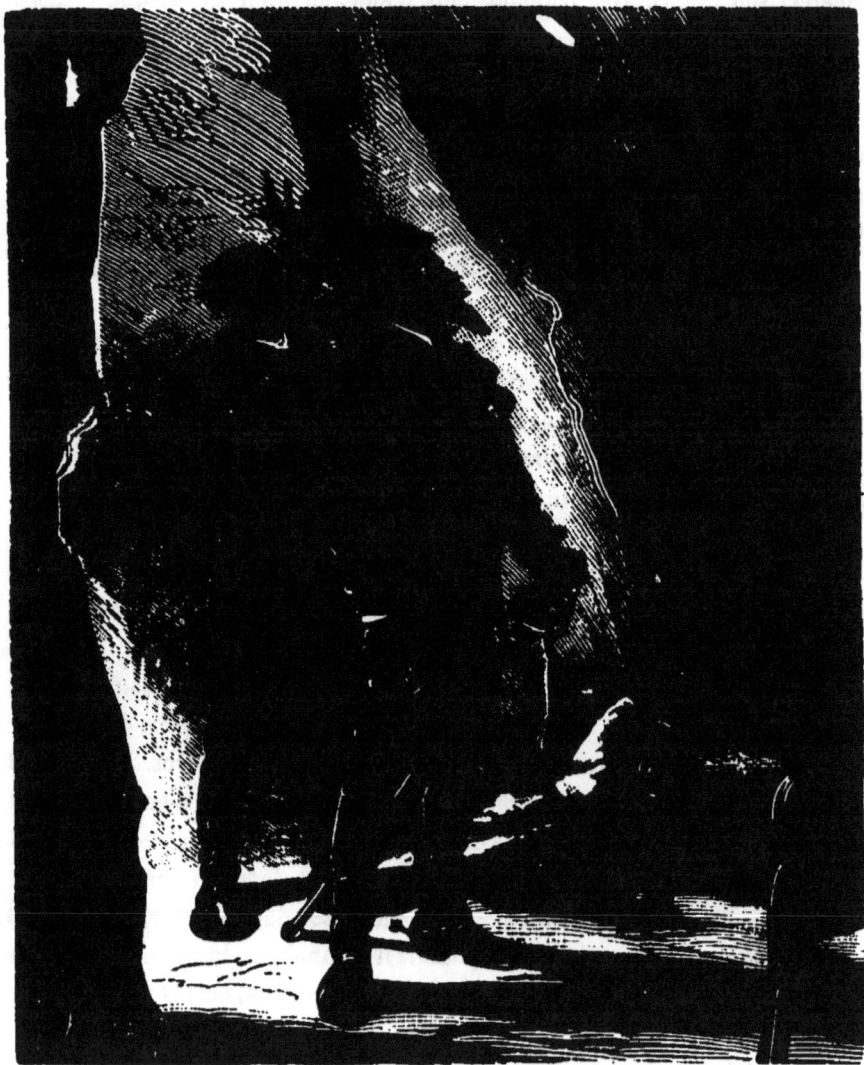

Les aventuriers avaient fait peau neuve.

Don José frappa plusieurs coups sur la porte avec le manche de son poignard ; en effet, elle rendit le son mat et sec des murs pleins.

L'haciendero hocha la tête.

— Hum, murmura-t-il ; et vous ne savez rien de plus à ce sujet ?

— La tradition rapporte que derrière cette porte se trouvent, ou du moins se trouvaient des passages, des couloirs et des escaliers qui contournent toute la maison et aboutissent à toutes les pièces.

— Voilà qui est mieux, j'aime le grand jour.

— Quant aux souterrains dont parle la tradition, ils n'existent sans doute que dans l'imagination des peones et des Indiens, gens les plus crédules qui soient.

— C'est vrai; continuez.

— Bien que cette hacienda soit construite sur le sommet d'une éminence assez élevée, elle ne possède cependant pas de cave; d'ailleurs vous savez, señor, que ce n'est pas la coutume en Amérique d'établir des caves sous les habitations.

— Diable! fit l'haciendero.

— La même tradition ajoute, continua le mayordomo, que les passages et les souterrains se continuent sous terre, et débouchent en plusieurs endroits fort éloignés les uns des autres, à une grande distance dans la campagne.

— Voilà qui est peu récréatif; on n'est plus chez soi alors.

— Oh! reprit vivement le mayordomo, cette tradition doit être fausse.

— Qui vous le fait supposer?

— Depuis dix ans, señor, seul j'habite l'hacienda, dont je possède un plan très complet que j'ai dressé moi-même. J'ai visité la maison peut-être cent fois dans les plus grands détails; tous les appartements secrets, toutes les portes dérobées, ont été peu à peu découverts par moi. Ce ne sont que des lieux de refuge en cas d'attaque et de surprise, pas autre chose. Aucun escalier secret n'existe de ce côté, je m'en suis assuré; de plus, aucune porte dérobée ne donne dans les appartements que vous avez choisis.

— C'est juste. Après?

— Cependant, je voulus avoir le cœur net de tout cela, et, comme j'étais seul et maître d'agir à ma guise, j'ordonnai plusieurs battues que je surveillai moi-même; ces battues s'étendirent bientôt à cinq, six et même sept lieues autour de l'hacienda.

— Et on ne découvrit rien?

— Rien, señor.

— Alors, c'est qu'il n'y a rien de vrai dans tout cela.

— Pour moi, j'en suis convaincu.

— Bientôt, j'espère l'être, moi aussi : faites monter deux ou trois peones avec les outils nécessaires pour desceller cette porte.

Le majordome s'inclina et sortit; un quart d'heure après il était de retour; trois peones l'accompagnaient.

— Mes enfants, dit l'haciendero, descellez cette porte, mais procédez avec précaution, de façon à ne pas l'endommager, s'il est possible.

Les peones se mirent à l'œuvre.

La porte fut descellée en quelques minutes; derrière, le mur était plein.

— Vous aviez raison, dit l'haciendero.

Une demi-heure suffit pour remettre tout dans l'ordre primitif, puis maîtres et valets partirent.

Le jour même de son arrivée, don Jesus fut aussi complètement installé dans l'hacienda del Rayo que s'il l'habitait depuis un an.

Le soir, après avoir copieusement soupé, don Jesus quitta la salle à manger et descendit dans la huerta pour jouir de la fraîcheur; la nuit était magnifiquement étoilée, la lune éclairait comme en plein jour.

L'haciendero se promenait en causant avec son mayordomo; il avait l'intention de faire le lendemain une reconnaissance de ses domaines, et il commandait que les chevaux fussent prêts au lever du soleil.

Tout en causant il leva machinalement la tête et poussa un cri de surprise.

Une lumière brillait dans la salle du Moro.

— Voyez, dit-il au mayordomo.

— Qu'est-ce que cela signifie? murmura celui-ci en se signant.

— Vive Dios? s'écria l'haciendero, je le saurai et cela tout de suite.

Don Jesus était brave; il n'hésita pas et, entraînant avec lui le mayordomo effaré, il se dirigea vers l'aile droite de l'hacienda.

Tout-à-coup la lumière disparut.

Les deux hommes s'arrêtèrent.

— J'étais fou, dit l'haciendero au bout d'un instant en éclatant de rire : ce que j'ai pris pour une lumière n'était autre chose qu'un rayon de lune jouant sur les vitres.

Le mayordomo secoua la tête d'un air de doute.

— Bon! vous ne me croyez pas, reprit don Jesus, je vais vous en donner la preuve.

Il regagna alors la place qu'il occupait précédemment; en effet la lumière reparut.

— Voyez, dit-il.

Puis il revint sur ses pas, la lumière disparut; plusieurs fois il recommença ce manège avec le même succès.

— Allons nous mettre au lit, dit-il, et ne songeons plus à ces niaiseries.

Le lendemain, sans en expliquer le motif, il ordonna qu'on lui préparât un autre appartement que celui qu'il avait d'abord choisi et dans lequel il avait passé la nuit; puis il repartit pour visiter ses rancheros et ses vaqueros. Le mayordomo remarqua que son maître était pâle, défait, agité de tressaillements nerveux, que ses regards inquiets se fixaient autour de lui avec égarement; en homme bien stylé, il garda ses observations pour lui et ne souffla mot.

Plusieurs années s'écoulèrent; don Jesus ne faisait que de rares voyages, soit à Chagrès, soit à Panama, pour écouler les produits de son hacienda en cuirs, grains et céréales; mais ces voyages étaient courts, et ne duraient que le temps strictement nécessaire. Ses ventes ou ses achats à peine terminés, il retournait en toute hâte au Rayo.

Doña Luz, sa femme, vivait fort retirée; elle quittait à peine ses appartements et se consacrait tout entière a l'éducation de sa fille, qu'elle aimait avec passion.

Parfois, lorsque le temps était doux, elle descendait dans la huerta, s'asseyait au fond d'un bosquet de magnolias, d'orangers et de grenadiers, et passait plusieurs heures à causer cœur à cœur avec sa chère Flor et le chapelain de l'hacienda, digne prêtre qui avait consenti à quitter son couvent de Panama, pour venir s'enterrer dans ce désert.

Le père Sanchez était un homme de quarante-huit à quarante-neuf ans, mais les fatigues et les macérations de la vie claustrale lui avaient blanchi les cheveux avant le temps; ses traits émaciés, ses regards doux et voilés, lui donnaient une véritable tête d'apôtre; il en avait le cœur, et bien qu'il ne parlât jamais de lui, cependant il était facile de comprendre, en le voyant, qu'une grande douleur avait dû, dans sa jeunesse, briser à jamais son âme généreuse, aimante et douée d'une sensibilité exquise; de même que tous les cœurs d'élite pour lesquels la vie n'a été qu'une longue souffrance, cet homme possédait le talent si rare, non seulement de compatir aux douleurs du prochain, mais de consoler sans être ni importun ni indiscret.

Tous les habitants de l'hacienda révéraient le père Sanchez; doña Luz l'aimait comme un père et apprenait à sa fille à le chérir. Don Jesus Ordoñez lui-même, qui ne respectait pas grand'chose, le craignait et l'aimait à la fois, sans bien se rendre compte de ce double sentiment qu'il éprouvait pour le digne prêtre.

Cependant la santé de doña Luz, fort chancelante depuis quelques mois, déclinait de plus en plus; elle pâlissait et maigrissait sans se plaindre ni paraître souffrir.

Un jour elle s'alita.

Don Jesus, qui négligeait assez sa femme, se décida à entrer dans sa chambre à coucher, où, sur la prière de doña Luz, il demeura près de deux heures seul avec elle.

Que se dirent les deux époux pendant ce long entretien?

Nul ne le sut jamais.

Lorsque don Jesus sortit, il était pâle, avait les traits bouleversés et semblait en proie à une vive douleur ou à une grande colère.

Il monta immédiatement à cheval, et, suivi d'un seul domestique, il partit ventre à terre pour Chagrès.

A peine la porte de la chambre de doña Luz s'était-elle fermée sur don Jesus qu'elle se rouvrit pour livrer passage au père Sanchez et à doña Flor.

Doña Flor avait treize ans alors; grande, svelte, presque formée, elle possédait déjà toute la beauté de sa mère, avec un éclair d'énergie de plus dans ses beaux yeux d'un noir profond.

Les trois personnes passèrent la nuit entière à causer cœur à cœur; à l'aube, doña Flor, accablée par la veille, malgré tous ses efforts, finit par s'endormir sur le sein de sa mère mourante.

La jeune femme mit un baiser au front de sa fille.

— Il le faut donc? murmura-t-elle tristement.

— Il le faut, répondit doucement le prêtre.

— Hélas! la reverrai-je jamais!

— Oui, si tu m'obéis.

— Je te le jure, mon père! J'ai peur, Rodriguez.

— Parce que tu n'as pas la foi, pauvre chère enfant! c'est Dieu lui-même qui, par ma voix, te commande ce sacrifice.

— Que sa volonté soit faite! dit-elle avec abattement; tu veilleras sur elle, mon père.

— Jusqu'à ce qu'elle soit heureuse, et quoi qu'il arrive.

— Quand même cet homme voudrait s'y opposer.

— Rassure-toi, chérie, il a tout à craindre de moi, je ne redoute rien de lui.

— Dieu a reçu ton serment, mon père.

— Il m'aidera à l'accomplir, ma fille.

Un peu après dix heures du soir, don Jesus arriva à franc étrier de Chagrès.

Un médecin l'accompagnait.

A la porte de l'hacienda, le père Sanchez attendait, immobile et triste.

— Doña Luz! cria l'haciendero.

— Elle est morte au coucher du soleil, répondit sourdement le prêtre.

Don Jesus n'en entendit pas davantage, il sauta à terre.

— Venez, dit-il au médecin.

Et il se précipita à travers les montées.

Quand il pénétra dans la chambre de la jeune femme, il éprouva une émotion étrange.

Doña Luz était étendue sur son lit, calme, souriante, comme un oiseau qui a replié ses ailes; elle semblait dormir.

Doña Flor, agenouillée au chevet de sa mère, tenait une de ses mains entre les siennes et sanglotait avec des spasmes nerveux.

La jeune fille, tout à sa douleur, ne s'aperçut pas de la présence de son père.

La chambre était entièrement tendue de tapisseries noires semées de larmes d'argent; quatre cierges étaient allumés, deux aux pieds, deux à la tête du lit; sur une table était un candélabre à neuf branches où brûlaient des cires roses.

Malgré cette illumination, la chambre était tellement vaste que ses extrémités demeuraient sombres.

— Faites votre devoir, ordonna don Jesus d'une voix étranglée au médecin.

Celui-ci obéit; il demeura un instant penché sur le corps de la jeune femme; puis il se redressa, prit une branche d'absinthe qui trempait dans un vase d'argent plein d'eau bénite, fit dévotement le signe de la croix, aspergea le corps en murmurant une courte prière, et s'adressant à don Jesus :

— Tout est inutile, dit-il, elle a rendu son âme à Dieu!

L'haciendero demeura un instant comme frappé de la foudre, sans force, sans volonté, sans voix.

Le père Sanchez se tenait immobile à ses côtés, fixant sur lui un regard d'une expression étrange.

Soudain don Jesus releva la tête, promena un regard égaré autour de lui, et d'une voix sourde et tremblante :

— Sortez, dit-il, sortez tous !

— Mon fils, dit doucement le prêtre, mon devoir m'ordonne de prier auprès du cadavre de cette pauvre défunte.

— Sortez, vous dis-je, reprit-il avec égarement ; emmenez cette enfant, je veux veiller seul au chevet de ma femme morte!

Le prêtre s'inclina, releva doucement la jeune fille et se retira avec elle.

Le médecin était déjà sorti.

Aussitôt qu'il fut seul, don Jesus se précipita vers la porte qu'il ferma et dont il poussa les verrous, puis il revint à pas lents vers le lit.

Il croisa les bras sur sa poitrine, et pendant quelques minutes il demeura les yeux ardemment fixés sur le cadavre.

— Cela devait être, murmura-t-il; elle est morte, bien morte, enfin!... Maintenant tout est fini!... Qui pourra m'accuser? fit-il avec un ricanement terrible. Elle est morte, bien morte! Qui osera?... Allons, je suis fou! il y a autre chose encore : ce coffret... ce coffret maudit dont elle portait toujours la clef suspendue à son cou... Si elle avait parlé! A qui? elle ne voyait personne dans ce pays perdu. Terminons-en. Où est-il, ce coffret?... Si je prenais la clef? dit-il en jetant un regard sur le cadavre... A quoi bon maintenant? elle ne pourra pas m'empêcher de la prendre tout à l'heure... Au coffret d'abord!

Alors, avec un cynisme et une brutalité horribles dans un pareil moment et dans un tel lieu, cet homme commença à ouvrir les armoires et les bahuts, bouleversant le linge, les vêtements, les bijoux, avec l'acharnement fébrile d'une hyène déterrant une proie.

La recherche fut longue; à plusieurs reprises l'haciendero interrompit son hideux labeur; son visage était livide, la sueur coulait sur son front, ses mouvements étaient brusques, nerveux, saccadés; parfois ses regards se dirigeaient malgré lui sur le cadavre de la pauvre morte étendue calme et belle sur sa couche, et un frémissement de terreur parcourait tous ses membres.

Tout à coup il poussa un cri de joie, il tenait dans ses mains crispées un coffret d'argent ciselé.

— Enfin, le voilà! s'écria-t-il avec un rugissement de tigre.

Il se hâta de rejeter pêle-mêle dans les bahuts et les armoires les habits qu'il avait jetés sur le plancher; puis il alla poser le coffret sur la table.

— Maintenant tout est bien fini, dit-il; si je le jetais dans le feu? Non, il serait trop longtemps à brûler; prenons la clef.

Mais il ne bougea pas; malgré lui, cette profanation d'un cadavre l'effrayait.

— Bah! dit-il, je suis fou! Qu'ai-je à craindre?

— La justice de Dieu! dit une voix profonde.

L'haciendero frissonna et ses yeux se fixèrent vers l'endroit d'où la voix s'était fait entendre.

— Qui a parlé? murmura-t-il.

Mais personne ne répondit.

Alors il se passa une chose étrange, épouvantable.

Les lumières pâlirent peu à peu, s'éteignirent les unes après les autres, et la chambre demeura plongée dans une obscurité profonde; un rayon de lune, filtrant à travers les vitres, ne répandait que des lueurs incertaines qui permettaient à peine de distinguer vaguement les objets.

Plusieurs formes blanches surgirent lentement des ténèbres, semblèrent doucement glisser sur le parquet et s'approchèrent de l'haciendero, sans que leur marche produisît le bruit le plus léger.

Un des fantômes allongea le bras et toucha le misérable au front.

Celui-ci, brûlé comme par un fer rouge, poussa un cri horrible et tomba à la renverse.

— Prends garde de tuer ta fille comme tu as tué ta femme ! dit une voix sourde et menaçante. Dieu, touché par les prières de ta victime, suspend sa justice ; repens-toi... Sois maudit, assassin !

Don Jesus n'en entendit pas davantage ; il poussa un cri ressemblant à un râle d'agonie et perdit connaissance.

Lorsqu'il revint à lui, le jour se levait, les cires achevaient de se consumer dans le candélabre ; les cierges brûlaient toujours, un joyeux rayon de soleil se jouait sur les lambris, où il dessinait de fantastiques arabesques.

— J'ai rêvé : murmura-t-il en passant sa main sur son front inondé d'une sueur froide, quel horrible cauchemar !

Mais tout à coup il poussa un cri de rage ; le coffret n'était plus sur la table ; ses regards se tournèrent machinalement vers le lit : il était vide.

Le cadavre de doña Luz avait disparu.

— Oh ! je suis perdu ! s'écria-t-il.

Il se précipita vers la porte et l'ouvrit d'une main fébrile.

Le père Sanchez, agenouillé sur les dalles près de cette porte, priait avec ferveur.

— Venez ! venez, mon père, s'écria l'haciendero en se jetant dans ses bras.

Tous deux rentrèrent alors dans la chambre à coucher, dont la porte se referma derrière eux.

Au bout d'une heure, don Jesus sortit ; il revint bientôt apportant lui-même un cercueil.

Tous les habitants de l'hacienda admiraient l'amour si passionné de leur maître, qui voulait que nul autre que lui n'ensevelît celle qu'il avait si douloureusement perdue.

Les obsèques eurent lieu le jour même.

Don Jesus, le lendemain, s'enferma dans la chambre à coucher où s'était passée cette scène étrange ; pendant quatre heures il sonda les murs, mais il ne put rien découvrir ; il n'existait aucune porte secrète.

Doña Flor voulut occuper la chambre de sa mère ; don Jesus y consentit sur les observations du père Sanchez, auquel le secret terrible dont l'haciendero l'avait fait dépositaire donnait presque le droit de commander, bien qu'il n'en fît rien.

Trois ans s'étaient écoulés depuis que ces événements s'étaient passés à l'hacienda del Rayo, le jour où les aventuriers arrivèrent et demandèrent l'hospitalité, qui leur fut généreusement accordée.

Doña Flor avait seize ans ; sa beauté avait tenu tout ce qu'elle promettait, mais elle était froide, pâle, sévère, comme une statue de marbre ; un léger pli s'était creusé entre ses sourcils. son regard était pensif et se fixait parfois sur son père avec une expression indéfinissable de haine et de colère.

L'haciendero l'adorait ou semblait l'adorer ; il ne la gênait en rien et cédait avec une docilité d'enfant à ses moindres caprices.

Seulement, pendant la nuit terrible qu'il avait passée tête à tête avec le cadavre de sa femme, ses cheveux étaient devenus complètement blancs.

Le père Sanchez était toujours comme par le passé, un religieux doux, compatissant, calme et résigné.

Voilà qui était don Jesus Ordoñez de Silva y Castro, propriétaire de l'hacienda del Rayo, et quelques-uns des événements dont avait été assaillie l'existence de ce digne gentilhomme.

IV

Comment don Fernan devint amoureux de doña Flor et loua une maison à don Jesus

L'aventurier, aidé par Michel le Basque, achevait sa toilette au moment où le premier tintement de la cloche du souper se fit entendre.

Presque aussitôt le mayordomo, après avoir préalablement gratté à la porte, pénétra dans la chambre.

— Votre Excellence est servie, monseigneur, dit-il en s'inclinant gravement ; puis il tourna sur les talons.

Le jeune homme le suivit.

Le mayordomo le conduisit au réfectoire ; c'est ainsi qu'on nommait alors la pièce que nous appelons aujourd'hui salle à manger.

Ce réfectoire était une immense salle voûtée, assez basse, dont le plafond en saillies s'appuyait sur des colonnes monolythes en granit noir ; d'étroites mais nombreuses fenêtres en ogive y laissaient pénétrer à travers des vitrages plombés un jour à peine suffisant ; les murs disparaissaient sous des boiseries en chêne, noircies par le temps et garnies de bois de cerfs, de daims, d'épieux, de cors, de défenses de sangliers, etc.; des bras de fer soutenaient d'espace en espace des torches, dont la fumée montait en spirale jusqu'au plafond et formait un nuage bleuâtre au-dessus de la tête des convives.

Au centre de cette immense pièce, dallée de larges pierres blanches, se trouvait une énorme table en forme de fer à cheval, dont le haut bout, destiné à la famille et aux hôtes de la maison, était élevé de trois marches et se trouvait ainsi sur une estrade.

Deux immenses pièces d'argenterie curieusement ciselées et renfermant des épices et des sauces de toutes sortes établissaient une ligne de démarcation à droite et à gauche entre les maîtres et les serviteurs ; ces pièces d'argenterie étaient des salières ; à cette époque, dans les colonies espagnoles ainsi que dans la mère-patrie, on conservait encore l'usage patriarcal de servir les maîtres et les serviteurs à la même table.

D'énormes flambeaux en cuivre, vissés de distance en distance sur la table, contenaient des cierges allumés.

Au haut bout de la table, couvert d'une fine nappe damassée en toile de Hollande, et garni d'une lourde argenterie, se trouvaient deux candélabres à sept branches avec des bougies roses allumées.

La vaisselle du bas bout de la table était commune, la nappe manquait.

Cinq couverts étaient mis sur l'estrade, au milieu celui de l'haciendero, à sa droite celui du comte, à gauche celui de doña Flor, puis venait la place du chapelain, auprès de doña Flor, et à côté de don Fernan, le couvert d'un jeune homme de bonne mine à la moustache outrageusement retroussée et à l'œil plein d'éclairs.

Michel le Basque et le mayordomo avaient chacun une place réservée auprès des salières, puis les autres serviteurs venaient par rang d'âge ou d'ancienneté.

Lorsque le comte don Fernan pénétra dans le réfectoire, la famille de l'haciendero était debout sur l'estrade ; les serviteurs se tenaient, eux aussi, immobiles et silencieux devant leurs places.

— Mon cher hôte, dit affectueusement don Jesus, permettez-moi de vous présenter mon digne chapelain le père Sanchez, mon ami don Pablo de Sandoval, capitaine de marine au service de Sa Majesté, et enfin doña Flor, ma fille ; maintenant, père Sanchez, que la présentation est faite, veuillez, je vous prie, dire le *benedicite* afin que nous nous mettions à table.

Le père Sanchez obéit, puis chacun prit place et le repas commença.

C'était un véritable repas espagnol avec le puchero et l'olla podrida classiques, accompagnés de pièces de venaison et d'oiseaux de marais. En somme, tout était exquis et servi d'une façon irréprochable ; don Jésus avait un excellent cuisinier.

La conversation, assez languissante au commencement du repas, s'anima peu à peu et devint générale au moment où le *postre* — dessert — les dulces, les liqueurs et les vins fins furent placés sur la table.

Les domestiques avaient disparu ; seuls le mayordomo et Michel, sur un signe bienveillant de l'haciendero, avaient conservé leurs places.

Don Pablo, d'après ce qu'apprit don Fernan, était un prétendant à la main de doña Flor ; depuis quelques jours à peine il était de retour à Panama, après une assez longue croisière faite sur les côtes du Pérou ; il commandait une corvette de vingt canons et de deux cents hommes d'équipage ; cette corvette, nommée la *Perla*, était, au dire du brillant capitaine, bien connue des ladrones, ainsi qu'il nommait les flibustiers, et ils la redoutaient fort.

La croisière de la *Perla* avait été heureuse ; elle était rentrée à Panama, ramenant avec elle deux navires contrebandiers et une dizaine de ladrones surpris pendant un gros temps, dans une pirogue à peu près désemparée.

Au dire du capitaine, ces ladrones avaient opposé une résistance désespérée avant de se laisser amariner, et ce n'avait été que lorsqu'ils avaient vu leur embarcation couler sous leurs pieds qu'ils avaient consenti à se rendre. Il paraissait que depuis plus de deux jours les pauvres corsaires n'avaient ni bu ni mangé, lorsqu'ils avaient été aperçus par la *Perla*.

— Cependant, fit observer doña Flor, malgré la faiblesse dans laquelle ces pauvres gens devaient se trouver, ils ont fait une belle défense.

— Magnifique, señorita ! dit le capitaine en frisant coquettement sa moustache ; de véritables démons : ils m'ont tué ou blessé trente hommes.

— Et il n'étaient que dix ? dit Fernan.

— Pas un de plus, sur ma parole !

— Vous les avez faits prisonniers ?

— Ils sont gardés à vue dans la prison de Panama.

— Hum ! fit l'haciendero, s'ils avaient été vingt au lieu de dix, vous auriez eu fort à faire, mon cher capitaine.

— Oh ! ceux-ci font une exception ; tous ne sont pas aussi braves.

— Vous croyez, capitaine ? dit Fernan d'une voix railleuse.

— Je connais les ladrones de longue date ; ce n'est pas la première fois que j'ai maille à partir avec eux, répondit-il avec fatuité.

— Ah! murmura Fernan en se pinçant les lèvres.

— Mon Dieu, oui! je fais le service de garde-côte, vous comprenez?

— Parfaitement.

— Et que compte-t-on faire de ces pauvres gens? demanda doña Flor avec intérêt.

— Ils seront pendus haut et court; d'ailleurs, ils ne se font nulle illusion sur leur sort; ils ont deviné ce qui les attend.

— Savez-vous quand aura lieu cette belle exécution? demanda Fernan.

— Je ne pourrais trop vous dire, mais je crois qu'ils ne seront pas pendus avant une dizaine de jours.

— Pourquoi si tard?

— Une idée du gouverneur, idée assez ingénieuse, du reste. Il doit y avoir une fête à Panama, l'exécution des ladrones fera partie des divertissements.

— C'est, en effet, parfaitement trouvé; il faut être Espagnol pour avoir d'aussi belles idées! dit le jeune homme avec amertume.

— Pauvres malheureux, s'écria doña Flor, dont les yeux étaient remplis de larmes. Comme ils doivent souffrir!

— Eux! fit le capitaine en haussant les épaules; allons donc, vous vous trompez du tout au tout, señora : ils rient, chantent et boivent toute la journée.

— Ils essaient de s'étourdir.

— Pas le moins du monde; ils prétendent avec un aplomb qui donnerait fort à réfléchir, si l'on n'avait pas la certitude que cela est impossible; ils prétendent, dis-je, qu'ils ne seront pas pendus et que leurs amis les sauveront.

Fernan et Michel le Basque échangèrent un regard expressif.

— Dieu le veuille! murmura la jeune fille.

— *Amen!* fit le père Sanchez.

— Vive Dios! je ne partage pas cet avis, dit l'haciendero; ces ladrones sont de mauvais drôles qui ne croient ni à Dieu ni à diable et sont capables des crimes les plus affreux; leur audace est inouïe; ils tiennent presque notre formidable marine en échec; morte la bête, mort le venin; plus on en tuera, moins il en restera en état de nous nuire; qu'en pensez-vous, capitaine?

— Je pense que ce serait une sottise de leur faire grâce, quand on les tient : un bon bout de corde règle bien des comptes.

— C'est possible, dit le chapelain, mais pourquoi vous montrer plus féroce qu'ils ne le sont eux-mêmes? après la bataille, ils ne tuent pas les prisonniers.

— Et Montbarts l'Exterminateur? s'écria le capitaine.

Rien ne nous retient plus ici.

— Montbarts est une exception ; mais tenez, don Jesus est une preuve vivante de ce que j'avance : il a été prisonnier de l'*Olonnais*, si je ne me trompe ?

— En effet, mais pendant le temps que j'ai été son esclave, il m'a fort maltraité.

— Peut-être, mais il ne vous a pas tué.

— Je suis forcé d'en convenir, dit en riant l'haciendero.

— Comment! vous avez été prisonnier de l'Olonnais, un des chefs les plus féroces de la flibuste, et vous avez réussi à vous échapper, señor? dit Fernan avec un air d'intérêt parfaitement joué. Mais c'est un miracle, cela!

— Vous dites vrai, señor, un miracle dont je suis redevable à mon saint patron.

— Peut-être, reprit Fernan, que si nous étions plus pitoyables envers ces gens, nous parviendrions à les adoucir et à diminuer la haine qu'ils ont contre nous.

— Ceci est une erreur, señor; ces gens sont indomptables, répliqua le capitaine; la vue de l'or les rend fous.

— Bien des gens leur ressemblent, hélas! murmura le chapelain.

— Bah! A quoi bon s'attendrir sur de pareils drôles, qui n'ont de l'homme que l'apparence et en réalité ne sont rien moins que des bêtes féroces? s'écria l'haciendero. A votre santé, señores, et vive l'Espagne! que nous importent ces ladrones?

— Quoi que vous en disiez, mon père, reprit assez sèchement la jeune fille, ce sont des hommes, égarés peut-être, mais ce sont des créatures de Dieu; on doit les plaindre.

— Comme il vous plaira, Niña, je ne m'y oppose pas, fit l'haciendero en ricanant.

Il remplit les verres à la ronde.

La conversation dévia alors et on parla d'autre chose.

Le capitaine Sandoval, qui se figurait faire la cour à la jeune fille en se posant en exterminateur de flibustiers, comprenant qu'il se fourvoyait et que doña Flor ne partageait nullement son opinion, jugea prudent de ne pas insister davantage sur ce sujet qu'il était seul à soutenir; d'autant plus que don Jesus Ordoñez, selon sa tactique ordinaire, lorsqu'une chose déplaisait à sa fille, menaçait de l'abandonner net.

Quant à Fernan, il paraissait assez indifférent à ce qui se disait autour de lui.

Depuis quelques minutes, il semblait plongé dans de sérieuses et profondes réflexions; il ne prêtait qu'une attention machinale aux compliments que son hôte se croyait obligé de lui décocher tant bien que mal à chaque instant.

Fernan était en proie à une émotion étrange, une opération singulière ou plutôt une révo'ution complète se faisait en ce moment dans son esprit.

A son entrée dans le réfectoire, lors de la présentation faite par don Jesus, l'aventurier avait respectueusement salué la jeune fille sans trop la regarder;

puis il s'était assis ; et comme il était jeune, bien portant, fatigué d'une longue
course, que son appétit était aiguisé par un jeûne prolongé, il s'était mis à
manger de bon appétit, avec cette insouciance innée du voyageur qui, ne se
considérant dans les lieux où il s'arrête que comme un oiseau de passage,
songe peu, en dehors des lois de la stricte politesse, aux personnes que le
hasard groupe autour de lui, qu'il quittera quelques heures plus tard, que sans
doute il ne reverra jamais.

Lorsque la conversation, en devenant générale vers la fin du repas, était
tombée sur un sujet qui l'intéressait particulièrement, puisqu'il s'agissait de
ceux qui, pour lui, étaient des frères, c'est-à-dire des boucaniers, l'aventurier
assez indifférent jusque-là à ce qui se disait autour de lui, s'était pour ainsi
dire trouvé contraint à jeter quelques mots dans cette conversation ; ce fut alors
qu'il remarqua, sans y attacher d'abord une grande importance, la sympathie
avec laquelle doña Flor parlait de ses frères d'armes, la façon généreuse dont
elle prenait leur défense devant ceux qui les attaquaient.

Il leva les yeux sur la jeune fille, leurs regards se croisèrent, le jeune
homme ressentit comme un choc électrique qui lui fit froid au cœur ; ses yeux
se baissèrent malgré lui, et il sentit le rouge lui monter au visage.

Cet homme qui cent fois avait vu la mort en face, que jusque-là aucune
émotion n'avait effleuré, douce ou terrible, tressaillit, et un frisson parcourut
tout son corps.

— Que se passe-t-il en moi? murmura-t-il. Aurais-je peur, ou cette sensation aiguë que j'éprouve serait-elle ce qu'on nomme de l'amour? Amoureux,
moi? reprit-il, métamorphosé en chevalier dameret par une petite fille igno-
rante et sauvage? Allons donc, je suis fou !

Alors il releva fièrement la tête, et, afin de constater la victoire qu'il se
figurait remporter sur lui-même, il se prit à examiner la jeune fille avec
une attention singulière, et il réussit même à lui faire baisser les yeux à son
tour.

Doña Flor avait seize ans ; elle était grande, cambrée, mince sans maigreur,
et flexible sans faiblesse ; par un contraste singulier et qui était une beauté de
plus, les deux races du Nord et du Midi, ce qui faisait le charme de cette jeune
fille, se trouvaient réunies en elle, non pas fondues, mais heurtées et parfaitement distinctes ; ses cheveux d'un blond d'épis mûrs, à la fois épais et légers.
flottant comme une vapeur dorée au moindre caprice du vent, lui formaient
comme une auréole et ombrageaient des yeux et des sourcils de velours noir;
avec la finesse de peau des femmes du Nord, elle avait la matité de teint
des femmes du Midi, ce qui lui donnait une pâleur pour ainsi dire transpa-

rente. Sa bouche petite, mais au dessin correct et aux lignes arrêtées, était à la fois chercheuse et pensive; rien ne pourrait rendre l'expression de cette physionomie étrange, qui était toute dans ces yeux noirs, je l'ai dit, mais grands, limpides et si brillants, qu'ils semblaient, en s'animant, tout éclairer autour d'eux.

L'aventurier se sentit fasciné et attiré malgré lui par cette magnifique créature, si pure, si chaste, et dont l'aspect le dominait si complètement : aussi, s'il y eut victoire, cette victoire fut de courte durée, le jeune homme s'avoua vaincu; il baissa la tête en murmurant avec un frémissement intérieur :

— Je l'aime!

Ce fut tout. Il renonça à une lutte dont il reconnut toute l'impossibilité; il se laissa aller au courant qui l'emportait, sans même se demander à quel abîme le conduirait cet amour, si singulièrement entré dans son cœur et qu'il aurait dû à tout prix en arracher.

— Bah! murmura-t-il, qui sait?

Qui sait? le grand mot en amour, car il signifie espoir !

Du reste l'amour est illogique par son essence, c'est ce qui lui donne cette force redoutable au moyen de laquelle il renverse comme en se jouant tous les obstacles.

— Señor conde, dit en ce moment l'haciendero, êtes-vous bien pressé d'arriver à Panama?

— Pourquoi cette question, s'il vous plaît, señor? répondit le jeune homme réveillé en sursaut de son rêve d'amour.

— Peut-être est-elle indiscrète? en ce cas vous me pardonnerez.

— Elle ne saurait l'être, señor; veuillez vous expliquer, je vous prie.

— Mon Dieu! la chose est bien simple; figurez-vous, señor conde, que certaines affaires m'obligent à me rendre, moi aussi, à Panama; seulement, comme mon intention, si toutefois cela ne déplait pas trop à ma fille, est qu'elle m'accompagne dans ce court voyage, qu'une dame ne fait pas un trajet comme celui dont il s'agit aussi facilement que nous autres hommes, j'ai, vous le comprenez, certaines dispositions à prendre.

— Je comprends parfaitement cela, dit Fernan avec un sourire à l'adresse de la jeune fille.

— De sorte, continua don Jesus, qu'il m'est impossible de quitter l'hacienda avant quarante-huit heures; s'il vous était possible de retarder votre départ jusque-là, nous partirions ensemble; le voyage serait ainsi doublement agréable pour nous tous; voilà ce que je désirais vous dire, señor conde; j'ajoute que je serais heureux que ma proposition vous agrée.

Fernan jeta un regard à la dérobée sur la jeune fille ; elle causait vivement à voix basse avec le père Sanchez et ne semblait aucunement entendre ce qui se disait ; l'aventurier réprima un geste de mauvaise humeur : mais son parti fut pris aussitôt.

— La proposition que vous me faites, señor, est tentante, répondit-il ; je dois me faire violence pour la refuser ; malheureusement les intérêts qui réclament ma présence à Panama sont d'une gravité telle qu'il m'est impossible de retarder mon départ.

— Je le regrette vivement, señor conde ; mais si, comme je le pense, votre séjour se prolonge à Panama, j'ai l'espoir que nous nous y verrons.

— Ce sera un grand honneur pour moi, señor, d'être reçu chez vous.

La jeune fille sourit doucement en regardant l'aventurier.

— Quelle singulière créature ! murmura le jeune homme, je ne comprends rien à ses caprices.

— Pardonnez-moi si j'insiste, señor conde, connaissez-vous Panama ?

— Je ne suis jamais venu en ce pays, señor.

— Alors vous n'avez aucune préférence pour habiter dans un endroit plutôt que dans un autre ?

— Aucune, señor.

— Et vous n'avez pris aucune mesure au sujet de votre établissement ?

— Certes.

— Eh bien ! señor conde, dit l'haciendero en se frottant les mains, j'ai à vous faire une proposition qui, j'en ai l'espoir, vous sera agréable ?

— Voyons la proposition, señor.

— Je dois d'abord vous avouer en toute humilité, reprit-il en se rengorgeant, que je suis très riche, tel que vous me voyez.

— Je vous en félicite, señor, répondit-il en s'inclinant avec une pointe d'ironie si imperceptible que don Jesus ne s'en aperçut pas.

L'haciendero continua bravement :

— Outre cette immense propriété, je possède deux maisons à Chagrès et trois à Panama même, dont une sur la plaça Mayor, en face du palais du gouverneur.

— Jusqu'à présent je ne vois pas venir la proposition que vous devez me faire, señor.

— J'y arrive, señor conde, j'y arrive, je possède donc trois maisons à Panama.

— Vous m'avez fait déjà l'honneur de me le dire.

— Fort bien ; une de ces maisons est construite presque aux portes de la

(LIV. 18)

ville, entre cour et jardin, avec une sortie sur la campagne, au moyen d'un chemin couvert qui passe sous les murs d'enceinte, et une autre sortie ou entrée, comme il vous plaira de la nommer, qui donne sur une place à peu près déserte; cette maison est seule, enfouie au milieu de massifs d'arbres, dont nul regard indiscret ne saurait percer l'épais feuillage.

— Mais c'est presque une chartreuse, dit en riant le jeune homme.

— Un vrai bijou, señor conde, pour un homme aimant le repos et la solitude; de plus on est chez soi complètement.

— C'est charmant.

— N'est-ce pas? Eh bien, si cette maison vous convient, je la mets à votre disposition pour tout le temps de votre séjour.

— Pardon! si elle est telle que vous me la dépeignez, elle me conviendra sans doute; à moins cependant que ce ne soit une jolie bonbonnière, trop petite pour un établissement assez considérable comme doit être le mien; car je ne vous cache pas, señor, que j'ai l'intention de m'installer d'une manière en rapport avec le nom que je porte et le rang que je dois tenir.

— Que cela ne vous inquiète pas, señor, la maison est grande et parfaitement disposée, les appartements sont vastes, les pièces nombreuses; de plus, les communs peuvent loger dix et même quinze domestiques au besoin.

— Oh! je n'en aurai pas autant; je ne suis pas aussi riche que vous, señor.

— Peut-être, mais cela importe peu; de plus, il y a des corrales pour les chevaux, et au sommet de la maison un mirador d'où l'on voit, d'un côté, la vaste étendue de l'Océan Pacifique, et de l'autre, la campagne à une grande distance: eh bien, que pensez-vous de ma proposition?

— Eh mais, je trouve qu'elle est charmante, et que si cette maison était meublée...

— Mais elle est meublée, señor conde, complètement, du haut en bas; le mobilier a été renouvelé il y a six mois à peine.

— Ah! pour cette fois, s'écria-t-il en riant, votre offre me séduit fort, je l'avoue.

— J'en étais sûr!

— Et si le prix...

— Quel prix, señor conde?

— Le prix de location. Supposez-vous que je consentirais à occuper ainsi votre maison?

— Pourquoi pas, señor conde? Ne vous ai-je pas dit que je suis très riche?

— Oui, et moi je vous ai répondu que je ne l'étais pas autant que vous;

cependant, señor, je vous ferai observer que, quelle que soit ma fortune, je tiens avant tout à être chez moi et à vivre à ma guise.

— Qui vous en empêche?

— Vous-même, señor.

— Je ne vous comprends pas, señor conde.

— C'est cependant bien clair, señor; je ne puis être réellement chez moi dans une maison qu'à deux conditions.

— Lesquelles, señor conde?

— L'acheter ou la louer.

— Mais je ne veux pas vendre ma maison, moi!

— Très bien, louez-la-moi, alors?

— Quelle folie! je serais si heureux de vous être agréable!

— Vous me serez bien plus agréable en me la louant.

— Alors vous ne voulez rien me devoir?

— Rien, señor; je ne suis pas assez riche pour avoir des dettes, ajouta-t-il en souriant; j'en ai déjà contracté une envers vous en acceptant votre gracieuse hospitalité; tenons-nous-en là.

— Quel homme singulier vous êtes, señor conde!

— Vous trouvez, señor? Peut-être avez-vous raison; je suis forcé de vous déclarer que vous me louerez votre charmante maison ou que j'irai habiter ailleurs, où je serai beaucoup plus mal sans doute, mais où au moins je serai chez moi.

— C'est une détermination irrévocable?

— Irrévocable! vous l'avez dit, señor.

— Eh bien! soit, j'accepte.

— A la bonne heure, vous me comblez; il ne s'agit plus que de régler le prix de la location.

— Que cela ne vous inquiète pas, señor conde.

— Pardon! señor, cela m'inquiète beaucoup au contraire.

— Bah! nous nous arrangerons toujours.

— Mieux vaut nous arranger de suite, señor, afin de n'avoir plus tard de regrets ni l'un ni l'autre.

— Vous êtes un homme terrible.

— Parce que je tiens à faire les affaires comme elles doivent être faites?

— Non, mais parce qu'il faut vous céder en tout.

— Vous allez trop loin, señor, je n'exige qu'une chose juste, il me semble.

— C'est vrai, señor conde, j'ai tort, pardonnez-moi.

— Je ne vous pardonnerai qu'à une condition.

— Bon, et quelle est-elle?

— Faites-moi connaître le prix que vous désirez pour la location de votre maison.

— Encore?

— Toujours; ou bien dites-moi franchement que vous ne voulez pas me la louer, et n'en parlons plus.

— Enfin, puisque vous l'exigez, vous me paierez mille piastres par an : est-ce trop?

— C'est raisonnable, señor; va pour mille piastres.

— Maintenant tout est terminé.

— Pas encore.

— Comment cela?

— Attendez un instant, de grâce!

Fernan retira un portefeuille à fermoir d'or d'une poche de son pourpoint, chercha un instant parmi plusieurs papiers, en prit un, et le présentant à l'haciendero :

— Connaissez-vous à Panama, dit-il, la maison Gutierrez, Esquiroz et compagnie?

— Certes, señor conde, c'est la première maison de banque de la ville.

— Je suis heureux de ce que vous me dites là : voici un bon de mille piastres sur cette maison que vous ne refuserez pas alors; ce bon est à vue, ainsi que vous pouvez vous en assurer.

— Oh! señor conde! s'écria l'haciendero, auquel un simple coup d'œil avait suffi pour reconnaître la validité du titre, je suis si bien convaincu qu'il est excellent, que je l'accepte les yeux fermés.

— Voilà donc qui est entendu. Veuillez me donner un reçu de ces mille piastres, y joindre l'adresse de la maison, qui maintenant est la mienne, ajouter un mot pour le gardien de la dite maison, et tout sera terminé.

Sur un signe de son maître, le mayordomo était sorti. Presque immédiatement il rentra, portant tout ce qu'il fallait pour écrire.

— Comment, comme cela tout de suite, dans cette salle, sans respirer? dit en riant l'haciendero.

— Si cela ne vous contrarie pas, señor, je vous serai obligé d'y consentir. je dois partir demain au lever du soleil.

— C'est juste, señor conde.

Il écrivit alors le reçu qu'il remit au jeune homme; celui-ci le renferma dans son portefeuille après l'avoir lu.

— Quant à l'adresse de la maison, continua l'haciendero, elle se nomme la *Casa Florida;* votre guide indien vous y conduira les yeux fermés. Mon mayordomo vous portera les clefs ce soir même ; la maison n'a pas de gardien.

— Voici les clefs, dit le mayordomo en présentant un énorme trousseau au jeune homme, qui le remit à Michel, je les avais apportées avec moi.

— Merci! maintenant, señor, il ne me reste plus qu'à vous adresser mes sincères remerciements pour votre gracieuse hospitalité et votre courtoisie.

— Señor conde, répliqua l'haciendero en s'inclinant, soyez convaincu que je suis heureux d'avoir trouvé l'occasion de vous être agréable. Me permettrez-vous de vous faire visite dans votre demeure?

— C'est moi, señor, qui aurai l'honneur de me présenter chez vous aussitôt votre arrivée à Panama.

— Tout le monde vous indiquera ma demeure.

— De mon côté, señor conde, dit le capitaine, je me mets à votre disposition pour visiter le port, la ville et même mon navire, à bord duquel je serai heureux de vous recevoir.

— J'accepte de grand cœur votre invitation, capitaine; j'en profiterai avec plaisir.

— Ainsi vous partez définitivement?

— Au lever du soleil, oui, il le faut; je prendrai même, si vous me le permettez, congé de vous, à l'instant même, car je vous avoue que je suis brisé de fatigue.

Le père Sanchez prononça les grâces, et on se leva de table.

Le jeune homme prit alors congé de ses hôtes et se retira après avoir échangé avec doña Flor un sourire d'une expression singulière.

Arrivé à la porte, Fernan se retourna; la jeune fille, un doigt posé sur ses lèvres, le regardait en souriant.

— Que veut-elle me dire? murmura-t-il.

Il sortit alors, précédé du mayordomo qui l'éclairait et suivi de Michel et de l'haciendero.

Don Jesus s'obstinait à conduire lui-même don Fernan jusqu'à sa chambre à coucher, afin de s'assurer que rien ne manquait à son hôte.

Le jeune homme fut contraint de céder à ce caprice, qu'il attribuait intérieurement à un excès de courtoisie.

Le mayordomo ouvrit plusieurs portes, traversa plusieurs salles et, finalement, il introduisit les étrangers dans une pièce qui n'était pas celle où ils avaient été conduits la première fois.

Cette pièce, vaste et éclairée par trois fenêtres de style ogival et dont le

(LIV. 19)

plafond était en forme de dôme, était entièrement tendue de tapisseries de haute lisse; son ameublement, tout en chêne noirci par les années et curieusement sculpté, était du meilleur temps de la Renaissance et avait été apporté d'Europe; le lit, placé sur une estrade et auquel on arrivait par un escalier de trois marches, était enveloppé d'épais rideaux.

A la tête du lit, s'ouvrait une porte donnant sur un cabinet de toilette dans lequel on avait dressé un lit pour Michel.

Les bagages des voyageurs, c'est-à-dire leurs valises, étaient déposés sur des meubles.

Sur une petite table, placée au chevet du lit, se trouvait une veilleuse allumée auprès d'un vase plein d'une liqueur fortifiante qu'à cette époque on était accoutumé de boire en se couchant et que pour cela on nommait le coup du soir.

Des cires brûlaient dans des candélabres posés sur des piédouches, et une bible était ouverte sur un prie-dieu surmonté d'un christ en ivoire jauni.

L'haciendero jeta un regard satisfait autour de la pièce.

— Je crois que tout est en ordre, dit-il en se frottant les mains.

— Je ne sais comment vous remercier de tant d'attentions, répondit le jeune homme.

— Je ne fais qu'accomplir les devoirs de l'hospitalité; d'ailleurs, ajouta-t-il avec intention, si vous croyez m'avoir quelques obligations. eh bien, c'est un compte que nous réglerons plus tard; maintenant que je sais que rien ne vous manque, que mes ordres ont été exécutés, je vous laisse et je vous souhaite une bonne nuit et surtout un bon voyage, car il est probable que je n'aurai pas l'honneur de vous revoir avant votre départ.

— Je le crains, je suis forcé de me mettre en route au lever du soleil.

— Alors, adieu, c'est-à-dire non, au revoir, à la Ciudad, et bonne nuit encore une fois, dormez bien et réveillez-vous demain frais et dispos; c'est, je crois, le meilleur souhait que je puisse vous faire.

— Souhait facile à accomplir et dont je vous remercie sincèrement. répondit en souriant le jeune homme.

— Qui sait? souvent on se couche croyant dormir, et l'insomnie veille toute la nuit au chevet : aussi, pour plus de précaution, je vous recommande cette potion préparée sur cette table, c'est un spécifique admirable contre la veille.

— Je n'oublierai pas vos recommandations, bonsoir et encore une fois merci!

Les deux hommes se serrèrent la main, puis l'haciendero sortit, précédé du mayordomo.

— Que le diable l'emporte, dit Michel en fermant la porte et poussant les verrous, j'ai cru un instant qu'il resterait ici jusqu'à demain! Enfin, nous en voilà débarrassés, ce n'est pas malheureux.

— Je ne suis pas fâché qu'il soit parti, répondit Fernan; il commençait singulièrement à m'agacer les nerfs; je ne sais pourquoi, mais il me semblait que ses obséquiosités étaient feintes et cachaient quelque sombre projet que je ne puis m'expliquer.

— La vérité est que cet homme a une véritable face de coquin.

— N'est-ce pas ?

— Il ressemble comme deux gouttes d'eau à un portrait de Judas Iscariote, que je me rappelle avoir vu dans mon enfance, je ne sais où : bah ! nous prendrons nos précautions, voilà tout.

— Des précautions sont toujours bonnes à prendre, dit Fernan en plaçant son épée nue au chevet de son lit et ses pistolets sous l'oreiller.

— Maintenant, monsieur le comte, visitons la chambre.

— Soit.

Ils s'armèrent de flambeaux, soulevèrent les tapisseries et sondèrent les murailles.

Ils ne découvrirent rien de suspect.

— Je crois que nous pourrons dormir tranquilles, dit le jeune homme.

— Moi aussi! A propos, monsieur le comte, savez-vous que la location de cette maison est un coup de maître, et que vous avez fort habilement mené l'affaire.

— Oui, le bonhomme est rusé, mais il affaire à plus fin que lui; nous ne pouvions trouver une habitation plus convenable.

— C'est un vrai coup du ciel; ah çà! et nos pauvres camarades, les laisserons-nous pendre par les *gavachos*.

— Non, vive Dieu! si nous pouvons l'empêcher, d'autant plus que c'est pour nous venir en aide qu'ils sont tombés dans ce traquenard.

— C'est vrai; mais dans deux jours nous serons à Panama, et les gavachos seront bien fins si nous ne leur tirons pas nos amis des griffes.

— Et le capitaine, comment le trouves-tu, mon vieux Michel?

— C'est un charmant garçon, répondit le boucanier en ricanant : mais si jamais, ce que j'espère, je mets le pied à bord de sa corvette, je lui apprendrai de quoi sont capables ces ladrones qu'il méprise si fort.

— Bon, c'est un plaisir que je te donnerai bientôt.

— Bien vrai, monsieur le comte? s'écria-t-il joyeusement.

— Je t'en donne ma parole; mais chut! ne parle pas si haut, on pourrait nous entendre.

— Bon, ils dorment tous...

— Et nous ne ferons pas mal d'en faire autant; bonsoir Miguel.

— Bonsoir, monsieur le comte.

— Tiens, emporte cette potion et bois-la.

— Vous n'en voulez donc pas?

— Non, je n'ai pas soif.

— Moi, j'ai toujours soif. Bonsoir, monsieur le comte, je laisse la porte du cabinet ouverte.

— C'est cela, on ne sait pas ce qui peut arriver.

Le jeune homme se coucha; Miguel sortit après avoir éteint les lumières.

La chambre ne fut plus éclairée que par la lueur tremblotante de la veilleuse.

Miguel tourna pendant quelque temps dans le cabinet, puis le silence se fit; au bout d'un quart d'heure, Fernan entendit son compagnon ronfler comme un tuyau d'orgue; le boucanier dormait à poings fermés.

V

Quelle singulière nuit don Fernan passa dans l'hacienda del Rayo

Don Fernan ne dormait pas, bien au contraire; jamais il ne s'était senti moins de dispositions au sommeil; les yeux clos, afin de mieux concentrer sa pensée en lui-même en s'isolant des objets extérieurs, il faisait, tout éveillé, les rêves les plus charmants, et se laissait bercer par les plus séduisantes chimères.

Il reconstruisait lentement dans son esprit les divers événements futiles en apparence qui avaient eu lieu pendant le souper et qui, pour tout autre que pour lui, étaient passés inaperçus; cette entente qui s'était tout à coup établie entre la jeune fille et lui; le dialogue muet de ces deux cœurs qui, quelques

Debout! s'écria le guide d'une voix stridente.

heures auparavant, ignoraient l'existence l'un de l'autre et s'étaient soudain
entendus et compris d'un regard et d'un sourire; cet amour profond,
passionné qui, comme un choc électrique, avait pénétré par les yeux pour
brûler le cœur, en allumant soudain cette étincelle divine qu'il cache dans
ses replis les plus secrets; cette alliance contractée devant tous si franchement et si sincèrement; tous ces faits réunis, groupés dans le cerveau exalté
du jeune homme, et dont à peine il avait la conscience, bouleversaient com-

plètement sa pensée et lui faisaient entrevoir comme à travers un prisme enchanteur des horizons de bonheur et de volupté inexprimables.

Comment cela était-il arrivé? Il l'ignorait et ne cherchait même pas à le savoir; la seule chose dont il avait la conviction, c'était qu'il était impossible d'être plus certain de l'amour d'une femme qu'il ne l'était de celui de doña Flor; cependant, s'il eût confié à quelqu'un son secret et qu'on lui eût demandé sur quelle preuve reposait cette certitude, il lui eût été complètement impossible non pas de l'expliquer, mais seulement de le dire.

Il sentait ses pensées s'agrandir avec son amour; le but qu'il s'était proposé jusque-là lui semblait bien misérable en comparaison de celui que la passion lui révélait et des horizons lumineux qui s'ouvraient peu à peu devant lui.

Cependant la nuit s'avançait, la fatigue commençait à prendre le dessus; le jeune homme sentait ses paupières s'alourdir; ses pensées devenaient moins lucides, elles lui échappaient sans qu'il parvint à les coordonner d'une manière logique; il était enfin dans cet état qui n'est déjà plus la veille sans être encore le sommeil; il n'allait pas tarder à s'endormir tout à fait.

Tout à coup, au milieu de l'anéantissement dans lequel il était plongé, il tressaillit brusquement, bondit sur lui-même, ouvrit les yeux et regarda.

La chambre était plongée dans une obscurité presque complète, la veilleuse s'était éteinte, un rayon de lune filtrant à travers les vitraux traçait une large bande d'un blanc bleuâtre sur le parquet.

Le jeune homme avait cru entendre résonner à son oreille un bruit sec ressemblant à celui d'un ressort trop tendu et qui s'échappe.

Ce fut en vain que Fernan essaya de sonder les ténèbres, il ne vit rien; il prêta l'oreille, il n'entendit rien que les ronflements sourds de son compagnon.

— Je me serai trompé, murmura-t-il, cependant j'avais bien cru entendre.

Il glissa la main sous son chevet et prit ses pistolets, puis il saisit son épée, et bondit brusquement au milieu de la chambre.

Au même instant, sans qu'il vit ni n'entendit rien, il fut saisi à la fois par les bras et par les jambes, renversé sur le sol et, malgré une résistance désespérée, désarmé et mis dans l'impossibilité de faire un mouvement.

— Trahison! cria-t-il d'une voix rauque, à moi Michel, à moi! trahison, frère!

— A quoi bon appeler celui qui ne peut répondre? murmura une voix douce et mélodieuse à son oreille : votre compagnon ne s'éveillera pas.

— C'est ce que nous allons voir, reprit-il avec rage en criant de nouveau.

— On ne vous veut pas de mal, reprit la voix, qui malgré lui le faisait tressaillir, car il croyait la reconnaître; vous êtes en notre pouvoir; rien ne nous serait plus facile que de vous égorger, si nous en avions l'intention.

— C'est vrai, grommela-t-il avec conviction, maudit soit le démon qui m'a poussé dans cette demeure!

Un rire cristallin lui répondit.

— Raillez, raillez, reprit-il d'un ton bourru, vous êtes les plus forts.

— Vous le reconnaissez?

— Pardieu! je le sens assez, vos ongles et vos doigts m'entrent dans les chairs.

— Gaston, reprit doucement la voix, donnez votre parole de gentilhomme de ne pas essayer de savoir qui nous sommes, de ne pas tenter plus longtemps une résistance impossible, et à l'instant vous serez libre.

— Pourquoi m'appelez-vous de ce nom que j'ai oublié moi-même? reprit-il avec colère.

— Parce que ce nom est le vôtre : consentez-vous à faire le serment qu'on vous demande?

— Il le faut bien.

— Alors, donnez votre parole.

— Sur ma foi de gentilhomme.

— Relevez-vous, dit doucement la voix.

Fernan ne se fit pas répéter l'invitation, en une seconde il fut debout.

Il s'approcha à tâtons de son lit, prit ses vêtements déposés sur un siège et s'habilla.

Le plus grand silence continuait à régner dans la chambre.

— Maintenant que vous êtes vêtu, dit la voix qui seule avait parlé jusqu'à ce moment, replacez-vous sur votre lit et ne bougez pas, il y va de votre vie.

— Mais qui êtes-vous ?

— Que vous importe? obéissez !

— Pas avant de savoir qui vous êtes, au nom du diable !

— Des amis.

— Hum! des amis qui ont de singulières façons.

— Ne jugez pas témérairement ce que vous ne pouvez comprendre.

— Allons, soit! fit-il, je ne suis pas fâché, après tout, de savoir à quoi m'en tenir sur tout cela.

— Bien! vous êtes brave.

— Le beau miracle! au rude métier que je fais, grommela-t-il.

Il s'étendit sur le lit.

Au même instant il éprouva une légère secousse, il lui sembla que le lit s'enfonçait dans le parquet.

— Tiens, tiens, tiens ! fit-il à part lui, il me semble que ce digne don Jesus Ordoñez, etc., ne connaît que la moitié de sa propriété et qu'il ne l'occupe pas seul.

Toute sa gaieté lui était revenue ; son cœur de lion n'avait pas une seconde tressailli dans sa poitrine ; la peur lui était inconnue ; sa curiosité était vivement excitée : qui étaient ces gens qui semblaient connaître jusqu'à ses secrets les plus cachés ? Dans quel but jouaient-ils avec lui cette scène de fantasmagorie, bonne tout au plus, pensait-il, à effrayer des enfants ? Que voulaient-ils de lui ?

Toutes ces pensées que se croisaient dans son cerveau, il les résuma par un seul mot.

— Attendons, dit-il.

Cependant le lit descendait toujours par un mouvement lent et régulier : enfin il reprit son immobilité ; il avait touché le sol.

Fernan voulut se lever.

Une main se posa sur son épaule.

— Restez où vous êtes, dit une voix rude.

— Ah ! ah ! j'ai changé d'interlocuteur, à ce qu'il paraît, reprit-il : resterai-je couché ou assis ?

— Comme il vous plaira.

Le jeune homme s'assit sur son séant, croisa les bras sur sa poitrine et attendit.

Une lueur verdâtre éclairait de reflets fantastiques l'endroit où se trouvait Fernan et lui permettait de distinguer, bien que faiblement et d'une manière indécise, les contours noirs de plusieurs individus : spectres, hommes ou démons, revêtus de longues robes noires qui les enveloppaient entièrement, et dont les yeux brillaient comme des charbons ardents à travers les trous des cagoules rabattues sur leurs visages.

Il y eut un instant de silence si profond, qu'on aurait presque pu entendre battre le cœur de tous ces individus dans leur poitrine, en admettant qu'ils fussent des êtres de chair et d'os.

Fernan ne songeait guère à cela : il attendait froid, hautain, le regard plein d'éclairs.

Enfin, la voix douce, qui déjà avait retenti à son oreille dans sa chambre à coucher se fit entendre de nouveau.

— Gaston, duc de...

— Ne prononcez pas d'autre nom ici que celui porté maintenant par cet homme! interrompit la voix rude.

— Bien parlé, cordieu! s'écria gaiement le jeune homme : qu'importent ces noms et ces titres! Le personnage que vous avez nommé est mort depuis longtemps, mort de désespoir, de honte et de rage impuissante, ajouta-t-il avec un mouvement de rage ; puis, après une seconde, il reprit avec amertume : L'homme qui est devant vous porte un nom et des titres qui sont assez connus, il me semble, parmi ses ennemis et ses amis, s'il lui en reste encore.

— Vous avez raison, reprit la voix douce avec un accent d'ineffable tristesse : c'est donc au capitaine Laurent, au célèbre boucanier, à l'émule de Montbarts, de Ourson, de Barthélemy et de tous les héros de la flibuste, que je m'adresserai seulement.

— Hum! vous me connaissez un peu plus qu'il ne convient à ma sûreté personnelle, vous que moi je connais si peu.

— Peut-être, cela dépendra de la franchise avec laquelle vous répondrez aux questions que nous vous adresserons.

— Voyons ces questions : si elles ne se rapportent qu'à moi, je ne ferai aucune difficulté de vous répondre, mais si elles doivent compromettre d'autres personnes, dussiez-vous me faire écarteler ou écorcher vif, je ne dirai pas un mot; vous voilà prévenus; maintenant faites ce que vous voudrez.

— Ces questions n'auront trait qu'à vous et à vos affaires personnelles.

— Alors, parlez.

— Il y a deux mois, à la Jamaïque, où vous vous trouviez alors en relâche, avec le bâtiment que vous commandiez, dans une taverne, un individu auquel vous aviez rendu un service vous a averti que le gouvernement anglais avait résolu de s'emparer de votre personne et de confisquer votre navire.

— C'est vrai, mais j'ai appareillé le soir même et je suis retourné à Leogane, après avoir amariné une caravelle anglaise en représailles de la trahison dont j'avais failli être victime.

— En posant le pied sur le débarcadère de Leogane, un homme que vous ne connaissiez pas et qui vous attendait vous a pris à part, et après vous avoir montré un signe qui vous a fait tressaillir, a eu une longue conversation avec vous.

— C'est parfaitement exact.

— Quel était ce signe?

— Vous devez le connaître, puisque vous êtes si bien instruit.

— Ce signe était une bague dont le chaton représentait une tête de mort avec deux poignards en croix au-dessous, avec ce mot anglais tracé avec de la poussière de diamants : *Remember.*

— Ce que vous dites est encore exact.

— Huit jours plus tard, au port Margot, les principaux chefs de la flibuste se sont réunis, sous la présidence de Montbarts, en assemblée secrète ; là vous avez fait une proposition qui a été acceptée à l'unanimité, après, cependant, une longue discussion, dans laquelle vous êtes parvenu à convaincre tous vos amis. Quelle était cette proposition ?

— A cela je ne puis répondre, cette affaire ne me regarde pas seul.

— Soit. Le lendemain, vous avez mis à la voile ; arrivé en vue de Chagrès, vous êtes descendu dans une pirogue avec un capitaine flibustier, votre ami, nommé Michel le Basque, et un Indien ; puis vous avez débarqué sur une plage déserte, et, après avoir coulé la pirogue, vous avez entrepris de franchir l'isthme de Panama par terre, et, finalement, vous êtes aujourd'hui, vers deux heures de l'après-dîner, arrivé ici.

— Je n'ai pas un mot à dire ; vous connaissez mes affaires aussi bien que moi.

— Pas tout à fait, nous connaissons un des motifs qui vous ont engagé dans cette périlleuse aventure, nous ignorons l'autre.

— Je ne vous comprends pas.

— Au contraire, vous me comprenez fort bien ; votre principal motif, celui pour lequel vous jouez votre rôle en ce moment, est celui-ci : l'accomplissement d'une vengeance.

— Soit ! dit-il en serrant les dents avec colère.

— Maintenant nous voulons connaître votre second motif.

— Quand à celui-là, s'il existe. ce n'est pas par moi que vous le saurez.

— Vous refusez de le dire ?

— Je refuse ; je ne me suis engagé qu'à répondre pour moi ; j'ai tenu loyalement ma promesse, insister davantage serait inutile, vous n'obtiendrez rien ; puisque vous possédez des espions si subtils, que vous avez des relations si étendues, mettez votre monde en campagne, cherchez ; peut-être découvrirez-vous ce secret que vous tenez tant à savoir.

Il y eut un silence assez long pendant lequel Fernan essaya vainement d'entendre un bruit quelconque ou d'apercevoir une lueur qui lui permit de donner une consistance logique aux soupçons qui germaient dans son esprit ; mais tous ses efforts furent inutiles, il ne put parvenir à rien voir ni à rien entendre.

— Oh ! murmura-t-il à part lui, si j'avais une arme !

Une main se posa moelleusement sur son épaule et une voix faible comme un souffle dit à son oreille :

— Qu'en feriez-vous ?

— Ce que j'en ferais, vive Dieu ! J'éventrerais deux ou trois de ces drôles qui me tiennent comme un oison au perchoir, et je me tuerais après.

— Vous tuer ! reprit la voix avec un accent d'indicible tristesse : vous êtes donc seul sur terre ? vous n'aimez personne, sans doute, et, ajouta-t-elle avec une certaine hésitation, personne ne vous aime ?

— J'aime et je suis aimé, répondit-il nettement.

— Qu'en savez-vous ? reprit la voix avec hauteur.

— Mon cœur me l'a dit, et le cœur ne trompe pas.

— Et celle que vous aimez ? reprit câlinement la voix.

— Je ne lui ai jamais parlé ; il y a deux heures je ne la connaissais pas.

— Et elle vous aime ?

— J'en suis sûr.

Un frémissement fébrile agita la main toujours posée sur l'épaule de l'aventurier.

— Qu'en savez-vous ?

— Nos cœurs se sont fondus dans un regard.

— Écoutez, reprit précipitamment la douce voix, le temps presse, ne le perdons pas en paroles ; prenez cette bague ; lorsqu'on vous présentera ce signe, quel que soit l'individu qui vous le montre, n'hésitez pas, accourez.

— Je le ferai, certes, à moins de tomber mort sur la place, répondit-il en pliant le doigt, de peur que la bague ne lui échappât.

— Pourquoi parler de mort ? reprit la voix avec un accent de tendresse ineffable ; parlez de bonheur, au contraire, puisque vous êtes aimé... dites-vous...

— Oh ! s'écria-t-il, c'est vous, Flor, ma Flor bien-aimée ! Oh oui ! oui, je vous aime !

— Silence, malheureux ! s'écria-t-elle avec terreur ; si l'on vous entendait, vous seriez perdu.

— Et que m'importe, maintenant que je suis certain de ton amour !

La petite et mignonne main se posa précipitamment sur ses lèvres ! l'aventurier la couvrit de baisers passionnés.

— Chut ! murmura la voix à son oreille, et cela de si près, qu'il sentit, avec un ravissement extrême, le contact des deux lèvres fraîches sur son visage.

Il se tut ; peu lui importait maintenant ce qui arriverait. Il avait dans son cœur du bonheur pour une éternité de tourments.

— Monsieur, dit une voix grave et triste que l'aventurier n'avait pas encore entendue, êtes-vous prêt à nous entendre et à nous répondre ?

— Je suis prêt à l'un comme à l'autre, monsieur ; parlez, je vous écoute.

— Monsieur, nous avons compris et apprécié, continua la voix, le sentiment d'honneur qui vous fermait la bouche quand nous vous avons interrogé ; nous ne voulons pas insister sur ce point et vous pousser à forfaire à votre honneur en manquant à la parole que vous avez sans doute donnée...

— Quant à cela, monsieur, interrompit l'aventurier avec un ricanement railleur, vous pouvez avoir l'esprit en repos : je vous mets au défi de me faire manquer à ma parole.

— Nous ne discutons pas ce point, monsieur, répondit la voix avec un accent de dépit : il est donc inutile, et j'ajoute qu'il serait presque de mauvais goût d'appuyer davantage là-dessus.

— Soit, monsieur, je me tais.

— Nous vous l'avons dit, reprit la voix, nous verrons non seulement avec plaisir, mais encore avec un vif intérêt, le succès du premier des motifs qui vous ont attiré en ce pays ; j'ajoute que, bien qu'invisibles, inconnus de vous et de vos ennemis, que vous ne connaissez pas, mais que nous connaissons, nous, quoi qu'il arrive, nous vous aiderons de tout notre pouvoir.

— Je vous remercie d'autant plus, monsieur, vous et vos amis, que d'après ce que j'ai été à même d'en juger, ce pouvoir doit être grand ; mais, sur Dieu ! je vous le jure ! en ce cas, quoi qu'il arrive, ainsi que vous-même l'avez dit, je ne me montrerai pas ingrat du secours que j'aurai reçu de vous.

— Nous enregistrons votre parole, monsieur, et nous vous la rappellerons au besoin.

— Quand il vous plaira, de nuit comme de jour, le matin ou le soir, aux champs ou à la ville, je serai prêt à acquitter envers vous la dette que j'aurai contractée.

— C'est bien, monsieur, tout est dit sur ce sujet ; quant au secret que vous vous obstinez à ne pas nous révéler, nous le découvrirons.

— Peut-être, fit-il en raillant.

— Nous le découvrirons ; seulement, souvenez-vous bien de ceci : pour cette affaire, quelle qu'elle soit, nous ne vous connaissons plus, et nous agirons en conséquence.

— C'est-à-dire ?..

— C'est-à-dire que nous ne sacrifierons pas nos intérêts aux vôtres; que nous agirons à notre point de vue personnel, sans nous soucier en quoi que ce soit de celui auquel vous vous serez placé; dussions-nous, au moment du succès, renverser de fond en comble votre travail et mettre à néant vos combinaisons, si habiles qu'elles soient.

— J'accepte ces conditions un peu dures, monsieur : chacun pour soi, telle est la loi fatale à laquelle tous les hommes obéissent.

— Vous avez bien réfléchi?

— Oui.

— Vous ne voulez point parler?

— Moins que jamais; j'aurais l'air de céder à une menace.

— Oh! monsieur! réfléchissez encore.

— Je ne reviens jamais sur une détermination prise.

— Soit, que votre volonté soit donc faite, monsieur, et que Dieu juge entre nous.

— Mais nous restons amis, je l'espère?

— Oui, pour ce que je vous ai dit et jusqu'où je vous ai dit.

— Et pour le reste?

— Ennemis mortels, répondit d'une voix sourde le sombre interlocuteur.

— Eh bien! monsieur, Dieu jugera entre nous, ainsi que vous l'avez dit vous-même.

Au même instant, Fernan ou le capitaine Laurent, ainsi qu'il plaira au lecteur de le nommer, sentit qu'on lui appuyait quelque chose de mouillé sur le visage; il voulut se récrier, la parole expira sur ses lèvres et il tomba privé de sentiment sur le lit.

Plusieurs coups rudement frappés retentirent avec un bruit de tonnerre sur la porte de la chambre à coucher occupée par les voyageurs.

Rien ne bougea.

Au bout de quelques secondes, le vacarme recommença de plus belle, mais dans des proportions telles qu'en supposant que ce roulement continuât ainsi pendant seulement cinq minutes, la porte serait tombée en éclats.

Michel le Basque entr'ouvrit un œil et se retourna sur son lit.

— Je crois qu'on a frappé, grommela-t-il; au diable l'importun! je dormais si bien! aaoooh! ajouta-t-il en s'étirant et en bâillant à se démettre la mâchoire.

Le tapage recommença.

— Décidément on a frappé, reprit Michel, et tout en grognant il se leva en recommençant à bâiller et s'étirer; c'est drôle, marmotta-t-il entre ses dents, j'ai cependant dormi comme une souche] dix heures durant ; eh ! Dieu me pardonne ! j'ai autant sommeil que si je n'avais pas fermé l'œil.

— Eh ! là-dedans, cria-t-on du dehors, êtes-vous morts ou vivants ?

— Cordieu ! on y va, un peu de patience, nous sommes vivants, et bien vivants, je l'espère.

Et tout en chancelant, en titubant et en bâillant, il poussa les verrous et ouvrit la porte ; le guide entra.

— Voilà, dit-il, vous êtes diablement pressé, mon camarade.

— Il est cinq heures passées, répondit José, nous devrions être partis depuis longtemps déjà.

— Cinq heures ? reprit Michel ; comme le temps passe, mon Dieu !

— Où est don Fernan ?

— Dans son lit ; où voulez-vous qu'il soit ?

— Et il dort ?

— Je le suppose.

— Voyons.

Ils s'approchèrent du lit.

En effet, don Fernan dormait comme s'il n'eût jamais dû se réveiller.

— Allons, dit José, éveillez-le.

— C'est dommage, il dort si bien !

Cependant il le secoua par le bras.

Fernan ouvrit les yeux.

— Quoi encore ? s'écria-t-il en se dressant subitement d'un air de menace.

— Comment, quoi encore ? s'écria Michel scandalisé ; à qui en avez-vous. monsieur le comte, et quelle mouche vous a piqué de nous recevoir ainsi ?

Le jeune homme passa la main sur son front.

— Pardonnez-moi, dit-il en souriant, j'ai fait un mauvais rêve.

— Ah ! alors, il n'y a pas d'offense, dit paisiblement Michel.

— Oui, reprit-il.

Mais tout à coup ses regards tombèrent sur une bague qu'il avait au petit doigt et sur le chaton de laquelle se trouvait une fleur en diamant.

— Eh non ! s'écria-t-il, je n'ai pas rêvé ; tout est vrai, j'ai bien réellement assisté à cette scène étrange.

Et il sauta à bas du lit.

— Il devient fou, s'écria Michel, quel malheur !

— Ah ! tu dors bien ! lui dit Fernan avec ironie.

— Moi ! oui, assez bien, je vous remercie.

— Je m'en suis aperçu cette nuit.

— Vous m'avez appelé?

— Plusieurs fois.

— Et je n'ai pas répondu?

— Par tes ronflements, oui, mais pas autrement.

Michel sembla réfléchir.

— Tout cela n'est pas naturel, dit-il au bout d'un instant. Je ne sais pas ce qu'il y avait dans la boisson que j'ai bue hier au soir, mais à peine l'avais-je avalée que je suis tombé comme un plomb, pour ne me réveiller que ce matin, et encore grâce à José.

— C'est vrai, dit celui-ci, et j'ai frappé assez longtemps avant de parvenir à me faire entendre.

— Oui, oui, il y a dans tout cela un mystère que je veux découvrir, murmura le jeune homme.

— Ah çà! vous vous êtes donc couché tout habillé cette nuit? reprit Michel, je croyais bien cependant vous avoir aidé, hier, à quitter vos vêtements.

Fernan tressaillit; la mémoire lui revenait; sans prononcer une parole il alla pousser les verrous de la porte, et, revenant auprès des deux hommes :

— Aidez-moi à ôter ce lit, dit-il.

— Pourquoi faire? demanda Michel.

— Obéis !

Les trois hommes soulevèrent le lit, et, après plusieurs efforts, ils réussirent enfin à l'enlever et à le placer au milieu de la chambre.

— A l'estrade, maintenant.

Ce travail fut plus facile, l'estrade fut simplement poussée, elle n'adhérait pas au parquet.

— C'est étrange! murmura José : que s'est-il donc passé ici ?

Lorsque l'emplacement occupé par le lit fut complètement débarrassé :

— Mes amis, dit Fernan, il s'agit maintenant de chercher si nous ne découvrirons pas une solution de continuité sur le parquet.

— Ah! ah! je comprends, murmura le guide; en effet, c'est possible.

Et s'adressant au jeune homme :

— Que s'est-il donc passé? lui demanda-t-il avec intérêt.

— Des choses inouïes, répondit celui-ci d'une voix saccadée, hâtons-nous: je vous dirai cela plus tard; on peut nous surprendre.

Les trois hommes s'agenouillèrent alors sur le parquet; leurs recherches furent obstinées, minutieuses; elles durèrent plus d'une demi-heure; le parquet était ou paraissait être intact.

Ils ne découvrirent rien et se relevèrent enfin avec découragement.

— C'est étrange, murmura le jeune homme; cependant je n'ai pas rêvé, cette bague, ajouta-t-il en la baisant avec passion, cette bague est une preuve irrécusable de la réalité de cette scène. Où suis-je donc ici? s'écria-t-il avec colère.

— Dans une maison maudite : ne vous avais-je pas averti? répondit le guide d'une voix sourde.

— C'est vrai, cette maison est maudite! hâtons-nous de la quitter. Qui sait quelle catastrophe pourrait nous atteindre encore, si nous y restions plus longtemps?

— Partons; je ne demande pas mieux, dit Miguel, contre les hommes, je suis prêt à combattre; mais contre les esprits, ce n'est pas mon affaire.

— Remettons d'abord tout en ordre, dit José.

— C'est juste, ajouta Fernan, il ne faut pas qu'on se doute de ce que nous avons fait ici.

L'estrade et le lit furent replacés comme ils l'étaient primitivement; puis les deux aventuriers achevèrent leur toilette, prirent leurs valises et descendirent sur les pas du guide.

Les deux chevaux sellés et harnachés étaient attachés à un anneau dans la cour d'honneur.

Quelques peones vaguaient de çà et de là, mais le maître de la maison ne se présentait pas.

Au moment où les aventuriers allaient se mettre en selle, le père Sanchez parut et salua le jeune homme.

— Vous partez, señor conde? dit-il.

— A l'instant, padre, répondit Fernan en lui rendant son salut; aurai-je l'honneur de vous voir à Panama?

— Je l'espère, señor, si ma pupille doña Flor accompagne son père à la ciudad, je l'accompagnerai.

— Alors je ne vous dis pas adieu, mais au revoir, señor padre.

— Moi de même, señor conde : recevez, vous et vos compagnons, la bénédiction d'un vieillard, et que Dieu vous protège pendant votre voyage !

Les trois hommes s'inclinèrent respectueusement en faisant le signe de la croix, puis ils prirent congé du prêtre, qui entra dans la chapelle, et ils se mirent en selle.

Ils sortirent au grand trot de l'hacienda.

José aperçut un Indien hideux, à la physionomie basse et repoussante.

Lorsqu'ils eurent atteint la base de la colline, Fernan s'arrêta, se retourna vers le sombre bâtiment, et étendant le bras vers lui d'un air de menace :

— Je pars, dit-il d'une voix étranglée par une colère impuissante, mais, vive Dieu ! je reviendrai et je découvrirai les terribles mystères de cette sinistre habitation, dussé-je payer de ma vie cette découverte. En route, compagnons, et hâtons-nous afin de regagner le temps perdu.

Ils repartirent, mais cette fois au galop.

VI

De quelle manière le capitaine Laurent, alias don Fernan,
pénétra pour la première fois dans la casa Florida

Lorsque l'hacienda eut disparu derrière l'entassement des collines, les voyageurs retinrent leurs chevaux et leur firent prendre une allure plus modeste.

La contrée que traversaient les aventuriers en ce moment est peut-être une des plus pittoresques et des plus accidentées de l'Amérique; je ne crois pas trop m'avancer en affirmant qu'elle ne ressemble à aucune autre.

Tout ce que la nature possède de saisissant, de grandiose et d'étrange se présente aux regards étonnés dans sa plus complète majesté et sa plus sublime horreur.

A droite et à gauche, à des distances que l'œil ne peut exactement calculer, les cimes chenues et orageuses de la chaine des Cordillères, cette épine dorsale du Nouveau-Monde, dont les têtes couvertes de neiges éternelles s'élèvent à des hauteurs prodigieuses, enveloppées de nuages qui leur forment une radieuse auréole; leurs forêts immenses et mystérieuses penchées sur les lagunes sombres dont les eaux verdâtres les reflètent; ces lagunes et ces lacs sauvages, abandonnés comme aux premiers jours de la création, dont les échos n'ont jamais été recueillis par les sons de la voix humaine et les flots sillonnés par des pirogues ou troublés par les filets des pêcheurs; puis après ces montagnes géantes qui, d'échelons en échelons, de gradins en gradins, de collines en collines, viennent presque se niveler et se confondre avec le sol de chaque côté de l'isthme, commencent les plaines sans fin, les savanes arides, les déserts affreux, insondables mers de verdure avec leurs vagues et leurs tempêtes.

Pendant bien des milles on voyage sous les dômes immenses d'arbres géants que le soleil de midi ne perce qu'avec peine et comme à regret; puis tout à coup, le forêt s'éclaircit la prairie commence, noire, pelée, bosselée, où la vue se perd tristement dans un horizon sans bornes; les vallons et les collines se succèdent; on monte et on descend sans cesse, traversant avec ennui, parfois même avec effroi, ce paysage bouleversé qui remplit le cœur de tristesse; on cherche vainement un chemin ou un sentier frayé, et après quelques heures, en se voyant ainsi perdu et isolé au milieu de ce désert affreux, l'homme le plus fort se sent tressaillir, il a peur, car il désespère d'arriver; la longue marche qu'il a faite lui paraît inutile et lui semble ne devoir le conduire en aucun lieu habité.

Puis, sans transition, subitement, en atteignant le sommet d'une colline, un paysage tout nouveau se déroule devant les regards éblouis; d'immenses massifs de verdure, des bouquets capricieusement groupés de ces splendides végétaux des tropiques, qui inclinent gracieusement leurs larges feuilles dentelées au souffle caressant de la brise; des rivières formant des méandres infinis et fuyant sous les plantes aquatiques qui bordent leurs rives et souvent les enjambent en élevant au-dessus des eaux murmurantes des arcades de feuilles et de fleurs; et çà et là, cachés sous une herbe courte et drue, des marécages trompeurs ou des lacs verdâtres et stagnants, asiles des caïmans et des iguanes qui se chauffent paresseusement au soleil.

Et, pendant près de vingt lieues, c'est-à-dire de Chagrès à Panama, sur un périmètre de quarante à cinquante lieues de tour environ, les paysages se succèdent ainsi les uns aux autres, changeant incessamment d'aspect, mais toujours pittoresques et conservant ce cachet grandiose et sauvage qui est l'empreinte de Dieu sur les grandes œuvres de la nature.

Vers onze heures du matin, les voyageurs firent halte au milieu d'une étroite clairière traversée par un charmant cours d'eau.

Ils voulaient laisser tomber la plus grande chaleur du jour, faire souffler leurs chevaux et prendre quelque nourriture, dont ils avaient le plus pressant besoin.

Après que les animaux eurent reçu leur provende, les hommes songèrent alors à eux et préparèrent leur repas.

Ce fut José qui se chargea de ce soin dont, au reste, il s'acquitta avec une adresse et une célérité qui lui attirèrent les remerciements de ses compagnons, habitués de longue main à la vie d'aventure et juges compétents en pareille matière.

Après le repas qui fut bientôt expédié, comme toujours on alluma les pipes et on causa.

Michel le Basque entama l'entretien, en s'assénant sur la cuisse un coup de poing à assommer un bœuf.

— Qu'est-ce qui te prend ? lui demanda Laurent en riant.

— Ce qui me prend, cordieu ! reprit-il en roulant les yeux avec colère, il me prend que j'ai été traité comme un oison, et que si les drôles qui m'ont joué ce mauvais tour me tombent jamais sous la patte, ajouta-t-il en allongeant d'un air de menace une main large comme une épaule de mouton, ils verront à leurs dépens de quel bois je me chauffe.

— Bah ! de quoi te plains-tu ? dit légèrement le jeune homme.

— Comment ! de quoi je me plains ? s'écria le boucanier hors de lui, ah ! pardieu ! je trouve l'observation précieuse ! comment, vous ne comprenez pas ?

— J'attends que tu t'expliques froidement, si cela t'est possible.

— J'essaierai, je n'en réponds pas.

— Va toujours.

— Pour moi l'affaire est claire ; cette soi-disant boisson était un somnifère ; ce traître de don Jesus, comme il se nomme, voulait nous assassiner pendant notre sommeil ; heureusement j'avais verrouillé la porte.

— Tu n'y es pas du tout, compagnon, l'haciendero n'est pour rien dans tout cela.

— Pas possible !

— C'est exact, j'ajoute même qu'il serait plus épouvanté que personne s'il savait ce qui, cette nuit, s'est passé à son insu chez lui.

— Allons donc ! et le somnifère que j'ai bu ?

— A été préparé par un autre que par lui ; le digne homme ne sait pas le quart de ce qui se fait chez lui ; cette hacienda est double, triple peut-être, elle est construite comme les vieux châteaux de Bohême et de Hongrie, remplie de trappes, de passages secrets, de cachettes et de souterrains qui se croisent et s'enchevêtrent dans les murailles, sans que le propriétaire actuel s'en doute le moins du monde ; j'en ai eu la preuve par moi-même.

— Vous direz ce que vous voudrez, monsieur le comte, fit le boucanier en haussant les épaules, il n'en est pas moins vrai que j'ai été endormi pour qu'il me fût impossible d'aller à votre aide.

— Ceci est vrai.

— Et que moi, votre compagnon dévoué, votre frère presque, je vous aurais laissé tuer à mes côtés sans vous défendre.

— Mais, puisque tu dormais toujours, il n'y avait pas de ta faute.

— Voilà justement ce que je ne pardonne pas à ceux qui m'ont joué ce tour indigne.

— Ils ne me voulaient aucun mal, et m'ont, au contraire, fort bien traité.

— C'est possible, mais il pouvait en être autrement, et alors moi, moi Michel le Basque, j'étais déshonoré aux yeux de tous nos compagnons qui n'auraient pas voulu croire un mot de toute cette ridicule histoire.

— Allons, console-toi, mon vieux compagnon, ne sais-tu pas bien que je t'aime?

— Si, je le sais, voilà justement pourquoi j'enrage.

— Ainsi, dit l'Indien, qui avait prêté la plus sérieuse attention à la conversation des deux flibustiers, c'est vrai, cette maison est hantée ainsi qu'on l'assure.

— Oui, elle est hantée, mais par des êtres de chair et d'os comme nous, qui élaborent dans les ténèbres quelque sombre machination.

— Vous croyez, señor, que ce ne sont pas des êtres du monde invisible?

— Je vous répète que ce sont des hommes, résolus et terribles à la vérité, mais nullement des fantômes; ils possèdent des moyens immenses d'intimidation, reçoivent sans doute une impulsion forte d'un chef intelligent et résolu, mais il n'y a rien que de très naturel dans ce qu'ils accomplissent, bien que souvent leur manière de procéder et les résultats qu'ils obtiennent dépassent la compréhension du vulgaire.

— Ils n'en sont que plus redoutables, alors?

— Certes : aussi me suis-je promis de découvrir qui ils sont.

— Nous serons deux pour tenter cette expédition, dit Michel.

— Nous serons trois, fit gravement l'Indien, car, moi aussi, j'ai un puissant intérêt à connaître ces hommes.

Le capitaine Laurent jeta un regard à la dérobée sur le guide; mais son visage était si calme, son œil rayonnait de tant de franchise que les soupçons du jeune homme, s'il en avait conçu, s'évanouirent aussitôt.

— Soit, dit-il, j'accepte, nous agirons de concert.

— Et, le moment venu, je ne me ferai pas attendre, dit Miguel avec rancune.

— Je retiens votre parole, señor, ajouta le guide.

— Maintenant, si vous le voulez bien, reprit Laurent, assez sur ce sujet qui me semble épuisé; à combien de lieues nous trouvons-nous encore de Panama?

— A huit lieues environ en suivant les sentes, à cinq lieues au plus en ligne directe.

— Avons-nous l'espoir d'atteindre la ville avant le coucher du soleil par le chemin ordinaire?

— Ce sera difficile, pour ne pas dire impossible.

— Et par la ligne droite?

— Facilement, seulement le trajet est rude, je vous en avertis.

— Bah! nous en avons vu bien d'autres, fit Michel.

— Que voulez-vous faire, señor?

— Nous suivrons la ligne droite.

— Soit. Dans une heure nous partirons.

— Vers quelle heure arriverons-nous à la ville?

— A quatre heures, au plus tard.

— Très bien, c'est ce que je désire; connaissez-vous Panama?

— Comme ce désert.

— Don Jesus m'a loué une maison où je veux me rendre directement.

— Laquelle? don Jesus en possède trois en ville.

— Celle-ci se nomme la casa Florida.

— Don Jesus vous a loué la casa Florida? s'écria le guide avec surprise.

— Oui. Que trouvez-vous d'étonnant à cela?

— Rien, et beaucoup de choses.

— Je ne vous comprends pas.

— Il faut que cet homme soit fou, pour avoir consenti à vous louer cette maison, ou qu'on l'ait soufflé pour le faire.

— Dans quel but?

— Je l'ignore, mais dans tous les cas le conseil ne peut venir que d'un ami, et vous avez toutes espèces de raisons pour vous féliciter de cette affaire.

— Comment cela?

— Aucune maison de Panama ne vous aurait convenu aussi bien que celle-là, par sa construction d'abord, et ses agencements intérieurs, qui ressemblent beaucoup à ceux de l'hacienda.

— Diable! voilà que vous m'inquiétez, mon brave José.

— Pourquoi donc cela, señor?

— Pardieu! si je retombe dans des trappes et dans des cachettes, je ne serai plus maître chez moi; je serai entouré d'espions invisibles qui surveilleront mes mouvements, écouteront mes paroles, surprendront mes secrets; de façon, en un mot, que je n'oserai plus faire un geste ni dire un mot, par crainte d'une trahison probable.

— Rassurez-vous, rien de tout cela n'arrivera; deux hommes possédaient seuls les secrets de cette maison: celui qui l'a fait construire, mais celui-là est mort.

— Et l'autre?

— L'autre? c'est moi.

— Ah bah! quelle bonne plaisanterie, s'écria Miguel.

— Vous? murmura Fernan ou le capitaine Laurent.

— Moi-même, señor.

— Vous savez que je ne vous comprends pas du tout, José?

— L'explication sera courte et claire, señor, écoutez-moi.

— Je vous écoute.

— Pour des motifs qu'il est inutile que vous connaissiez quant à présent, señor, je fus amené à Panama tout enfant; j'avais à peine dix ans, mais j'étais grand et fort pour mon âge; j'avais la mine éveillée, je plus à un capitaine de la marine du commerce espagnol, il m'acheta; ce brave homme s'intéressa à moi, peu à peu me prit en amitié, et, comme je lui avais raconté mon histoire, sans lui rien cacher, avec la plus entière franchise, il se sentit ému de pitié pour mes malheurs; et lorsque j'eus atteint l'âge de quinze ans, il m'affranchit. J'étais libre; au lieu de quitter mon bienfaiteur, je demeurai auprès de lui; j'avais juré de ne pas l'abandonner tant qu'il vivrait; ce capitaine, qui se nommait don Gutierrez Aguirre, faisait principalement la contrebande des perles; il gagnait beaucoup d'argent dans ce trafic, mais il jouait gros jeu; le gouvernement espagnol ne plaisante pas avec les contrebandiers; don Gutierrez possédait de grandes richesses, mais il redoutait au premier jour une descente de justice dans sa maison; les soupçons étaient éveillés sur lui; on le surveillait; un jour il me communiqua ses craintes, et me pria de lui amener quelques Indiens qui, sous sa direction, construiraient une maison telle qu'il désirait en avoir une; le capitaine, lors d'un voyage au Callao quelques mois auparavant, avait fait dresser par un architecte espagnol un plan qu'il me montra, et comme je lui faisais observer que le hasard pourrait amener cet architecte à Panama, il me répondit avec un singulier sourire qui n'appartenait qu'à lui, que cela n'était pas à redouter.

— Le digne contrebandier avait un peu égorgé l'architecte, dit Michel.

— Je l'ignore; ce qui est certain, c'est que cet homme disparut tout à coup, sans que jamais plus on entendît parler de lui.

— Je l'aurais parié, dit l'incorrigible boucanier.

— Tais-toi, Michel; que fîtes-vous, José, en recevant cette confidence?

— Je conseillai au capitaine de choisir des Indiens Mansos étrangers à la ville et de leur faire construire la maison sous sa direction; l'idée sourit à don Gutierrez et il me chargea du soin d'engager les Indiens; je m'acquittai de cette mission de mon mieux; quinze jours plus tard, j'étais de retour à Panama avec une vingtaine d'Indiens d'un village ou plutôt d'une tribu éloignée, que j'avais embauchés. Pendant mon absence, le capitaine n'avait pas perdu son temps, il avait choisi et acheté le terrain et rassemblé tous les matériaux nécessaires; au bout de cinq mois, la maison était construite, les peones indiens généreusement payés et renvoyés. Pendant tout le cours des travaux, don Gutierrez et moi nous les avions si attentivement surveillés qu'ils n'avaient communiqué avec personne; d'ailleurs, ils n'avaient pas conscience eux-mêmes de l'œuvre qu'ils accomplissaient.

— C'est probable, dit le jeune homme, mais le gouvernement? Il ne s'émut pas de cette construction d'une seule maison qui durait pendant si longtemps dans un pays où il faut moins d'un mois pour édifier un palais?

— Vous connaissez l'incurie, la nonchalance et surtout l'avarice des membres du gouvernement colonial; don Gutierrez avait des amis un peu partout, il parvint à fermer tous les yeux et toutes les oreilles; d'ailleurs, il se conduisait avec la plus extrême prudence; l'emplacement de la maison avait judicieusement été choisi dans un quartier perdu, habité seulement par les Indiens; on ne vit rien ou on ne voulut rien voir, ce qui pour le capitaine revenait au même. Quelques années s'écoulèrent, le capitaine vieillissait, il était tourmenté du désir de retourner en Europe; enfin, n'y pouvant résister, il fréta un navire sur lequel il embarqua toutes ses richesses, m'embrassa sur le quai même où je l'avais accompagné, descendit dans un canot qui l'attendait et partit; en montant à bord du navire qui déjà était sous voiles, le pied lui manqua, il tomba à la mer et, malgré tous les efforts que l'on tenta pour le sauver, il se noya.

— C'était l'architecte qui l'avait tiré par les jambes, dit Michel avec un rire railleur.

— Et la maison, que devint-elle?

— Don Gutierrez était seul; on ne lui connaissait pas de parents; le gouvernement s'empara de sa fortune.

— Bonne proie pour les gavachos.

— Et vous, que fîtes-vous, José?

— Rien ne me retenait plus à Panama, señor; j'avais vingt-deux ans, je retournai au désert. Quinze ans s'écoulèrent pendant lesquels je ne me rapprochai plus des villes des blancs.

— Depuis votre retour, vous n'avez rien entendu dire sur cette maison?

— Pas grand'chose, señor, cela ne m'intéressait guère : je sus par hasard qu'elle avait été vendue plusieurs fois, et finalement achetée, il y a un an environ, par don Jesus Ordoñez. Voilà tout.

— Vous ne soupçonnez pas le motif qui a pu engager don Jesus à faire cette acquisition?

— Je mentirais, señor, si je vous disais le contraire.

— Selon votre pensée, quel peut être ce motif?

— Señor, à Panama, tout le monde ou presque tout le monde se livre à la contrebande, depuis le gouverneur jusqu'au dernier peon.

— Tiens, tiens, tiens! fit Michel.

— Bien entendu, reprit l'Indien, que tous agissent avec la plus grande prudence, et que ceux qui profitent davantage de ce libre trafic, c'est-à-dire le gouverneur et les autres membres du gouvernement, sont implacables pour les petits contrebandiers, qu'ils pourchassent à outrance, car ceux-ci leur font souvent beaucoup de tort.

— De sorte que?...

— Les autres contrebandiers, qui savent parfaitement à quoi s'en tenir, emploient tous les moyens imaginables pour échapper aux poursuites dirigées contre eux, c'est une suite continuelle de luttes et de finesses...

— Très bien, mais je ne vois pas paraître don Jesus Ordoñez dans tout cela.

— Don Jesus est un des plus fins et en même temps des plus hardis contrebandiers de Panama, associé avec don Pablo de Sandoval et quelques autres...

— Comment! s'écria Michel, don Pablo de Sandoval, le commandant de la corvette *la Perle!*

— Lui-même: ils font ce commerce en grand, tout leur est bon; les associés avaient besoin d'une maison sûre pour cacher leurs marchandises ou les entreposer; la casa Florida, qui possède une entrée sur la campagne, leur convenait parfaitement; voilà pourquoi don Jesus l'a achetée.

— C'est probable, en effet; et vous êtes certain que don Jesus ignore les réduits secrets de cette maison?

— J'en suis convaincu; qui les lui aurait enseignés?

— Un hasard les lui aura peut-être fait découvrir?

— C'est impossible, señor, vous en aurez bientôt la preuve; d'ailleurs, depuis que cette maison a été vendue pour la première fois et fouillée du haut en bas et dans tous les sens, il y a longtemps déjà que ce secret serait connu, et ce qui pour moi est une preuve positive de l'ignorance complète de don Jesus à ce sujet, c'est la facilité avec laquelle il vous l'a louée, et le prix modique qu'il vous a demandé.

— Bon, j'admets cela; mais à quoi attribuez-vous ce désir subit de me louer cette maison?

— Qui sait? peut-être le surveille-t-on, se doute-t-on de quelque chose et veut-il ainsi égarer ou faire cesser les soupçons; il est bien fin, le señor Ordoñez.

(Liv. 23)

— Je le crois comme vous, José; je ne sais pourquoi cet homme, qui en somme a été charmant pour moi, m'inspire une répulsion invincible.

— C'est l'effet qu'il produit sur tout le monde à première vue.

— Voilà une impression avantageuse! grommela Michel.

— Nous le surveillerons, José.

— Rapportez-vous-en à moi pour cela, señor.

Tout à coup le guide s'arrêta, sembla pendant un instant humer l'air avec inquiétude, puis il se coucha sur le sol, appuya son oreille à terre et écouta un bruit lointain que, sans doute, lui seul pouvait entendre.

Les deux aventuriers se regardaient avec surprise et ne comprenaient rien à ce manège qui les intriguait fortement.

Soudain le guide se releva.

— Vivement, dit-il, les chevaux dans le fourré, tandis que je ferai disparaitre les traces de notre campement.

Ces paroles furent prononcées avec une gravité telle que les aventuriers, soupçonnant un danger prochain, obéirent aussitôt sans répondre.

Au bout de quelques minutes, le guide les rejoignit après avoir dispersé les cendres du foyer et effacé les empreintes des pas sur l'herbe.

Il lia fortement les naseaux des chevaux pour les empêcher de hennir, puis cette dernière précaution prise :

— Écoutez! dit-il à voix basse.

— Que se passe-t-il donc? demanda Laurent avec inquiétude.

— Quelque fauve égaré, grommela Michel.

— Si ce n'était que cela! fit le guide en haussant les épaules : écoutez, vous dis-je.

En effet, bientôt les aventuriers commencèrent à percevoir un bruit sourd et continu, ressemblant au roulement d'un tonnerre lointain et qui se rapprochait d'eux avec une rapidité extrême.

— Qu'est cela? demanda encore le jeune homme.

— Le galop de deux chevaux lancés à toute bride; silence, regardez; je me trompe fort, ou vous allez apprendre quelque chose d'intéressant pour vous.

Les trois hommes se turent et demeurèrent les yeux fixés dans la direction où le galop se faisait entendre de plus en plus rapproché.

Quelques minutes s''écoulèrent, puis les branches craquèrent, les broussailles s'écartèrent, et deux cavaliers lancés ventre à terre passèrent avec la rapidité de l'éclair devant les aventuriers, s'enfoncèrent dans la forêt et disparurent.

— Les avez-vous vus? demanda le guide à son tour.

— Certes.

— Et vous les avez reconnus ?

— Pardieu! c'est don Jesus Ordoñez et don Pablo Sandoval !

— Oui, vous avez bien vu, ce sont eux, en effet.

— Que vont-ils faire aujourd'hui à Panama, et pourquoi se hâtent-ils si fort?

— C'est ce que nous saurons ce soir.

— Mais ils ne devaient partir que demain.

— Cette nuit sans doute, don Jesus retournera à l'hacienda; don Jesus possède les meilleurs chevaux de la colonie; des barbes qui font vingt lieues sans mouiller un poil de leur robe.

— C'est étrange ! murmura le jeune homme.

— N'est-ce pas ?

— Comment découvrir les motifs?...

— C'est mon affaire, interrompit le guide, nous arriverons à Panama deux heures au moins avant eux.

— Vous en êtes sûr?

— J'en réponds; êtes-vous *hombre de a caballo?*

— Oui, je monte à cheval comme un ginete.

— Bien, et votre compagnon?

— De même.

— Alors, tout va bien ; à cheval, tout de suite !

— M'y voici, dit-il en se mettant d'un bond en croupe du jeune homme qui lui céda la bride; maintenant, señores, tenez-vous bien, car vous allez faire une course comme vous n'en avez jamais fait, et passer par des chemins où toute chute est mortelle. Vous voulez arriver, n'est-ce pas?

— Oui, à tout prix; mais vos chevaux?

— Vous allez juger de ce dont ils sont capables. Y êtes-vous?

— Oui! répondirent les deux aventuriers.

Le guide siffla doucement; les deux chevaux, comme s'ils eussent reçu une commotion électrique, tressaillirent, couchèrent les oreilles, et, tout à coup, ils détalèrent avec une rapidité telle que les cavaliers, courbés sur le cou de leurs montures, sentaient l'air leur manquer; parfois il leur semblait respirer du feu.

Décrire une telle course est impossible; rien n'en saurait donner l'idée; le cavalier fantôme de la ballade allemande, dont le cheval-spectre dévorait l'espace, allait certes moins rapidement.

Les chevaux bondissaient comme des démons à travers les obstacles sans cesse renaissants sous leurs pas, sautant les arbres renversés, franchissant les ravins, escaladant les montées, côtoyant les fondrières où ils avaient à peine la place suffisante pour poser leurs pieds.

De temps en temps le guide faisait doucement clapper sa langue. A ce signal, les deux nobles bêtes redoublaient leurs efforts déjà prodigieux et leur course affolée prenait les proportions effrayantes d'un cauchemar.

Les cavaliers ne voyaient pas, n'entendaient pas, ils allaient, ils allaient comme emportés par un tourbillon, sans pensée et presque sans souffle; les arbres, les ravins, les montagnes fuyaient derrière eux avec une rapidité vertigineuse.

Les chevaux volaient dans l'espace, soufflant le feu par leurs naseaux sanglants, superbes, échevelés, hennissants, n'hésitant, ne trébuchant jamais et maintenant leur vélocité fantastique, sans aucune apparence de lassitude ou de vertige.

Combien de temps dura cette course endiablée, où cent fois les aventuriers avaient failli rouler dans les ravins ou se briser au fond des précipices béants sous leurs pas?

Ni l'un ni l'autre n'aurait su le dire, à peine conservaient-ils la conscience de leur existence; ils obéissaient machinalement à l'ouragan qui les emportait sans même y songer.

Tout à coup le guide siffla.

Les chevaux s'arrêtèrent subitement comme si leurs sabots s'étaient incrustés dans le sol.

L'arrêt fut tellement subit et imprévu que Michel passa par-dessus la tête de son cheval et roula à terre.

— Merci! dit-il en se relevant et en se tâtant les côtes.

— Nous sommes arrivés, dit le guide d'une voix aussi calme et aussi reposée que si rien d'extraordinaire ne s'était passé.

— Déjà! dit Laurent en regardant autour de lui, et n'apercevant que les arbres séculaires d'une épaisse forêt.

— Je n'en suis pas fâché, ajouta Michel, voilà une petite promenade dont je me souviendrai longtemps; quels démons! comme ils détalent!

— Vous connaissez mes chevaux maintenant, qu'en dites-vous?

— Ce sont de nobles bêtes! s'écria le jeune homme, et pas apparence de fatigue.

— Ils auraient pu soutenir cette course trois heures encore s'il l'avait fallu.

— Mais don Jesus et son compagnon?

Doña Luz était étendue sur son lit, calme, souriante.

— Ils sont loin derrière nous. Croyez-vous que leurs chevaux soient aussi vites que ceux-ci ?

— Toute comparaison est impossible en effet ; mais pourquoi nous arrêter dans cette forêt ?

— Notre arrivée à Panama doit être ignorée jusqu'à demain ; demain nous entrerons en ville comme d'honnêtes voyageurs que nous sommes ; pour ce soir nous prendrons un autre chemin.

— Vous avez raison, mais lequel ?

— Celui-ci, dit le guide.

Et il montra l'entrée d'une caverne dont il avait écarté les broussailles qui la cachaient aux regards.

— Don Jesus, reprit-il, connait une des sorties de sa maison, moi j'en connais d'autres; entrez, laissez-moi le soin de conduire les chevaux et de faire disparaître les traces de notre passage, il ne faut pas qu'on découvre ce souterrain, il pourra nous être utile plus tard.

— Vous avez raison, dit le jeune homme; et il pénétra dans le souterrain suivi de Michel.

Ce souterrain était assez clair pour qu'on pût facilement s'y diriger; sans doute il recevait le jour par des fissures adroitement ménagées.

Le guide fit entrer les chevaux l'un après l'autre; puis il effaça soigneusement les traces laissées sur le sol, et replaça les broussailles qui masquaient l'entrée de la caverne, dans leur état primitif.

Le souterrain, assez large pour qu'on pût facilement y marcher deux de front, était sablé et s'élevait en pente douce; après avoir marché pendant environ vingt minutes, les aventuriers furent arrêtés par un bloc de rocher qui semblait terminer le souterrain.

— Voyez, dit le guide en montrant un ressort adroitement caché dans une fissure de la muraille de granit.

Il toucha le ressort, le bloc tourna silencieusement sur des gonds invisibles, puis, lorsque tous eurent passé, le guide poussa un autre ressort et le rocher reprit sa place.

Ils rencontrèrent encore trois blocs semblables, qu'ils ouvrirent de la même façon.

— Arriverons-nous bientôt, demanda Fernan.

— Avant un quart d'heure.

En appuyant le doigt sur la muraille, il ouvrit une porte invisible qui donnait entrée dans une écurie où dix chevaux pouvaient tenir à l'aise.

Le guide fit entrer les chevaux, leur enleva les harnais, et après leur avoir donné la provende, il les laissa.

— Il y a cinq écuries semblables, dit-il, sans compter celles des communs de la maison.

— Eh! c'est bon à savoir, répondit le jeune homme.

— Je vous les montrerai plus tard; allons.

Il referma la porte et ils continuèrent leur route.

— Nous sommes dans votre huerta, dit le guide après un instant.

— Ah! ah! nous sommes donc entrés à Panama? fit curieusement Michel.

— Depuis un quart d'heure déjà.

— C'est agréable de pouvoir se promener ainsi, incognito.

— Bah! vous n'avez rien vu encore.

La pente du souterrain devenait de plus en plus rapide; enfin, après avoir marché pendant à peu près vingt-cinq minutes encore, ils se trouvèrent arrêtés par un pan de muraille, qui s'ouvrit comme précédemment s'étaient ouverts les blocs qui avaient barré le passage aux aventuriers pendant cette longue excursion.

Derrière ce pan de muraille commençait un escalier étroit, qui montait en colimaçon.

— Nous voici dans la maison, reprit José en refermant le passage; cet escalier contourne toute la maison, donne issue dans toutes les chambres, depuis les plus petites jusqu'aux plus grandes, conduit aussi à des chambres secrètes, qui sont au nombre de neuf, grandes, bien aérées, et desquelles on peut voir ce qui se passe dans les appartements publics de la maison; de plus, il y a un passage qui conduit aux communs, où le même agencement se répète.

— Quelle singulière habitation! fit Miguel; don Jesus n'avait pas besoin de nous donner les clefs de sa maison, jusqu'à présent elles ne nous ont pas servi à grand'chose.

— C'est vrai, fit le guide; mais elles nous serviront quand nous voudrons visiter la maison réelle; celle où nous sommes n'est que la double; venez.

Ils le suivirent, et bientôt il les introduisit dans une chambre assez grande et bien meublée.

— Établissons-nous là provisoirement; le cabinet de don Jesus se trouve ici à côté, nous pourrons voir et entendre nos deux voyageurs, lorsqu'ils arriveront.

— Mais nous? fit observer Fernan.

— Nous les entendrons, il est vrai, mais ils ne nous entendront pas.

— Voilà qui est assez agréable, fit Miguel. Ah çà! s'écria-t-il tout à coup, notre propriétaire a donc gardé les doubles clefs de sa maison?

— C'est probable.

— Je les lui redemanderai, soyez tranquilles. dit Laurent.

— Vous n'aurez pas cette peine, répondit le guide; il vous les rendra lui-même; je pense qu'il ne les a conservées que parce qu'il avait l'intention de venir aujourd'hui.

— Qu'allons-nous faire?

— Attendre, et pour que l'attente soit moins longue, nous mangerons; vous avez appétit, sans doute?

— Oui, cette course endiablée m'a creusé l'estomac, dit en souriant le jeune homme.

— Moi, j'ai le ventre dans les talons, ajouta Michel.

— Dans un instant, je vous apporterai tout ce dont vous avez besoin, dans cette armoire il y a du linge et de la vaisselle : préparez la table.

Et il sortit.

— Que dis-tu de tout cela, Michel? demanda le jeune homme à son compagnon dès qu'il fut seul avec lui.

— Moi! je dis que c'est très amusant, pourvu que cela dure.

— Oui, mais cela durera-t-il?

— Vous m'en demandez trop, mon cher Laurent; vous savez ma devise : « Laisser venir. » Attendons, comme dit le guide. D'ailleurs, jusqu'à présent nous n'avons pas à nous plaindre, tout nous réussit assez bien, il me semble.

— Trop bien, peut-être.

— Bah! à quoi bon se chagriner? le souci tuerait un chat.

— Tu as raison; mettons la table.

— C'est ce que nous avons de mieux à faire.

Et ils mirent la table.

Trois quarts d'heure plus tard, le guide rentra, il portait avec lui tous les ingrédients nécessaires pour faire un repas excellent et copieux, jusqu'au liquide dont il n'avait pas oublié de se munir.

Les aventuriers saluèrent son retour par un cri de joie.

VII

Où il est démontré que ce n'est pas toujours un tort d'écouter ce que disent certaines personnes

La position du capitaine Laurent était en ce moment assez singulière : locataire et par conséquent maître pendant un an de la casa Florida, dont il avait soldé le loyer par anticipation, ainsi que l'écrivent élégamment les notaires, il s'était introduit subrepticement, toujours selon le même style qu'on ne saurait trop louer, dans une maison qui était la sienne, tandis qu'au contraire le propriétaire, qui n'avait plus le droit d'y entrer sans l'autorisation de l'homme auquel il l'avait cédée, allait y arriver par la grande porte, aux yeux de tous, absolument comme s'il était encore chez lui, et pénétrerait dans l'intérieur au moyen de doubles clefs qu'il avait conservées contre tous droits légaux, quelques heures à peine après que le réel possesseur de l'immeuble y avait pénétré, lui, au moyen de ressorts cachés et de couloirs secrets.

Mais, ainsi que cela arrive trop souvent dans la vie, le hasard avait arrangé les choses à sa guise, et les deux hommes, poussés par les circonstances, s'étaient vus ainsi contraints de changer de rôles.

Peut-être le doigt de la Providence était-il caché au plus profond de ces faits, en apparence si illogiques.

Quoi qu'il en fût, les aventuriers naturellement assez insoucieux de l'avenir, et ne se souciant guère que du présent, qui, pour eux, résumait la vie, puisque le lendemain ne leur appartenait jamais, fêtaient gaiement les vivres apportés par José.

Le guide prenait à leurs yeux des proportions imposantes; l'influence que cet homme étrange exerçait sur ceux qui l'approchaient se faisait sentir dans leur esprit; leur défiance première diminuait pour faire place à la confiance.

Jusque-là ils l'avaient trouvé fidèle, dévoué et intelligent. Ils se laissaient donc peu à peu entraîner sur la pente qui les attirait vers lui, et en arrivaient tout doucement à le traiter en camarade et même en ami.

José, lui, ne changeait pas, il conservait toujours sa position subalterne vis-à-vis des flibustiers, mais cela sans petitesse ni cajoleries; prêt à tout pour les servir, mais ne faisant point un pas pour pénétrer malgré eux dans leur intimité; sachant qu'il était nécessaire, peut-être même indispensable, il se faisait pardonner, grâce à ce tact exquis qu'il possédait à un si haut degré, cette situation difficile vis-à-vis des gens orgueilleux et susceptibles, par sa bonhomie, sa rondeur, et surtout sa gaieté communicative.

Cette fois le repas fut long, émaillé de joyeuses histoires. Rien ne pressait les aventuriers; ils tuaient le temps en vidant les pots et en causant de tout ce qui leur passait par la tête.

Cependant, vers la fin du repas, la conversation prit une teinte plus sérieuse; en somme, les deux boucaniers jouaient le jeu du diable. S'ils perdaient, il y allait pour eux de la tête; il y avait donc là matière à réflexions.

— Enfin, nous voici à Panama! dit le capitaine, et sains et saufs, grâce à Dieu!

— Oui, jusqu'à ce que nous soyons pendus, ajouta Michel le Basque en ingurgitant un énorme gobelet de vin.

— Le diable t'emporte de dire de pareilles choses, toi! songeons un peu à nos affaires; José, mon ami, dix des nôtres ont été capturés par cette face blême qui se nomme don Pablo de Sandoval.

— Je voudrais bien capturer sa corvette, dit Michel, comme appoint.

— Patience, compagnon, nous y arriverons.

— Je l'espère.

— Avez-vous entendu parler de la prise de nos amis, José?

— Oui, capitaine, répondit le guide; nous ne craignons pas d'être entendus, je puis donc parler ainsi que je le fais.

— Parlez comme vous voudrez, mon brave, pourvu que vous nous disiez des choses agréables, fit Michel, moi aussi, cordieu! je suis capitaine.

— Je le sais, reprit le guide, votre réputation est assez bien établie pour que personne ne l'ignore.

— Merci! vous disiez donc au capitaine Laurent...

— Que j'ai entendu parler de cette capture, et que cette nouvelle m'a affligé.

— Il faut les sauver! s'écrièrent les deux aventuriers d'une seule voix.

— C'est à quoi je songe; ici tout se fait avec de l'argent; mais en cette circonstance la situation est grave, critique même; il s'agit de Frères de la Côte.

— Est-ce possible? demanda nettement Laurent.

— Tout est possible, répondit aussi nettement le guide.

— Alors cela se fera.

— Oui, mais cela coûtera cher.

— Qu'importe, pourvu que nous réussissions?

— Avez-vous de l'argent?

Le capitaine Laurent sourit avec dédain :

— De l'argent? dit-il, mon ami et moi nous avons des traites à vue sur les premiers banquiers du pays pour plus de deux millions de piastres.

— Oh! oh! tant que cela?

— Davantage. Vous savez lire?

— Oui, fit le guide en souriant; cela vous étonne qu'un Indien sache lire?

— Rien ne m'étonne de votre part, mon brave; voyez.

Le capitaine retira son portefeuille de sa poche, l'ouvrit et étala devant le guide les papiers qu'il contenait.

Celui-ci les examina avec la plus sérieuse attention.

— Ces traites sont excellentes! dit-il enfin.

— Pardieu!

— Vos amis sont sauvés.

— Vous en répondez?

— J'en réponds.

— Alors, je suis tranquille; combien cela nous coûtera-t-il?

— Cinquante mille piastres au moins.

— Bon, une misère! voici une traite de cent mille, sur la maison Olibarietta.

— La première et par conséquent la plus riche de Panama.

— Vous l'encaisserez demain, et vous agirez?

— Immédiatement.

— Quel sera notre rôle dans tout cela?

— Je l'ignore encore, cela dépendra des circonstances.

— Très bien! c'est convenu alors.

— Parfaitement.

— Où les cacherons-nous?

— Ici même.

— C'est juste; de cette façon, nous les aurons sous la main lorsque le moment viendra d'agir.

— Nous n'avons pas de temps à perdre, observa Miguel, notre tâche est rude; il faut que le 28 mars le signal soit donné à l'escadre: un mois pour dresser nos batteries, ce n'est pas trop.

— C'est suffisant, avec de l'intelligence et du courage, dit Laurent.

— Ni l'un ni l'autre ne vous manquent pas, capitaine, dit galamment le guide.

— Mais qui donnera le signal à l'escadre?

— Moi, si vous voulez? répondit José.

— Nous verrons, reprit Laurent; avant tout il faut nous assurer de l'hacienda del Rayo, la position est importante.

— Et bien défendue; elle est imprenable, ajouta Michel.

— Avez-vous des intelligences dans la place, José?

— Fort peu, capitaine, je ne suis qu'un pauvre Indien.

— Bah! vous me faites l'effet d'un roi, dit gaiement Michel, roi sans couronne, bien entendu.

L'Indien sourit, mais il ne répondit pas.

— Je tiens à cette hacienda, reprit Laurent, et dussé-je l'enlever l'épée au poing, elle sera à moi.

— Nous aviserons, frère, quand le moment sera venu; depuis que nous sommes en ce pays, il nous arrive tant de choses extraordinaires et surtout avantageuses pour nos projets, que je ne suis pas éloigné de croire qu'une bonne fée nous ouvrira les portes de l'hacienda que nous convoitons, lorsque nous voudrons nous en rendre maîtres.

Ce fut alors au tour du capitaine Laurent à sourire, mais il ne jugea pas à propos d'insister sur ce sujet.

— Quant à moi, reprit Michel, je tiens essentiellement à la corvette.

— Tu l'auras.

— Vous me le promettez ?

— Sur l'honneur, avant huit jours.

— Merci ! répondit-il avec conviction.

Ces deux lions ne doutaient jamais de rien; ce que l'un ou l'autre promettait était non pas chose dite, mais faite.

— Dites-moi, José, faites-moi le plaisir, vous qui connaissez le pays, de vous informer d'un individu nommé Pedro Serrano, reprit Fernan.

— Qui est-il et que fait-il, capitaine ?

— Qui il est? un bandit de la pire espèce; ce qu'il fait? je l'ignore; mais je sais de source certaine qu'il doit habiter Panama ou ses environs.

— Depuis combien de temps ?

— Treize ou quatorze ans à peu près.

— Vous avez un grand intérêt à découvrir cet homme ?

— Un immense. C'est pour lui seul que j'ai tenté l'expédition désespérée que je fais aujourd'hui.

— C'est bien, capitaine, je le découvrirai, fût-il caché dans les entrailles de la terre.

— Retenez bien ceci, José, mon ami, le jour où vous m'aurez trouvé cet homme; vous me connaissez, n'est-ce pas ?

— Oui, capitaine, je vous connais, je vous aime et je vous admire.

— Eh bien, José, ce jour-là, demandez-moi la chose la plus folle, la plus impossible même, et je vous engage ma foi de gentilhomme et de Frère de la Côte que cette chose, je vous la donnerai.

— Est-ce sérieusement que vous parlez, capitaine? s'écria le guide dont l'œil lança un fulgurant éclair.

— Je n'ai jamais parlé plus sérieusement; voici ma main, José.

— C'est chose faite, capitaine, je trouverai cet homme.

— Tenez votre parole, je tiendrai la mienne.

— Prenez ma main, José; lorsque Laurent s'engage, moi aussi, je suis engagé; je ne sais de qui il veut parler, mais peu importe; découvrez ce misérable et comptez sur moi comme sur Laurent.

— Merci ! capitaine Michel, répondit le guide avec une émotion étrange chez un homme ordinairement si maître de lui.

— Nos gens tardent bien, dit Laurent tout en bourrant sa pipe.

— Il est six heures, capitaine, avant une demi-heure ils seront ici ! mais pardon, ne fumez pas, je vous prie, l'odeur nous trahirait.

— C'est ma foi vrai, je n'y songeais pas ; il posa sa pipe sur la table ; comment les verrons-nous ? ajouta-t-il.

Le guide fit glisser deux ou trois planches fort minces dans des rainures intérieures.

— Nous dominons la pièce dans laquelle ils entreront ; ces ouvertures que j'ai démasquées sont cachées dans les ornements du plafond et complètement invisibles du dehors : regardez.

Le capitaine se pencha vers les ouvertures, car elles étaient placées à peu près à la hauteur de son épaule, et il regarda.

Le trou était assez grand et percé de façon à ce qu'il fût facile d'embrasser d'un coup d'œil la chambre tout entière.

Cette pièce assez grande était parfaitement, même luxueusement meublée, c'était plutôt un salon qu'un cabinet.

Plusieurs paquets de petites dimensions étaient posés sur la table.

— Qu'est-ce que c'est que ces paquets ? demanda le capitaine.

— Des perles.

— Hum ! il y en a pour une valeur considérable.

— C'est à cause de ces paquets que don Jesus Ordoñez vient ici.

— Je le suppose, reprit-il avec hauteur, mais il n'aurait eu qu'à me les réclamer, je me serais fait un devoir de les lui rendre.

— Oui, et vous auriez appris par là que don Jesus Ordoñez de Sylva y Castro fait la contrebande ; c'est ce qu'il a voulu éviter.

— Oui, c'est probable, mais il doit y avoir autre chose encore.

— Voilà ce que, je l'espère, nous saurons bientôt.

— Patience, alors !

— Le plus fort est fait, capitaine ; eh ! tenez, entendez-vous ? Voilà nos hommes, avant dix minutes nous les verrons entrer.

— En effet, un grand bruit se faisait entendre au dehors, des portes furent ouvertes et fermées, des pas se rapprochèrent, la porte du cabinet et du salon s'ouvrit enfin et don Jesus et don Pablo parurent ; un troisième personnage les accompagnait.

— Je savais bien qu'il y avait autre chose, murmura à part lui le guide ; à nos postes, señores, surtout ne soufflons pas mot.

Les trois hommes regardèrent.

Don Jesus et don Pablo avaient les vêtements en désordre et couverts de poussière comme des gens qui viennent de faire une longue traite à franc étrier.

Le personnage qui les accompagnait était un grand vieillard à mine chafouine et rusée, éclairée par deux petits yeux gris toujours en mouvement ; il était entièrement vêtu de velours noir, et sa tête était couverte d'un de ces chapeaux à forme ridicule qui, après la représentation de Figaro, un siècle plus tard, furent nommés chapeaux à la Basile.

— Señores, dit ce lugubre personnage, j'ai reçu votre message depuis une demi-heure à peine, et j'accours au rendez-vous que vous m'avez fait l'honneur de m'assigner. Il s'agit sans doute d'une affaire importante?

— Très importante, señor corregidor, dit le capitaine.

— Asseyez-vous donc, señor don Cristoval Bribon y Mosquito, asseyez-vous, je vous prie, nous avons à causer sérieusement, dit don Jesus d'un air aimable.

— Je suis tout à vos ordres, mes chers seigneurs, répondit en prenant un siège le señor corregidor, don Cristoval Bribon y Mosquito, sans doute bien nommé, si le moral, ainsi que cela était probable, ressemblait au physique.

— Qu'avons-nous de nouveau ici, señor don Cristoval? reprit don Jesus.

— Pas grand'chose, señor.

— De bon ?

— Rien.

— De mauvais ?

— Beaucoup.

— Diable, cela se gâte alors, fit le capitaine.

Le corregidor se signa dévotement.

— Ne parlez pas du maudit, mon cher capitaine, je vous en prie, dit-il d'un ton doucereux, cela porte malheur.

— Au diable les singeries ! reprit le bouillant capitaine, cela m'exaspère lorsque je vois un vieux coquin comme vous marmotter toujours des patenôtres.

— Les affaires sont les affaires, capitaine, répondit le corregidor avec un ton de dignité blessée; elles ne sauraient m'empêcher de faire mon salut.

— Bah ! votre salut, laissez-nous donc tranquilles avec vos niaiseries et venez au fait; vive Cristo! nous ne sommes pas ici pour perdre notre temps en simagrées ridicules; vous valez moins que nous encore.

— Le Seigneur m'en préserve! s'écria-t-il en se signant deux ou trois fois, et, changeant de ton subitement, la contrebande n'est pas un crime, après tout.

— Non, mais le vol en est un, répliqua durement le capitaine, et des plus damnables même, vous devez en savoir quelque chose, vous qui êtes corregidor, fit-il en ricanant.

— Capitaine, s'écria-t-il avec colère, Dieu me pardonne de ne pas me contenir davantage! mais de telles insultes...

Une querelle était imminente entre le brutal marin et l'hypocrite plumitif: don Jesus le comprit, il résolut d'y couper court.

— Silence! señores, s'écria-t-il avec autorité. Que signifient de telles paroles entre amis et associés? Nous sommes ici pour nous occuper de nos affaires et pas pour autre chose.

— Vous avez raison, don Jesus, répondit le capitaine; señor don Cristoval, j'ai été un peu vif, pardonnez-moi mes injures.

— Je les mets aux pieds de Dieu, répondit le rancuneux corregidor.

— Vous disiez donc, don Cristoval, reprit don Jesus, qu'en fait de nouveau il y a beaucoup de mauvais.

— Beaucoup, hélas! oui, señor.

— De quelle sorte?

— On nous soupçonne; l'association a été dénoncée.

— Quel est le traître?

— Je l'ignore, mais je le saurai. Le gouverneur m'a fait appeler il y a quatre jours.

— Ah! ah! don Ramon de la Crux est contre nous?

— C'est notre ennemi le plus acharné.

— Il ne nous pardonne pas les bénéfices de la dernière affaire qu'il croyait tenir et que nous lui avons si habilement soufflée, fit le capitaine en ricanant.

— C'est cela même; il ne peut nous pardonner sa déconvenue.

— Je comprends cela; cent mille piastres ne se trouvent pas ainsi sous le sabot d'une mule, comme dit le vulgaire, reprit le capitaine.

Les trois associés se mirent à rire.

— Et que vous a dit le gouverneur? reprit don Jesus au bout d'un instant.

— Voici ses propres paroles: « Señor don Cristoval Bribon y Mosquito, vous êtes corregidor mayor de la ciudad; en cette qualité, votre devoir est de veiller non seulement sur la sûreté des habitants, mais encore sur les intérêts du fisc; vous négligez les devoirs de votre charge d'une manière honteuse; la contrebande prend des proportions effrayantes; je soupçonne certaines personnes des plus haut placées de la ville; prenez garde que je ne vous surprenne en connivence avec elles, et que je demande votre révocation. » Là-dessus il me congédia.

— Mais la situation était grave; que fîtes-vous, cher señor? vous êtes homme de ressources ordinairement.

— Hélas! reprit-il de sa voix traînante et pateline, je compris que tout était perdu si je n'employais pas les grands moyens; je fis arrêter au hasard deux misérables Indiens; par mon ordre, on leur glissa pour quinze mille piastres de perles dans leurs ceintures et on les conduisit chez le gouverneur, moi marchant en avant.

— Ah! ah! et qu'arriva-t-il? quinze mille piastres, c'est dur.

— Il fallait faire la part du feu, cher señor, je les ai portées au débit de l'association.

— Hum! enfin, et qu'arriva-t-il?

— Il arriva ce que j'avais prévu, cher señor, le gouverneur s'empara des perles et me renvoya avec force compliments et force excuses; je me suis assuré que ses soupçons ne reposent que sur des dénonciations vagues et qu'il ne sait aucun nom.

— Alors, nous sommes sauvés, quant à présent?

— Je l'espère.

— Et les Indiens que vous aviez fait arrêter?

— J'ai eu la douleur de les faire pendre hier; mais je me lave les mains de cette exécution; c'est don Ramon de la Crux, et non moi, qui l'a ordonnée; j'ai obéi, voilà tout.

— Nous ne vous adressons pas de reproches.

— Et puis j'ai remis trois piastres au prieur du couvent des Franciscains pour faire dire des messes à leur intention.

— Oh! comme je reconnais bien là votre honnête économie, qui s'allie si noblement à votre religion éclairée! dit en ricanant le capitaine.

Don Jesus se hâta d'intervenir afin d'éviter une nouvelle querelle provoquée par le sarcasme du marin.

— Et, en résumé, quelle est votre opinion sur tout ce qui s'est passé, señor don Cristoval?

— Oui, voyons un peu votre opinion, je ne serais pas fâché de la connaître; une fois n'est pas coutume, cela vous changera, ricana le capitaine.

Don Cristoval Bribon y Mosquito jeta sur son éternel contradicteur un regard mêlé de dédain et de mépris.

— Je crois, dit-il, que les soupçons conçus contre nous sont plutôt assoupis que détruits, et qu'ils se réveilleront à la première occasion.

— C'est aussi mon avis; mais que nommez-vous la première occasion, mon cher don Cristoval?

— Je veux dire que ces soupçons renaîtront plus forts dans l'esprit du gouverneur dès qu'il aura perdu au jeu les quinze mille piastres qu'il nous a

Que se passe-t-il donc? demanda Laurent avec inquiétude.

escroquées; car, soyez persuadés qu'il sait parfaitement à quoi s'en tenir sur notre compte, et qu'il n'est nullement notre dupe en cette affaire.

— Non, certes, dit l'incorrigible capitaine, c'est nous qu'il a pris pour dupes.

— Je partage de tous points cette opinion; et vous concluez de cela, cher señor?

— Je conclus, señor don Jesus, que les circonstances sont graves, excessivement graves, qu'elles peuvent amener une catastrophe.

— Je le pense aussi, mais je désire connaître votre opinion sur la conduite qu'il nous convient de tenir.

— Je n'entrevois qu'un seul moyen de nous tirer de ce mauvais pas.

— Et ce moyen est, cher señor ?

— Cesser complètement nos opérations, pour un certain temps du moins, et faire dériver adroitement les soupçons sur d'autres personnes qui seront ainsi compromises en notre lieu et place, ce qui me semble assez facile.

— Pas autant que vous le supposez.

— Pourquoi donc cela, señor don Jesus ?

— Eh ! mon Dieu, pour une raison bien simple, c'est que tout le monde fait peu ou prou la contrebande à Panama ; c'est le secret de la comédie, cela ; et don Ramon de la Crux le sait mieux que personne ; aussi je suis convaincu que, s'il s'adresse à nous, c'est qu'il a des raisons particulières de le faire, et que peut-être il est mieux instruit sur notre compte qu'il ne lui a plu de le paraître devant vous.

— De plus, ajouta le capitaine, votre invention des Indiens, que vous croyez si subtile et si adroite, est au contraire une sottise et une maladresse.

— Capitaine !

— Oui, señor, une sottise et une maladresse, je le répète ; don Ramon de la Crux n'est pas un niais, tant s'en faut ; tout en empochant nos quinze mille piastres, il a deviné l'enclouure, vive Dios ! Cette magnifique rançon lui a donné la mesure de ce qu'il peut attendre de nous, et il se promet bien d'en profiter le plus souvent possible ; grâce à votre poltronnerie, ses soupçons, s'il en avait, se sont changés en certitude ; vous verrez bientôt les conséquences de votre belle combinaison.

— A moins que nous ne coupions immédiatement le mal dans sa racine, et c'est ce qu'il nous faut faire sans retard.

— Je serais heureux que ce résultat fût obtenu ; le plus promptement sera le mieux, señor.

— Écoutez bien ceci, et surtout ne perdez pas un mot de ce que vous allez entendre, cher señor, c'est très important.

— J'écoute avec la plus sérieuse attention.

— Après demain, vers midi, accompagné de la señorita doña Flor, ma fille, du capitaine ici présent, et de quelques domestiques, j'arriverai à Panama.

— Comment ! vous arriverez à Panama.

— Cette nuit même je retourne à l'hacienda : comprenez-vous ?

— Pas du tout, mais c'est égal, continuez, señor.

— J'irai m'installer dans ma maison de la Plaza Mayor, où tout est prêt pour me recevoir.

— Peut-être seriez-vous mieux ici.

— Allons, je vois que décidément vous ne me comprenez pas ; je vais essayer d'être plus clair, si cela m'est possible.

— Je vous en aurai une réelle obligation ; il est important que je vous comprenne bien, afin de vous servir avec intelligence.

— Ce sera difficile, grommela le capitaine toujours railleur.

Don Jesus continua :

— Hier, après le tremblement de terre, dont sans doute les secousses se sont fait ressentir jusqu'ici...

— En effet, señor, mais heureusement, grâce à la benoîte Vierge Marie, nous n'avons eu aucun malheur à déplorer.

— Tant mieux ; donc, après le tremblement de terre, un étranger suivi d'un serviteur et d'un guide indien s'est présenté chez moi et m'a demandé une hospitalité que je me suis empressé de lui accorder.

— Jusqu'à présent je ne vois pas...

— Cet étranger est un des plus grands seigneurs de la cour d'Espagne ; il se rend ici où il arrivera demain, car ce matin il a quitté l'hacienda au lever du soleil.

— Ah ! ah !

— Oui, sa présence est même annoncée depuis longtemps déjà au gouverneur.

— Et comment se nomme cet étranger, s'il vous plaît ?

— Don Fernan Garci Lasso, conde de Castel Moreno. Il est neveu du vice-roi de la Nouvelle-Espagne, et même, je crois, un peu parent de l'Adelantado de Campêche.

— En effet, señor, ce caballero est impatiemment attendu ; une caravelle est entrée il y a deux jours dans le port, entièrement chargée pour son compte.

Les écouteurs échangèrent entre eux un regard d'intelligence.

— Mais je ne vois pas encore quel rapport... continua le corregidor.

— Patience ! m'y voici : Le señor conde avait besoin d'une maison, je lui ai loué la mienne.

— Laquelle ?

— Celle-ci où nous sommes.

— Comment ! cette maison si commode pour nous.

— Justement ; n'est-il pas convenu que provisoirement nous suspendons nos opérations ? la présence dans cette maison du comte de Castel Moreno fera tomber les soupçons que l'on avait conçus contre elle, probablement à cause de sa position isolée; de plus, le comte est un puissant seigneur, son influence est immense; j'ai agi avec lui de manière à attirer sa confiance; il se croit mon débiteur pour le service apparent que je lui ai rendu; je cultiverai assidûment sa connaissance; je me ferai son ami, ce qui me sera facile, car il est jeune, il semble doux, loyal, sans expérience encore; tout naturellement il nous protégera et au besoin, si on nous attaque, eh bien! il nous défendra, et, appuyés par lui, nous n'aurons plus rien à redouter; comprenez-vous, maintenant?

— Parfaitement, cher señor, parfaitement, c'est affaire à vous d'arranger aussi bien les choses.

— Et qui sait? continua l'haciendero, le comte est pauvre, il me l'a avoué lui-même; peut-être, en le circonvenant adroitement, réussirons-nous à en faire non seulement un ami, mais encore un complice.

— Vive Dios! ce serait un coup de maître! s'écria le corregidor avec enthousiasme, mais se reprenant aussitôt et se signant : le Seigneur me pardonne d'avoir pris son saint nom en vain! ajouta-t-il avec componction.

— Pour obtenir ce résultat que je ne considère nullement comme impossible, reprit don Jesus, il faut beaucoup de prudence jointe à beaucoup d'adresse.

— Il faut avant tout parvenir à le compromettre, le reste viendra tout seul après.

— C'est cela même, mon cher don Cristoval, je m'en charge, et je réussirai, ie vous le jure.

— Je n'ai pas de doute à cet égard.

— Il nous reste quelques marchandises en dépôt ici. nous allons nous occuper à les faire disparaître; pouvez-vous les recevoir chez vous?

— Cela me sera bien difficile; mais n'avez-vous pas quelque grenier, quelque cave, quelque réduit ignoré, enfin, dans cette maison, où vous puissiez les cacher sans craindre qu'elles soient découvertes?

— Hélas! non, cher seigneur, cette maison, vous le savez, n'est qu'un lieu de repos, un pavillon de chasse à peu près; elle n'a ni caves ni cachettes.

— Voilà qui est malheureux.

— Mais ne vous chagrinez pas, les marchandises dont je vous parle ne sont pas embarrassantes, ce sont quelques paquets de perles et un ou deux ballots de *plata pigna*; dès que la nuit sera noire, nous les transporterons chez vous sans être aperçus; à nous trois, il ne nous faudra qu'un voyage.

— Soit, puisqu'il le faut, dit le corregidor d'un air désolé.

— Ne vous effrayez pas pour si peu, don Cristoval, après-demain même, aussitôt mon arrivée en ville, je vous reprendrai ces marchandises; vous les chargerez sur une mule, et, lorsque je passerai devant votre maison, cette mule sera mêlée aux miennes; nul n'y verra goutte.

— A la bonne heure ainsi; je ne demande pas mieux que de vous servir.

— Oui, à la condition de faire de gros bénéfices et de ne pas avoir de risques à courir, fit le capitaine avec mépris.

— Dame! reprit candidement le corregidor, je suis un magistrat, moi; ma position me met fort en vue; je dois, avant tout, ménager l'opinion et conserver l'estime du public; ne suis-je pas le premier magistrat de la ville?

— Oui, oui, grommela le capitaine avec un rire railleur, et, cuerpo de Cristo! voilà une ville heureuse! Car si la justice n'y est pas toujours bien rendue, au moins l'est-elle lestement, ce qui est une compensation : témoin ces pauvres diables d'Indiens que vous avez fait pendre si rondement.

Le corregidor se leva blême d'indignation.

Mais don Jesus s'interposa une fois encore.

— Allons! allons! s'écria-t-il, la paix, señores! Voici le moment d'agir, hâtons-nous de faire disparaître tout cela.

Don Cristoval mordit ses lèvres minces, lança un regard de vipère au marin, qui haussa les épaules d'un air de mépris et se tut.

Les trois hommes se chargèrent des paquets de perles placés sur la table et sortirent du cabinet.

On les entendit pendant quelque temps aller et venir dans les appartements, puis, finalement, au bout d'un quart d'heure au plus, ils quittèrent la maison.

Il faisait nuit noire.

— Eh bien? demanda le guide au jeune homme tout en allumant une bougie, qu'en pensez-vous?

— Pardieu! je pense que ce sont de fieffés coquins et que ce corregidor, avec sa mine béate et ses manières doucereuses, est le plus hideux des trois.

— Le capitaine me plaît, à moi, dit Michel.

— J'ai appris d'ailleurs plusieurs choses qui ont pour nous une grande importance, reprit Laurent : l'arrivée de la caravelle, les projets du digne don Jesus sur moi, projets dont j'espère faire mon profit; de plus, j'ai acquis la certitude que personne ne connaît les mystères de cette maison.

— Maintenant que nous sommes les maîtres ici, et que nous ne craignons plus les importuns, voulez-vous, capitaine, que je vous les fasse connaître en détail, moi, ces secrets?

— Certes. José, et à l'instant, s'il vous plait; nous n'avons rien à faire cette nuit, ce sera du temps de gagné.

La visite projetée commença aussitôt, elle fut minutieuse et dura plusieurs heures; il était près de minuit lorsqu'elle fut enfin terminée et que les trois hommes se livrèrent au repos.

VIII

Comment le comte de Castel Moreno s'installa dans sa nouvelle demeure

Le lendemain, un peu avant huit heures du matin, don Fernan et sa suite, composée de Michel le Basque et du guide indien José, qui avaient quitté la casa Florida au lever du soleil, entrèrent dans la ville de Panama par la porte opposée à celle près de laquelle était située la maison louée à don Jesus Ordoñez.

Le jeune homme avait exigé qu'il en fût ainsi, afin que la nouvelle de son arrivée fût promptement connue et se répandit dans la ville.

Ce qui ne manqua pas, grâce aux indiscrétions calculées de José, à qui la leçon avait été faite, et qui répondait avec la plus gracieuse complaisance aux questions qu'à chaque pas lui adressaient avec empressement les curieux.

Don Fernan s'arrêta sur le port et entra dans la douane, dont il demanda le directeur en déclinant son nom et ses titres.

Le directeur, gros petit homme à la face bouffie, se hâta d'arriver et s'excusa avec la politesse la plus exagérée d'avoir fait attendre Son Excellence.

Le jeune homme coupa court à ses offres de service en le priant de lui faire expédier le jour même les ballots arrivés pour lui sur la caravelle la *Santissima Trinidad*. et déposés à la douane, ce à quoi le directeur s'engagea en se confondant en excuses au moins inutiles. puis le comte prit congé de lui et se retira.

Après avoir traversé la Plaza Mayor, la calle de Mercadères, celle de Pla·

teros, la petite troupe tourna dans celle de San Francisco, à l'extrémité de laquelle s'élevait la casa Florida.

Le corregidor, assisté de deux alguazils, se tenait immobile auprès de la porte.

En apercevant le comte, il le salua respectueusement en lui disant que, conformément à la loi, il venait pour assister à l'ouverture des portes de la maison et à la prise de possession de Son Excellence de la demeure qu'il avait louée, ce qui était vrai ; il ajouta qu'il avait été prévenu le matin même par un péon arrivé en toute hâte de l'hacienda del Rayo et porteur des doubles clefs de la maison, que, dans son empressement à satisfaire son noble locataire, le señor don Jesus Ordoñez de Sylva y Castro n'avait pas songé à lui remettre avant son départ.

Ceci était faux depuis A jusqu'à Z, don Fernan le savait pertinemment, mais il ne sourcilla pas ; il remercia gracieusement le corregidor de la peine qu'il avait prise, accepta les clefs qu'il lui remettait et l'invita à entrer avec lui dans la maison.

Ce que le corregidor accepta avec empressement.

On ouvrit alors les portes, et la petite troupe, augmentée du corregidor et de ses deux acolytes, pénétra dans l'intérieur de la maison.

Cette demeure était en réalité fort belle et surtout admirablement distribuée.

L'architecte de don Gutierrez Aguirre était, de son vivant, un homme de génie ; son plan était un chef-d'œuvre.

Les appartements étaient bien disposés, les pièces spacieuses, claires, fraîches, commodes, meublées non seulement avec luxe, mais encore avec une profonde connaissance du confort, mot qui n'existait pas encore, car la chose était presque inconnue.

Les communs, placés ni trop près ni trop loin de la maison, renfermaient des corrales et des écuries bien établies.

La huerta, plantée de grands arbres et d'immenses bouquets de ces végétaux des tropiques qui, en quelques mois, poussent à quinze et vingt mètres de hauteur, grande, bien dessinée, traversée par une petite rivière où s'ébattaient au soleil des milliers de poissons, était pleine d'ombre et de mystère.

Le comte paraissait enchanté de tout ce qu'il voyait.

— Connaissiez-vous cette maison, señor corregidor? demanda-t-il d'un air dégagé au magistrat qui le suivait pas à pas.

— A peine, Excellence, répondit effrontément don Cristoval, je n'y suis entré qu'une seule fois, il y a bien longtemps de cela, lors de la mort malheureuse du premier propriétaire.

— Qui s'est noyé, je crois? dit négligemment le comte.

— Hélas! oui, monseigneur; c'était un bien digne homme, que Dieu, sans doute, a reçu dans sa gloire.

— Amen! dit le comte; j'espère, señor corregidor, que vous voudrez bien m'honorer quelquefois de votre visite.

— Certainement, señor conde, tout l'honneur sera pour moi.

En ce moment José vint prévenir Son Excellence de l'arrivée de ses bagages, que le directeur de la douane s'était empressé de lui expédier et de celle de ses domestiques amenés par le capitaine de la corvette la *Santissima Trinidad* en personne.

— Vous m'excuserez de vous laisser, cher señor, dit le comte avec courtoisie : vous le voyez, en ce moment, je ne m'appartiens pas.

— Faites, faites, Excellence, je serais désespéré de vous gêner en rien.

— D'ailleurs, ajouta le jeune homme, j'espère vous revoir bientôt.

— Comment cela, Excellence ?

— Je compte aujourd'hui même avoir l'honneur de me présenter à Son Excellence don Ramon de la Crux, votre gouverneur, auprès duquel, ajouta-t-il avec un sourire, je suis chaudement recommandé.

— Me permettez-vous d'annoncer votre prochaine visite à don Ramon de la Crux, monseigneur ?

— Mais comment donc! avec le plus grand plaisir, señor.

Là-dessus ils se séparèrent et don Cristoval se retira la joie dans le cœur.

— Don Jesus avait raison, disait-il à part lui tout en regagnant sa demeure; ce jeune homme est réellement charmant; je crois que nous réussirons.

Lorsque Fernan eut regagné la maison, il trouva tous les ballots déjà entrés et les peones congédiés par les soins de Michel le Basque.

Les domestiques, grands gaillards bien découplés, aux traits anguleux et à la physionomie expressive, au nombre d'une douzaine environ, tous revêtus d'une livrée magnifique, s'occupaient à éventrer les susdits ballots et à mettre à part tout ce qu'ils renfermaient.

Ces ballots, timbrés au chiffre et aux armes du comte de Castel Moreno, n'avaient pas été ouverts à la douane, c'eût été faire une grave injure au noble comte, neveu du vice-roi de la Nouvelle-Espagne. Le directeur de la douane connaissait trop son devoir pour commettre un tel crime de lèse-courtoisie envers un aussi grand personnage.

Cela avait été heureux pour celui-ci, et don Cristoval Bribon y Mosquito, l'honnête et pieux corregidor que l'on connait, aurait sans doute fait une singulière mine à l'exhibition des différents objets retirés tour à tour de ces mystérieux ballots.

Ils renfermaient d'abord soixante Gelin et Bracchie, fusils de boucaniers remarquables par leur longueur et la justesse de leur tir, fabriqués exclusivement à Nantes et à Dieppe par les deux armuriers dont ils portaient le nom.

Ces fusils étaient empaquetés avec soin et démontés; puis on retira des sabres, des poignards, des coutelas, de la poudre, des balles, que sais-je encore !

Il fallait posséder l'audace de ces hardis aventuriers pour oser expédier de telles choses dans un port espagnol, bien que sous le couvert d'un des plus grands noms de la péninsule, car le hasard le plus fortuit les pouvait faire découvrir; mais les boucaniers n'y songèrent seulement pas.

D'ailleurs, ils comptaient sur l'orgueil castillan et sur la bassesse des employés du gouvernement; ils avaient calculé juste.

Mieux vaut dire tout de suite, afin de ne plus avoir à y revenir, que l'équipage de la caravelle et les domestiques composant la maison du soi-disant comte de Castel Moreno étaient tous des boucaniers, choisis avec un soin extrême parmi les plus hardis Frères de la Côte, de la Tortue de Léogane, de Port-de-Paix et de port Margot.

Au fur et à mesure que les étranges objets dont nous avons parlé étaient retirés des ballots, on les transportait dans une chambre secrète.

Ces ballots étaient au nombre de vingt, deux seulement contenaient des habits, du linge et des bijoux à l'usage de don Fernan.

Après avoir jeté un coup d'œil sur la façon dont opéraient Michel le Basque et ses camarades et leur avoir serré la main à tous, le jeune homme entra dans son cabinet où le capitaine de la caravelle l'attendait.

— Bonjour, Vent-en-Panne.

— Bonjour, Laurent, s'écrièrent à la fois les deux hommes en tombant dans les bras l'un de l'autre.

— Nous voici donc réunis enfin ! s'écria le jeune homme avec effusion.

— Ce n'est pas malheureux! ajouta Vent-en-Panne.

— Fumons une pipe et buvons un coup en causant de nos vieux camarades.

— C'est cela ! l'idée est excellente; ces diables de gavachos mangent si poivré qu'il fait toujours soif dans ce gredin de pays.

— Ce n'est pas déjà si mauvais, il me semble, répondit-il en riant.

— Je ne me plains pas.

Les pipes furent allumées, les verres remplis.

— Maintenant causons, dit Laurent, et d'abord à ta santé.

— Merci ! à la tienne, causons, je veux bien.

— A propos, tu sais que dix de nos camarades sont en prison ici, et qu'on parle de les pendre?

— Pardieu ! si je le sais ! répondit Vent-en-Panne avec un gros rire, c'est un coup que j'ai monté.

— Toi ?

— Moi-même, en personne naturelle.

— Pourquoi ? dans quel but ? est-ce qu'il y a eu révolte à bord ?

— Révolte à bord d'un navire commandé par Vent-en-Panne, allons donc! frère, tu veux rire.

— Aussi, cela me semblait si extraordinaire...

— Si je ne t'explique pas la chose, du diable si tu la devineras.

— Aussi, je préfère te laisser parler, frère.

— C'est le bon moyen; à ta santé !

— A la tienne! va, file ton loch.

— Sois calme, matelot, m'y voilà : figure-toi qu'arrivé en vue des côtes, je me suis aperçu que pour une caravelle de commerce j'avais un équipage beaucoup plus nombreux que ne le comportait la prudence; sans compter les domestiques, nous étions vingt-cinq à bord.

— C'était trop.

— N'est-ce pas? et cela pouvait éveiller les soupçons; alors je fis part de ma réflexion à Barthélemy, mon second.

— C'est Barthélemy qui est ton second ?

— Il l'était.

— Comment, il l'était? il ne l'est donc plus.

— Eh non! écoute donc, sang-dieu.

— C'est juste, à ta santé !

— A la tienne! Barthélemy trouva mon observation juste. « Faut parer à cela, matelot, me dit-il. — Comment faire? lui répondis-je, je ne puis pas jeter mon monde à la mer. » Tu connais Barthélemy; il se mit à rire. « A la rigueur, il y aurait encore ce moyen-là, reprit-il, mais je crois que j'en ai trouvé un autre : avec neuf hommes, moi dixième, je descends dans une pirogue, je mets le cap sur la côte, je suis amariné par les Espagnols et fait prisonnier; on nous conduit à Panama... — Et on vous pend, ajoutai-je. Joli moyen que tu as trouvé là ! — Allons donc! fit-il avec un gros rire, est-ce que toi, Laurent et

Michel le Basque, sans compter les autres, vous ne serez pas là pour me sauver ? »

— Brave cœur !

— C'était vrai ! Nous étions là ; je n'insistai pas et je lui dis : « Fais ce que tu voudras, matelot. » Alors il siffla l'équipage sur le pont, puis, quand ils furent tous réunis, il leur conta la chose ; tu sais comme il sait les conter quand il le veut bien ; de sorte que tous voulaient le suivre et que, le diable m'emporte ! j'ai vu le moment où je serais resté seul à bord ; mais Barthélemy est un gaillard fûté ; il leur fit comprendre que ça ne pouvait pas se passer ainsi et dit qu'il fallait tirer au sort. On accepta ; il choisit les premiers venus et ils s'embarquèrent en chantant. Je leur souhaitai bonne chance et je piquai dans le vent ; je tirai ainsi des bordées jusqu'à quatre heures du soir, puis je laissai arriver en plein sur le port, dans lequel je mouillai au coucher du soleil. Voilà, matelot ; es-tu content ?

— Je le crois bien.

— Tu sais, il faut les sauver.

— Pardieu ? penses-tu que je t'ai attendu pour m'occuper de cela ?

— Non, je te connais, Laurent ; je sais que tu es un vrai Frère de la Côte.

— Merci, à ta santé !

— A la tienne ! A propos, tu as besoin d'un page, tous les gentilshommes un peu relevés ont des pages.

— Après ?

— Je t'en ai amené un.

— Qui cela ?

— Fil-de-Soie.

— Vrai ?

— Parole d'honneur !

— Tu ne pouvais me faire une plus agréable surprise.

— Eh ! Fil-de-Soie, accoste en double ! cria Vent-en-Panne d'une voix de tonnerre.

La porte s'ouvrit et un jeune homme de quinze à seize ans, à la mine éveillée, mince, fluet, agile et déluré, parut sur le seuil, vêtu d'un charmant costume de page.

— Tu sais que tu es aux ordres de M. le comte, dit Vent-en-Panne avec dignité ; veille au grain, moussaillon, et plus vite que cela.

— Je connais le capitaine Laurent, et il me connaît, capitaine, répondit l'enfant avec un malin sourire.

— Je te connais, Fil-de-Soie, et je suis heureux de t'avoir près de moi.

— Pas plus heureux que je ne le suis moi-même, capitaine Laurent, répondit-il avec émotion.

— Ce failli gamin-là a des mots, je ne sais pas où il va les chercher, ma parole d'honneur, dit Vent-en-Panne.

— Oh! pas bien loin, capitaine, dans mon cœur.

— Diable d'enfant, va! ce ne sera pas de ma faute si je n'en fais pas un vrai matelot.

— Fil-de-Soie, mon enfant, fais apporter quelques bouteilles, et appelle nos camarades; ils doivent avoir terminé la besogne, dit le capitaine Laurent.

— Tu as raison, frère, faut parler à nos gars, ça les chagrine de passer pour des domestiques; je comprends ça, et toi?

Laurent sourit.

— Moi aussi, dit-il, mais n'aie pas peur, tu vas les voir dans un instant changer de note.

La porte s'ouvrit, les flibustiers entrèrent. Fil-de-Soie apporta un panier de vins et de liqueurs. Laurent se leva et salua courtoisement les assistants.

Le capitaine Laurent était d'une beauté hors ligne; sa taille élevée, svelte et bien prise, avait une grâce et une majesté extraordinaires; il y avait dans toute sa personne quelque chose qu'on ne pouvait analyser, de doux, d'efféminé même, qui était essentiellement sympathique; d'un courage de lion, d'une volonté de fer, et d'une vigueur extraordinaire, il avait dompté toutes ces natures primitives et grossières, mais foncièrement bonnes, dont il était l'idole et qui l'avaient surnommé le beau Laurent.

Ce qu'on racontait de ce terrible aventurier dépassait de très loin toutes les limites du possible; bien que très jeune encore, il avait accompli des actions d'une témérité telle qu'elles semblaient extraordinaires, même à ses compagnons; du reste, l'expédition dans laquelle il était engagé était une des plus folles qui puissent traverser l'esprit d'un homme; le lecteur en jugera bientôt.

— Soyez les bienvenus, frères, dit-il; je suis heureux de vous sentir près de moi et de pouvoir m'appuyer sur vos braves cœurs. Dès aujourd'hui la lutte commence; lutte qui doit inévitablement se terminer par la défaite de nos adversaires; mais souvenez-vous de notre devise : « Tous pour un, un pour tous. » Si vous la mettez en oubli, nous sommes perdus. Chacun a son rôle dans cette comédie terrible, remplissez les vôtres comme je remplirai le mien, sans hésitation comme sans défaillance, et, sur ma foi de Frère de la Côte! je vous garantis le succès; est-ce convenu?

— Pardieu! frère, dit Tributor, espèce de géant aux traits un peu effacés,

Il montra l'entrée d'une caverne, en écartant les broussailles.

mais au regard énergique, si nous sommes ici, c'est que tu es avec nous, et que nous avons confiance en toi.

— Bien parlé, mon brave Hercule! maintenant, frères, à votre santé, puis chacun à sa besogne! Qui est parmi vous mon valet de chambre?

— C'est moi, je suppose; je voudrais voir qu'un autre voulût me chipper mon emploi! dit Michel en riant.

— C'est juste; prépare une toilette complète; lorsque José aura amené les chevaux, on en sellera six, un pour moi, un autre pour toi, et les autres pour quatre domestiques ; Fil-de-Soie m'accompagnera aussi.

— Alors on sellera sept chevaux ?

— Tu as raison. Allez, frères, et n'oubliez pas que le succès de l'expédition dépend encore plus de vous que de moi.

Les boucaniers vidèrent leurs verres et se retirèrent, non sans avoir serré la main du capitaine.

— Eh bien ! qu'en penses-tu maintenant ?

— Je pense que tu es un démon, répondit Vent-en-Panne, et qu'après ce que tu viens de leur dire, ils se feront tous tuer pour toi.

— Je le pense aussi. Ah çà ! voilà trois jours que tu es arrivé ?

— Trois jours, oui.

— Bon ! Alors dis-moi ce que tu as vu.

— Hum ! frère, ce que j'ai vu n'est guère rassurant.

— Bah ! raconte-moi donc cela.

— Tu plaisantes et tu as tort, Laurent.

— Je ne plaisante pas ; je te demande des renseignements, voilà tout.

— Très bien. La population de la ville, sans parler des pueblos environnants, est de soixante mille âmes.

— Cela ne m'étonne pas, le commerce est immense ici. Après ?

— La ville est fermée de murailles et entourée d'un fossé large et profond.

— Je sais cela, je l'ai vu.

— Fort bien. As-tu vu aussi les deux cents pièces de canon braquées sur les remparts ?

— J'ai vu des canons, mais je ne les ai pas comptés.

— Je les ai comptés, moi.

— Je m'en rapporte à toi, continue.

— L'entrée de la rade est défendue par quatre forts armés d'une façon formidable.

— Que nous importe cela ?

— Il ne faut rien négliger.

— Bon ! après ? tu ne m'as pas parlé de la garnison, il doit y en avoir une, cependant.

— Il y en a une, oui, frère.

— J'en étais sûr ; et de combien d'hommes se compose-t-elle, quinze ou vingt mille, probablement ?

Vent-en-Panne regarda son compagnon avec une surprise tellement naïve, que l'autre se mit à rire.

— Vingt-cinq mille, alors, hein, est-ce cela?

— Non, frère, répondit Vent-en-Panne, la garnison est de douze mille hommes, et je trouve que c'est déjà bien assez comme cela.

— Peuh! des gavachos!

— Des gavachos, oui, c'est vrai, mais qui ont fait la guerre des Flandres sous les ordres du marquis de Fuentès, de braves soldats, aguerris et qui se battront comme des démons.

— Tant mieux, nous aurons plus d'honneur à les vaincre.

— Tu ne doutes de rien.

— Et toi tu doutes de tout.

— Tu as tort de me parler ainsi, Laurent, je suis le matelot de Montbarts; Michel le Basque et moi, nous ne l'avons jamais quitté, il sait ce que nous valons.

— Et moi aussi je le sais. Cordieu, frère, ta présence ici ne dément-elle pas mes paroles? excuse-moi, j'ai eu tort, mon vieux camarade.

— Oh! c'est trop, Laurent, c'est trop.

— Non, je suis un enfant mal élevé, orgueilleux, et je me laisse emporter à insulter des hommes qui valent mieux que moi; mais tu sais combien je t'aime, frère, et tu me pardonnes, n'est-ce pas?

— Peux-tu en douter?

Ils échangèrent une chaleureuse poignée de main.

— Que faisait-on là-bas quand tu es parti? reprit Laurent.

— On préparait l'expédition, mais il n'y avait rien d'arrêté encore. J'ai fait nommer l'amiral.

— Ah! ah! et quel est-il?

— Figure-toi qu'on voulait nommer Morgan; je déteste les Anglais, moi, et toi?

— Moi aussi; ils sont froids, cruels, voleurs et égoïstes.

— Je me suis opposé de toutes mes forces à cette nomination; j'ai dit que la pensée première de l'expédition appartenait à un Français, car tu es Français, Laurent?

— Je suis Frère de la Côte; qu'importe le reste?

— C'est juste, la nationalité ne signifie rien parmi nous, le cœur est tout, reprit Vent-en-Panne sans remarquer qu'il se donnait un démenti à lui-même : donc, j'ai soutenu que l'escadre devait être commandée par un Français; que le pavillon français était le seul que nous voulions suivre, et que les amiraux en sous-ordre, Anglais ou autres, n'auraient droit qu'à un guidon au mât de misaine, le pavillon de la flibuste devant seul être hissé à la corne ; avais-je tort ?

— Cordieu ! tu avais cent fois raison, frère, le pavillon de la flibuste est notre pavillon national à nous autres.

— M. d'Ogeron a été de ton avis et du mien, il m'a chaudement appuyé.

— Je reconnais là le bon et grand cœur de M. d'Ogeron ; en somme, quel amiral a-t-on nommé ?

— Montbarts, et comme capitaine de pavillon, Ourson Tête-de-Fer.

— Montbarts et Ourson ! vive Dieu ! frère, c'est un coup du ciel ; avec ces deux hommes, nous prendrions toute l'Amérique, si nous voulions.

— Comme tu y vas, frère !

— Et quel est le vice-amiral ?

— Morgan.

— Allons, tout va bien ! le choix est heureux ; Morgan est brave, intelligent, instruit ; il est surtout homme de détail, qualité qui nous sera précieuse.

— Ainsi, tu es content ?

— C'est-à-dire que je suis enchanté.

— Ah ! à propos, j'oubliais.

— Quoi donc ?

— Tu sais que la flotte des galions du Pacifique se réunit ici, à Panama ?

— Oui, eh bien ?

— Elle arrivera dans quinze jours au plus tard.

— Comment, malheureux ! s'écria Laurent en bondissant, tu oubliais de me dire cela !

— Ma foi ! oui, je l'avais complètement oublié.

— Mais c'est la meilleure nouvelle que tu pouvais me donner.

— Comment cela ?

— Comprends donc : lorsque nos frères sauront la présence ici des galions, rien ne pourra leur résister ; ils passeront, s'il le faut, au travers du feu, pour s'en emparer.

— Cordieu ! tu as raison, je n'y avais pas songé.

En ce moment Michel entra.

— Il faut vous habiller, dit-il.

— Les chevaux sont là ?

— Oui.

— Bien ! je suis à toi.

— Je te laisse, dit Vent-en-Panne.

— Tu dînes avec moi ?

— Pardieu !

— Bon ! j'ai quelqu'un à te présenter.

— Qui donc ?

— Mon guide indien, un homme précieux.

— Comme tu voudras, à ce soir.

— A ce soir.

— N'oublie pas Barthélemy.

— Sois tranquille.

Les trois boucaniers se serrèrent la main. Vent-en-Panne sortit.

Le capitaine Laurent employa la journée entière à faire des visites d'apparat; partout il fut reçu de la façon la plus distinguée; le nom qu'il portait, le titre dont il s'était affublé et, plus que tout, ses manières aristocratiques sans masque trompeur étaient des passeports qui lui ouvrirent les portes toutes grandes. A l'accueil qui, partout, lui fut fait, il reconnut facilement que sa position était excellente et qu'il pouvait tout oser.

Le gouverneur surtout, don Ramon de la Crux, fut parfait pour lui: il voulut absolument lui présenter sa femme et sa fille, charmante enfant de quinze ans, belle de cette excentrique beauté que possèdent seules les créoles espagnoles, et dont les regards le transpercèrent comme deux traits de flamme.

Don Ramon de la Crux ne consentit à laisser partir le comte de Castel Moreno que lorsque celui-ci se fut engagé formellement à dîner le lendemain au palais du gouvernement, en compagnie de toute la haute société de la ville.

Rentré chez lui vers six heures du soir, le capitaine Laurent trouva Vent-en-Panne qui l'attendait.

Selon sa promesse, il lui présenta José, que le flibustier jugea du premier coup d'œil, et pour lequel il se prit d'une belle amitié tout aussitôt.

Laurent, Vent-en-Panne, Michel et José dinèrent ensemble, servis avec le plus grand décorum et le plus profond respect par les flibustiers.

Les braves Frères de la Côte avaient pris leurs rôles au sérieux, et s'en acquittaient en conscience.

A la fin du repas, Laurent se pencha vers José.

— Avez-vous songé à nos camarades? lui demanda-t-il.

— J'ai déjà entamé des négociations, je compte sur une réussite prochaine.

— Quand doit-on les juger ?

— Dans cinq jours.

— Il nous reste bien peu de temps.

— Je ne vous demande que quarante-huit heures. Est-ce trop?

— Non, si vous les sauvez.

— Ne vous l'ai-je pas promis?

— C'est vrai, merci!

Presque aussitôt José se leva et sortit.

Les trois boucaniers, tout en buvant et fumant, causèrent alors de leur expédition, et cela si longuement que Vent-en-Panne et Michel le Basque finirent par rouler ivres morts sous la table.

Le capitaine Laurent appuya alors les coudes sur la table, cacha sa tête dans ses mains et se plongea dans de profondes réflexions.

Il pensait à doña Flor.

IX

Chapitre dans lequel certains lecteurs retrouveront quelques-unes de leurs anciennes connaissances

Maître Kornick, le propriétaire du *Saumon couronné*, la taverne la plus riche et la mieux achalandée de toute la ville de Port-de-Paix, se dorlottait douillettement couché dans son grand lit à baldaquin aux côtés de dame Kornick, sa chaste épouse. grosse commère aux appas formidables, à la mine réjouie et à l'œil émerillonné, âgée de trente-cinq ans à peine. et qui deux ans auparavant avait traversé la mer jolie pour venir donner sa main au susdit maître Kornick, enfant comme elle du bourg de Batz. son promis depuis vingt ans en arrière.

Maître Kornick, jeté comme une épave sur le rivage de Saint-Dominique, misérable et mourant de faim, avait fait tous les métiers pour vivre; il avait même été un peu pendu par les Espagnols, auxquels, pour ce fait peu courtois, il conservait une de ces bonnes rancunes bretonnes qui ne finissent qu'avec la vie.

Les Bretons sont rusés et surtout raisonneurs; celui-ci ne laissait rien à désirer sous ces deux points de vue; il avait compris tout de suite que si l'on gagne beaucoup d'or, l'épée ou la hache au poing, en prenant des galions espagnols, on risquait gros jeu à ce trafic très lucratif à la vérité, mais extraordinairement dangereux.

Or, le Breton avait un profond respect pour sa peau ; il réfléchit que l'or gagné par des coups de main héroïques, des expéditions hasardeuses, coulait comme de l'eau entre les doigts des boucaniers ; et que ceux-ci n'avaient point de plus grand bonheur que celui de le faire fondre en orgies gigantesques.

Son plan fut immédiatement tracé ; au lieu de prendre directement l'or qu'il convoitait à ses ennemis les Espagnols, au risque de se faire tuer ou estropier, il le prendrait de seconde main dans les poches percées, au physique comme au moral, de ses amis les flibustiers, et cela tranquillement, sans courir le moindre danger, ce qui était préférable sous tous les rapports.

En conséquence de ce raisonnement qui témoignait d'une certaine intelligence, le Breton avait fondé la taverne du *Saumon couronné*.

Misérable échoppe d'abord, mal installée et plus mal fournie, mais qui, telle qu'elle était, n'en rendit pas moins des services réels aux Frères de la Côte ; parce qu'elle était la seule de la ville, elle fut immédiatement adoptée par toute la flibuste, qui en fit un lieu de rendez-vous et un centre commun.

L'auberge prospéra, l'aubergiste arrondit sa pelote et devint bientôt un des plus riches bourgeois de la ville ; il fut considéré, eut des flatteurs et des parasites ; rien ne manquait plus à son bonheur ; si, je me trompe.

Ivonne manquait au bonheur du Breton. Devenu riche, Kornick pensa à sa payse qui l'attendait toujours depuis vingt ans dans les landes de Bretagne, avec cette foi robuste que les filles de ce pays primitif ont dans leur cœur pour les promesses de leur fiancé. Kornick fit venir Ivonne et l'épousa.

Le digne homme fut récompensé de sa bonne action en faisant une bonne affaire ; Ivonne était une maîtresse femme qui tint d'une main si ferme les rênes du gouvernement assez difficile de la maison, que, bien que d'autres tavernes se fussent fondées à Port-de-Paix, car une bonne idée trouve toujours des imitateurs, le *Saumon couronné* n'en demeura pas moins l'auberge la plus achalandée de la ville, et, loin de décroître, vit sa prospérité augmenter dans des proportions magnifiques.

Maître Kornick se dorlottait donc auprès de sa chaste épouse en faisant des rêves d'or, lorsque tout à coup des coups violents frappés à la porte de la taverne le réveillèrent en sursaut et lui firent ouvrir des yeux effarés.

— Qu'est-ce que c'est que cela ? s'écria-t-il en regardant autour de lui.

Le jour commençait à poindre ; l'aube blanchissait les vitres ; la chambre était presque obscure ; il n'était pas encore quatre heures du matin.

— Pardi ! dit Ivonne, ce sont des gens qui frappent.

— Je l'entends bien, et qui frappent fort, même, quels poignets!

— C'est qu'ils sont pressés d'entrer, sans doute.

— Bah! qu'ils attendent qu'il fasse jour; ils peuvent frapper à leur aise. les portes et la devanture sont solides.

— Lève-toi, mon homme, et va ouvrir.

— Ouvrir à cette heure, y penses-tu, Ivonne? regarde donc, il fait presque nuit.

— J'y pense si bien, mon homme, que si tu ne te lèves pas, je me lèverai, moi. Pour qu'ils fassent ce vacarme à ta porte, il faut que ces gens s'en croient le droit, et que leurs poches soient bien fournies de doublons et d'onces espagnoles.

— Tu as raison, s'écria l'aubergiste en se jetant à bas de son lit et en commençant à s'habiller en toute hâte.

— A la bonne heure, dépêche-toi de voir ce qu'on te veut. Pendant ce temps-là je me lèverai, moi aussi, et j'éveillerai les garçons.

— C'est ça, ma femme, répondit l'aubergiste avec un gros rire.

Il embrassa sa femme sur les deux joues et descendit l'escalier en courant.

On frappait toujours à la porte.

Maître Kornick se hâta de l'ouvrir, sans même demander qui était là; il connaissait ses pratiques.

Quatre ou cinq hommes entrèrent.

L'aubergiste ôta son bonnet et salua respectueusement en esquissant son plus gracieux sourire, qui était une affreuse grimace.

— Est-elle fûtée, cette Ivonne! murmura-t-il à part lui; elle les avait devinés.

Les nouveaux venus s'installèrent devant une table.

— De l'eau-de-vie, des pipes et du tabac, pour que nous puissions prendre patience en attendant le déjeuner que tu vas nous préparer et que tu nous serviras dans la chambre bleue, dit l'un d'eux.

— Pourquoi pas ici, mon cher Montbarts? demanda un autre.

— Parce que, monsieur d'Ogeron, répondit le célèbre flibustier, nous avons à nous entretenir d'affaires sérieuses et que, dans une heure, cette salle sera remplie de buveurs.

— Vous avez raison, mon cher capitaine.

— Tu entends, Kornick, un bon déjeuner pour cinq personnes; donne-nous ce que tu voudras, mais prends bien garde que tout soit excellent.

— C'est Ivonne en personne qui fera le déjeuner du capitaine.

— Oh! alors, si c'est Ivonne, reprit Montbarts en riant, me voilà tranquille.

En ce moment on entendit plusieurs grognements au dehors.

— Eh! reprit le capitaine, voici un sixième convive qui nous arrive; je l'avais oublié. Allons, apporte d'abord ce que je t'ai demandé, et ensuite le déjeuner pour six, tu entends.

— Je vous demande une heure, capitaine.

— C'est entendu, va.

Le nouveau convive annoncé par Montbarts parut presque aussitôt. C'était un homme jeune encore, dont les traits mâles et énergiques étaient beaux et sympathiques; une longue barbe brune tombait jusqu'au milieu de sa large poitrine sur laquelle elle s'étalait en éventail; sa taille était haute, bien prise; ses muscles, saillants comme des cordes, dénotaient une vigueur peu commune.

Il était magnifiquement vêtu, avait l'épée suspendue au flanc par un large ceinturon brodé d'or, de perles et de pierreries, un chapeau empanaché sur la tête, et tenait un gelin à la main gauche.

Trois rastreros et trois marcassins, sa suite ordinaire, le suivaient, marchant lorsqu'il marchait, s'arrêtant lorsqu'il s'arrêtait et les yeux sans cesse fixés sur lui.

— Bonjour. Ourson, mon vieux camarade, s'écrièrent les boucaniers d'une seule voix.

Et cinq mains se tendirent spontanément vers lui.

— Bonjour, frères, répondit-il avec son charmant sourire et tendant aussitôt les deux mains; bonjour, monsieur d'Ogeron; bonjour, Montbarts; bonjour, Poletais; bonjour, Pitrians; bonjour, Pierre Legrand.

— Soyez le bienvenu, capitaine, ajouta M. d'Ogeron.

— Serais-je en retard, frères?

— Nous arrivons à peine.

— Tant mieux! figurez-vous que je suis venu en me promenant, de sorte que je me suis un peu oublié le long du rivage.

— En pensant à ta femme, dit Montbarts en riant.

— Je ne le cache pas, je l'aime tant, la bonne et sainte créature, est-ce que tu ne trouves pas cela singulier. Montbarts?

— Non, je le trouve au contraire fort naturel, cher ami, car moi aussi je suis fou de la mienne.

— Tu me fais plaisir de me parler ainsi, je craignais vos railleries, elles m'auraient fort peiné; voilà pourquoi j'ai voulu expliquer franchement la cause de mon retard involontaire.

Une protestation unanime s'éleva aussitôt.

— Votre retard n'en est pas un, mon cher Ourson, reprit M. d'Ogeron, puisque nous ne vous avons précédé ici que de cinq minutes à peine.

Ourson prit place à côté de ses amis; ses chiens et ses sangliers se couchèrent à ses pieds.

— A votre santé ! dit-il en se versant de l'eau dans un gobelet.

En l'apercevant, maître Kornick avait apporté une carafe; le capitaine Ourson Tête-de-Fer ne buvait jamais que de l'eau.

Les boucaniers trinquèrent gaiement avec le capitaine, mais leurs gobelets étaient remplis de rhum jusqu'au bord.

Un rayon de soleil pénétra dans la salle comme une flèche d'or.

Au même instant on entendit résonner au dehors des fifres et des tambours, mêlés aux piétinements d'une grande foule qui riait, criait et chantait.

— Vos ordres s'exécutent, Montbarts, dit en souriant le gouverneur.

— Non seulement ici, mais encore à Port-Margot, à Leogane, à la Tortue, partout enfin; n'est-ce pas, Ourson ?

— J'ai moi-même, afin d'éviter les malentendus, porté tes ordres dans toutes les localités.

— Quelle foule ! s'écria Pierre Legrand en regardant dans la rue.

— Il nous faut du monde, dit Ourson en hochant la tête.

— Oui, l'affaire sera rude.

— Mais nous porterons un coup mortel au commerce espagnol.

— Il lui faudra des années pour se relever.

— Avez-vous reçu des nouvelles du beau Laurent? demanda le gouverneur.

— Aucune.

— Hum !

— Cela n'a rien d'extraordinaire. reprit Montbarts; avant de tenter son débarquement à l'isthme, Laurent devait remonter jusqu'aux environs du cap Horn, où Vent-en-Panne se trouvait en croisière, afin de s'aboucher avec lui. de lui expliquer le plan que nous avons formé, puis ensuite revenir sur ses pas. Le trajet n'est pas mince. Remarquez qu'il a appareillé le 2 janvier de Port-de-Paix. Il est vrai que c'est la saison d'été dans ces parages et que nous ne sommes qu'au 10 mars.

— C'est vrai, cependant...

— Laurent, lui-même, avait si bien prévu les retards et les difficultés de la navigation qu'il entreprenait, qu'il nous avait fixé le 10 mars pour l'enrôlement, si nous n'avions pas de nouvelles de lui; et vous le savez, monsieur le gouverneur, pour nous, les bonnes nouvelles, en pareil cas, sont celles que nous ne recevons pas. Si Laurent avait échoué, nous l'aurions revu depuis longtemps déjà.

— C'est mon opinion, j'ai la conviction qu'il a réussi, dit Ourson; Laurent n'est pas un homme ordinaire; ses entreprises les plus folles en apparence sont en réalité calculées avec un soin minutieux; il n'oublie rien et ne laisse au hasard que la plus petite part possible.

— Oui, je sais tout cela, mais je sais aussi que de toutes les expéditions tentées par vous jusqu'à ce jour, celle-ci est la plus folle, je dirai même la plus insensée; sa témérité m'épouvante, et cependant je ne suis pas homme à m'effrayer facilement, vous le reconnaitrez, messieurs.

— Nous rendons à votre courage l'honneur qui lui est dû, monsieur, répondit le Poletais; mais vous oubliez que nous sommes des Frères de la Côte, c'est-à-dire des hommes pour qui le mot impossible n'existe pas, que le danger attire, et pour lesquels une expédition a d'autant plus de charmes que les difficultés à vaincre pour la faire réussir semblent insurmontables.

— Soit, je n'insiste pas; d'ailleurs je vous ai permis de tenter ce hardi coup de main, et ce n'est pas aujourd'hui que je songerais à revenir sur l'autorisation que je vous ai donnée.

— Il serait un peu tard pour cela, dit Pitrians, vous savez que je suis arrivé il y a trois jours de la Jamaïque.

— Non, je l'ignorais. Eh bien! avez-vous réussi?

— Complétement. J'ai sur moi l'acceptation de Morgan, signée de lui; il consent à faire partie de l'expédition, avec parts égales dans les prises, le titre de vice-amiral, sous les ordres immédiats de Montbarts, et il se déclare prêt à signer la charte-partie aussitôt qu'il aura mouillé, avec son escadre, devant Port-de-Paix.

— Avec combien de bâtiments se joindra-t-il à nous?

— Sept : cinq corvettes, une frégate et un aviso, montés par neuf cents hommes dont il répond corps pour corps.

— Vous le voyez, monsieur le gouverneur, dit Ourson, nos forces se dessinent.

— J'en conviens. mais vous resterez toujours dans une proportion d'un contre dix contre les ennemis que vous vous préparez à combattre.

— Peuh! des gavachos! qu'importe cela? fit le Poletais avec dédain.

— De plus, ajouta Pitrians, comme je ne connaissais pas les décisions qui seraient ultérieurement prises par le conseil, j'ai averti Morgan que probablement la flotte serait divisée en trois escadres. et aurait deux vice-amiraux.

— Tu as bien fait, matelot, s'écria joyeusement Montbarts ; et qu'a-t-il dit ?

— Lui ? il a trouvé cela fort naturel et n'a pas fait d'objections.

— Bien manœuvré, mon gars ! tu es un gaillard qui ira loin.

— Si je ne suis pas pendu, ajouta Pitrians en riant, ma mère me l'a prédit quand j'étais tout jeune ; merci, Montbarts.

Les aventuriers se mirent à rire de cette boutade de Pitrians, mais comme la salle commençait à se remplir de consommateurs de toutes sortes, ils jugèrent prudent de changer de conversation et de causer de choses indifférentes.

C'était l'heure où les habitants, les engagés, les ouvriers, les artisans, avant d'ouvrir leurs boutiques ou de se livrer à leurs travaux journaliers, venaient les uns à la file des autres boire leur coup du matin en causant de la colonie ou des cancans du voisinage ; mais tous, lorsqu'ils passaient devant la table occupée par les six aventuriers qu'ils connaissaient bien, se découvraient et les saluaient avec une nuance de respect et de bonhomie familière qui témoignait de la haute opinion qu'ils avaient de ces héros modestes, auxquels ils devaient pour la plupart l'aisance et le bien-être dont ils jouissaient.

Les aventuriers et M. d'Ogeron lui-même répondaient par quelques paroles amicales, des sourires et des poignées de main, à toutes ces salutations.

Cependant maître Kornick vint les avertir que le déjeuner les attendait, et il les conduisit dans une chambre du premier étage où, devant une porte-fenêtre ouverte sur un balcon donnant sur la mer, une table était abondamment servie de mets appétissants et complètement garnie de bouteilles de toutes dimensions.

— A table, messieurs ! dit gaiement M. d'Ogeron, c'est moi qui, avec votre permission, veux être aujourd'hui votre amphitryon ; j'espère que vous ferez honneur au modeste déjeuner que je vous offre.

— De grand cœur, et merci, monsieur, répondit Montbarts au nom de tous.

On prit place et le déjeuner commença avec cet entrain que mettent les hommes d'action à satisfaire leurs besoins physiques.

Les verres se choquaient et les bouteilles se vidaient avec une rapidité qui faisait plaisir à voir.

Seul Ourson Tête-de-Fer buvait de l'eau selon sa coutume, mais il n'en était pas moins gai pour cela, et il partageait fraternellement avec ses amis à quatre pattes, couchés modestement à ses pieds, les mets qu'il plaçait tour à tour sur son assiette.

Les aventuriers, aussi habitués à voir leur ami Ourson avec ses chiens et

Les trois hommes regardèrent.

ses sangliers qui ne le quittaient jamais qu'à voir leurs rastreros marcher sans
sabots, le laissaient agir à sa guise, et sans même prêter la moindre attention
à ce qu'il faisait; tout cela leur semblait naturel de sa part; d'ailleurs tous
l'aimaient et le respectaient; ils savaient combien il avait été malheureux
jadis, avec quel courage et quelle grandeur il avait souffert l'adversité, et ils se
seraient gardés de lui causer la moindre peine; les manies du célèbre aventurier — le mot *toquade* n'était pas encore inventé à cette époque — étaient

sacrées, non seulement pour eux, mais encore pour tous les autres Frères de
la Côte.

De la table où ils étaient assis, les flibustiers jouissaient d'un coup d'œil
enchanteur : devant eux, le port; au loin, jusqu'aux dernières limites de
l'horizon et se confondant avec lui, la mer; à droite, apparaissait comme un
point noir la roche du Requin, si célèbre dans les annales de la flibuste; à
gauche, les côtes montagneuses et boisées de la petite île de la Tortue, berceau
de la redoutable association des flibustiers.

La brise du matin ridait légèrement la mer, dont le soleil faisait étinceler le
sommet des lames comme des écrins de pierreries.

Une foule de navires de toutes sortes et de toutes grandeurs, ancrés dans
le port ou amarrés bord à quai, larguaient leurs voiles en bannières pour les
faire sécher, ridaient leurs haubans, dressaient leurs vergues, calfataient leurs
carènes, enfin se livraient à toutes les occupations journalières de la vie
maritime, réglant leurs manœuvres avec le sifflet des contremaîtres ou les
chants cadencés et mélancoliques des matelots.

L'atmosphère était parfumée de cette senteur âcre et pénétrante qu'on
ne sent que dans les ports et qui donne la nostalgie aux marins, lorsque,
pendant longtemps, ils habitent les villes de l'intérieur et ne peuvent plus la
respirer à pleins poumons.

Donc la journée était magnifique, partout le soleil, la vie et le mouvement;
aussi les convives de M. d'Ogeron se laissaient-ils aller à ce bien-être augmenté
encore pour eux par un excellent et copieux repas, arrosé de vins de choix, et
se sentaient-ils de plus en plus disposés à tout voir en beau.

Lorsque le café fut versé, car il est bon de constater en passant que le café,
à peine connu en France, était depuis longtemps d'un usage très commun à la
Côte; lorsque, dis-je, le café fut versé, les liqueurs sur la table et les pipes
allumées, la conversation qui, jusque-là, avait été assez frivole, prit sans transition une tournure éminemment sérieuse.

Ce fut le gouverneur qui ouvrit le feu.

— Voyons, messieurs, dit-il en se renversant nonchalamment sur le dos-
sier de son siège, maintenant, si vous y consentez, nous causerons un peu de
nos affaires; je ne sais rien de préférable à une bonne causerie ou à une discussion sérieuse, faite en savourant l'arome d'un excellent café coupé par de la
vieille liqueur des îles avec accompagnement de pipes.

— Vous n'êtes pas dégoûté, monsieur, c'est en effet ce qu'il y a de meilleur,
excepté une belle bataille contre les gavachos, dit Pitrians en passant sa
langue sur ses lèvres avec une expression de sensualité voluptueuse.

— Raffiné, va! dit en riant le Poletais.

— Je suis comme cela, je ne m'en cache pas.

— Mettez-nous un peu au courant, mon cher Montbarts, reprit le gouverneur, qu'avez-vous fait et que comptez-vous faire?

— Je ne vous cacherai rien, monsieur, répondit le flibustier, car je serais heureux de recevoir vos avis et bons conseils, si, ce qui est probable, j'ai commis quelques erreurs.

— Quant à moi, dit galamment M. d'Ogeron, je ne l'admets pas, mon cher capitaine; mais c'est égal, allez toujours, nous vous écoutons.

— Vous avez dit fort bien, monsieur, que l'expédition que nous préparons aujourd'hui était la plus folle et la plus téméraire que nous ayons jamais tentée : celle de la Grenade, celle de Maracaïbo même n'étaient que des jeux d'enfant auprès d'elle.

— Diable! fit le gouverneur.

— Vous voyez que je ne marchande pas mes expressions et que je vous fais la partie belle.

— L'expédition de Maracaïbo est un beau fait d'armes.

— A la réussite duquel vous ne vouliez pas croire non plus, dit Montbarts avec une légère pointe de raillerie, et cependant...

— Vous avez été vainqueur, je le reconnais; d'ailleurs, j'ai fait amende honorable de mon erreur.

— Après la victoire, monsieur; il en sera de même cette fois.

— Je l'espère; tenez, Montbarts, ne parlons plus de cela, je préfère m'avouer tout de suite vaincu, je renonce à lutter plus longtemps contre vous, vous êtes un trop rude jouteur pour moi.

— Bravo! s'écrièrent en riant les boucaniers.

— Que voulez-vous, messieurs, reprit M. d'Ogeron avec bonhomie, j'ai une longue expérience des choses de ce monde; je sais ou crois savoir ce que contient d'énergie, de courage, d'entêtement et de patience le cœur d'un homme, doué de facultés même extraordinaires; eh bien, avec vous, je veux que le ciel me confonde, si tous mes calculs ne sont pas en déroute: voilà douze ans que Sa Majesté Louis XIV, notre souverain bien-aimé que Dieu conserve, m'a nommé votre gouverneur, n'est-ce pas?

— Oui, monsieur, et nous remercions bien sincèrement le roi du magnifique présent qu'il nous a fait en vous mettant à la tête de notre colonie.

— A la tête! Hum! enfin, soit! et merci pour le compliment. Eh bien! messieurs, voulez-vous que je vous fasse un aveu sincère et très humiliant pour ma perspicacité et mon expérience?

— Nous vous écoutons, monsieur.

— Eh bien! là, franchement, sur l'honneur, je ne vous connais pas plus que le premier jour; à chaque instant vous me causez des surprises et des éblouissements qui me confondent; vous êtes des êtres à part, des natures incompréhensibles; si quelque jour il vous passait par la cervelle d'aller décrocher la lune, le diable m'emporte si je ne suis pas convaincu que vous réussiriez!

A cette singulière boutade, à laquelle ils étaient si loin de s'attendre, et que le gouverneur avait prononcée avec cette bonhomie qui était le côté saillant de cet esprit si fin et si observateur, les aventuriers furent pris d'un rire homérique.

— Riez, riez, messieurs; j'ai dit ce que j'ai dit, je n'en démordrai pas; je vous crois capables de tout, dans le bien comme dans le mal; je vous aime comme mes enfants; je vous admire comme de grands et nobles cœurs que vous êtes; et maintenant faites à votre guise, je ne m'en mêle plus, et je plains les Espagnols.

Les rires recommencèrent de plus belle et ils se prolongèrent pendant assez longtemps, enfin le calme se rétablit.

— Vous pouvez continuer, mon cher Montbarts, reprit le gouverneur, j'ai soulagé ma conscience, je suis tranquille.

— Voici donc ce que j'ai fait, monsieur, répondit en souriant le célèbre aventurier, d'abord j'ai fait réunir tous les navires en état de prendre la mer, grands, moyens et petits, leur nombre s'élève à soixante-cinq.

— C'est un beau chiffre.

— N'est-ce pas? Ces soixante-cinq navires, en établissant entre eux une moyenne de vingt canons, et je suis au-dessous de la vérité, représentent un effectif de...

— Treize cents bouches à feu, interrompit le gouverneur, ce qui est considérable.

— De plus, continua Montbarts toujours souriant, vous voudrez bien remarquer, monsieur, que je ne compte pas ici les sept bâtiments de notre confédéré Morgan, qui doivent en moyenne porter cent cinquante pièces de canon.

— Je commence à croire que, comme toujours, j'avais mal envisagé la question.

— Attendez, reprit doucement Montbarts, nous sommes, vous le savez, à la meilleure époque de l'année, la plus favorable, enfin, pour la course; aucune expédition n'a été tentée depuis six mois, donc tous les Frères de la Côte sont à terre.

— Et passablement à la côte, entre parenthèses, dit Pitrians en riant ; ils meurent à peu près de faim, et, le cas échéant, se battront comme des démons.

— J'allais ajouter cela, reprit Montbarts ; aujourd'hui des bans d'enrôlement sont, par mes ordres, publiés dans tous les ports et toutes les localités de la Côte, aujourd'hui même les engagements commenceront, nous aurons plus de matelots qu'il ne nous en faudra.

— Oh ! quant à cela...

— Vous verrez, monsieur, nous serons contraints de faire un choix parmi eux. Nous disons donc soixante-cinq navires d'une part, sept de l'autre, total soixante-douze, qui, à quatre-vingt-dix hommes en moyenne par équipage, ce qui, cette fois encore, est au-dessous du chiffre réel, nous donne six mille quatre cent quatre-vingts matelots ; mettons sept mille, chiffre rond, compris les équipages du bâtiment de Vent-en-Panne et de celui de Laurent, que nous n'avons pas comptés.

— Soit, nous disons sept mille hommes, ce qui est un chiffre magnifique, mais...

— Je vais au-devant de votre objection, monsieur ; sur ces sept mille hommes, la moitié seule pourra être débarquée, les autres étant contraints de demeurer à bord pour garder les navires.

— C'est cela ; vous avez d'abord à vous emparer du port, où vous prendrez terre, afin de vous assurer un bon mouillage et une retraite en cas d'échec, et même après le succès ; ensuite vous avez vingt lieues à faire à travers terre, dans un pays inconnu, où chaque pas sera un combat ; combien calculez-vous que vous serez en arrivant devant la place que vous voulez enlever ?

— Deux mille cinq cents, monsieur ; je porte la perte en hommes tués, malades ou laissés en arrière, à mille hommes : cela vous semble-t-il suffisant ?

— Je crois le chiffre exagéré, mais quelques centaines de plus ou de moins ne signifient pas grand'chose. Avez-vous des renseignements sur cette ville ?

— Aucun, je l'avoue, mais Laurent m'en donnera.

— Je vais d'abord vous en donner, moi.

— Vous en avez donc ?

— De très exacts que j'ai fait prendre à votre intention.

— Que de remerciements !

— Allons donc ! j'ai voulu vous être utile à vous et à vos compagnons, voilà tout.

— J'écoute, monsieur, ou plutôt nous écoutons.

— Commençons par Chagrès.

— Soit.

— Chagrès est bien fortifié, son entrée est étroite; la ville est bâtie à l'embouchure d'une rivière, défendue par une citadelle bien et solidement établie, renfermant une garnison de deux mille hommes qui se défendront bien.

— Ils feront leur devoir, répondit nonchalamment Montbarts.

— C'est juste; passons. Panama est avec le Callao, port du Pérou, l'entrepôt des richesses du gouvernement espagnol dans la mer du Sud; vous le savez, n'est-ce pas?

— Oui, monsieur, et c'est à cause de cela que nous voulons nous en emparer.

— Fort bien; je ne discute pas cette question, qui est résolue entre nous. Montbarts s'inclina.

— La ville est défendue par terre et par mer; par terre par une muraille bastionnée garnie d'un fossé; par mer par deux forts dont les feux se croisent et peuvent au besoin incendier la ville qu'ils commandent de tous les côtés.

— Ceci est de peu d'importance pour nous, monsieur.

— Peut-être, mais ce qui est pour vous de la plus haute importance, c'est que Panama possède une population de soixante mille habitants.

— Oh! on a grossi le chiffre, monsieur, soyez-en sûr, ces Espagnols sont si vantards!..

— Vous croyez? Je le veux bien; mettons quarante mille, si vous voulez?

— Soit, quarante mille.

— Ce qui est déjà un assez beau chiffre, il me semble.

— Oui, mais il faut défalquer les femmes, les enfants, les vieillards, les prêtres, les moines, que sais-je encore? c'est-à-dire les trois quarts de cette population.

— Je l'admets: reste donc dix mille, ce qui est encore assez joli.

— Oui, ce serait beaucoup, s'ils se battaient; mais ce sont des bourgeois poltrons et criards qui, pour la plupart, trembleront pour leurs richesses, pour leurs maisons, leurs femmes, leurs enfants, que sais-je encore? et qui, au premier coup de feu, s'enfuiront dans tous les trous, comme des rats, ou se réfugieront dans les couvents et les églises. A la rigueur, supposons, et cette supposition est toute gratuite de ma part, croyez-le bien, supposons, dis-je, que deux ou trois mille peut-être se trouveront avoir du courage et voudront combattre, ce qui sera un malheur pour eux et leurs amis.

— Comment cela?

— Parce que ces dignes bourgeois, ignorants des choses de la guerre, ne sachant même pas se servir des armes qu'ils tiendront, ahuris par la fumée, seront incapables de quoi que ce soit ; et leur bonne volonté même nuira aux manœuvres des troupes réglées, entravera leurs mouvements et jettera le désordre parmi elles, vous le verrez ; c'est-à-dire, pardon ! vous ne le verrez pas, mais nous le verrons, nous, et nous vous le raconterons à notre retour ; les seuls ennemis avec lesquels nous devions compter sont les soldats, c'est-à-dire la garnison.

— Très bien ! en connaissez-vous le chiffre, de cette garnison ?

— Ma foi ! non, je vous l'avoue.

— Elle se monte à douze mille hommes.

— Pas davantage ? je la supposais plus forte ; c'est bien imprudent aux Espagnols, vous en conviendrez, monsieur, de mettre une si petite garnison dans une place aussi importante.

Ceci fut dit d'une voix si douce, d'un ton si placide, que M. d'Ogeron, bien qu'habitué avec de pareils hommes à ne s'étonner de rien, en fut complètement *déferré*, ainsi que dit ce bon Tallemant des Réaux.

— Enfin, reprit le gouverneur au bout d'un instant, encore faut-il que vous sachiez quels sont les hommes qui composent cette garnison.

— Des soldats, je suppose.

— Oui, mais ces soldats sont les restes de ces vieilles bandes espagnoles réputées, pendant les guerres des Flandres, comme étant la meilleure infanterie de l'Europe ; ils ne fuiront pas, ceux-là, il faudra les tuer jusqu'au dernier pour en avoir raison.

— On les tuera, monsieur, n'ayez crainte ! Pardieu ! je vous remercie bien sincèrement, cette dernière nouvelle est excellente ; nous trouverons enfin à qui parler ; cela me charme ; merci encore une fois, monsieur.

Au même instant, et comme pour ponctuer cette phrase singulière, une effroyable détonation éclata comme un coup de tonnerre, suivie presque aussitôt de plusieurs autres.

— Qu'est cela ? s'écria le gouverneur avec surprise.

Les aventuriers s'élancèrent au balcon et regardèrent.

Plusieurs bâtiments, dont le premier portait guidon au grand mât, entraient dans le port et saluaient la ville en allant prendre leur mouillage, à l'abri du fort, qui répondait à leur salut par une salve de toutes ses pièces.

— C'est Morgan ! s'écrièrent les aventuriers en battant joyeusement des mains.

X

Où l'on voit appareiller la flotte flibustière

C'était, en effet, Morgan qui arrivait.

Fidèle à l'engagement pris avec Pitrians, il venait joindre sa flotte à celle des aventuriers.

Il entrait en ce moment dans le Port-de-Paix avec sept bâtiments parfaitement équipés...

C'était un spectacle saisissant que celui de cette escadre manœuvrant avec un ensemble extraordinaire, qui évoluait avec grâce et précision pour prendre son mouillage sous les feux du fort.

L'enthousiasme était à son comble à Port-de-Paix ; toute la population s'était portée en masse sur le port et saluait les nouveaux venus avec des cris et des trépignements de joie.

Aussitôt que les navires anglais eurent laissé tomber leurs ancres et cargué leurs voiles, une embarcation déborda du vaisseau amiral et se dirigea vers la terre.

Cette embarcation contenait Morgan et les principaux officiers de son état-major.

Lorsque l'embarcation accosta le débarcadère, Morgan et ses officiers furent reçus en mettant pied à terre par M. d'Ogeron, Montbarts et les autres chefs de la flibuste, et après s'être cordialement souhaité la bienvenue, ils se dirigèrent de compagnie vers l'hôtel du gouvernement, suivis et précédés par la foule, qui les accompagnait avec de joyeuses acclamations.

Morgan avait à cette époque trente-huit ans, il était grand et bien fait de sa personne ; ses traits étaient beaux, énergiques, mais l'habitude du commandement avait donné à sa physionomie une expression de hauteur froide, farouche et implacable.

Natif du pays de Galles et fils de pauvres paysans, il s'était tout jeune enfui de la maison paternelle et était passé à la Barbade, où il avait presque aussitôt commencé la vie de corsaire qu'il ne devait plus abandonner. Son audace, sa ténacité, son intelligence et le bonheur qui accompagnait toutes ses entreprises l'avaient bientôt rendu célèbre.

Sa réputation balançait et égalait presque celle de Montbarts, du beau Laurent et de deux ou trois autres des plus renommés chefs de la flibuste.

La liste de ses hardis coups de main contre les Espagnols était longue; aussi son nom leur inspirait-il une terreur affreuse; sa cruauté et sa rapacité étaient proverbiales.

C'était un corsaire doublé d'un bandit; du reste il ne s'en cachait pas le moins du monde; même, dans ses moments de bonne humeur, il faisait parade des sanglants sévices exercés par lui de sang-froid sur de malheureux prisonniers sans défense. Ni l'âge ni le sexe ne trouvaient grâce devant lui; il avait le cœur d'un écorcheur sous les dehors et le parler efféminé d'un gentilhomme.

Maracaïbo, Sainte-Catherine, Carthagène, Porto-Bello, Natal, avaient successivement été pris, brûlés et pillés par lui; il avait même essayé de surprendre Panama, mais il avait été repoussé après avoir éprouvé des pertes immenses.

L'espoir d'une revanche éclatante lui avait fait accepter avec joie la proposition de Montbarts, bien qu'il ne dût jouer qu'un rôle secondaire en cette circonstance et obéir au lieu de commander l'expédition.

Mais l'implacable Anglais se réservait de s'emparer un jour, et pour son propre compte, de cette ville dont il convoitait ardemment les immenses richesses.

Projet que, du reste, il exécuta deux ans plus tard, c'est-à-dire en 1670; s'il consentait à servir cette fois sous les ordres de Montbarts, la raison était tout simplement que les renseignements qu'il se proposait d'obtenir pendant le cours de la campagne lui seraient fort utiles, lorsque plus tard il reviendrait seul recommencer ce hardi coup de main.

Du reste, quels que fussent les projets ultérieurs du célèbre aventurier, il ne pouvait arriver à Saint-Domingue dans des circonstances plus favorables.

L'enrôlement devait commencer le jour même à midi précis, et selon toutes probabilités, le départ de la flotte aurait lieu quelques jours après.

Dix heures sonnaient au moment où les Frères de la Côte entrèrent dans l'hôtel du gouverneur.

M. d'Ogeron les reçut avec cette bienveillante et gracieuse hospitalité dont il possédait le secret; par son ordre des rafraîchissements furent servis avec l'accompagnement obligé de pipes et de tabac ; puis après les premiers compliments échangés de part et d'autre, on attaqua la question sérieuse.

Afin de ne pas répéter ce qui a déjà été dit, je résumerai en quelques mots les résolutions qui furent prises et définitivement arrêtées dans cette réunion qui, en réalité, ne fut autre chose qu'un conseil de guerre.

La flotte composée de soixante-douze bâtiments, fut divisée en trois escadres fortes de vingt-quatre navires chacune.

La première, placée sous les ordres du vice-amiral Ourson Tête-de-Fer, ayant Pitrians pour capitaine de pavillon.

La deuxième, sous les ordres du vice-amiral Morgan, avec le capitaine Drack comme capitaine de pavillon.

La troisième enfin sous les ordres du vice-amiral Pierre Legrand, avec Philippe d'Ogeron pour capitaine de pavillon.

Six contre-amiraux furent choisis, deux pour chaque escadre.

Voici leurs noms par escadres :

Première : Le Poletais, David.

Deuxième : Louis Scott, Rock le Brésilien.

Troisième : Pierre Franc, Alexandre.

Montbarts, amiral de la flotte, avait choisi pour aides de camp; le beau Laurent, l'Olonnais, Barthélemy, Vent-en-Panne et Michel le Basque, alors en expédition, mais qui devaient rejoindre aussitôt qu'on atteindrait la terre ferme.

Tous les bâtiments français arboreraient le pavillon de la flibuste aux trois couleurs bleu, blanc et rouge.

Morgan porterait le pavillon anglais; les guidons étaient : rouge pour l'amiral, blanc pour les vice-amiraux, bleu pour les contre-amiraux.

Le conseil suprême de l'expédition était composé de l'amiral président, des vice-amiraux, des contre-amiraux et des aides de camp de l'amiral qui, tous ayant commandé de grandes expéditions en chef, avaient le grade de contre-amiraux.

Les déterminations prises et arrêtées par le conseil suprême étaient sans appel.

La peine de mort était édictée contre tout contrevenant, quel que fût son grade sur la flotte.

Voilà les résolutions qui furent d'un commun accord arrêtées à ce sujet dans le conseil de guerre tenu chez M. d'Ogeron.

Cette chasse-partie singulière des chefs de cette étrange expédition fut écrite par Olivier Oexemelin, secrétaire du gouverneur, qui plus tard devait se faire l'historien des aventuriers de l'île de la Tortue.

Après lecture, cet acte fut signé par tous les chefs présents, en leur nom et en celui de ceux qui étaient absents, et la minute déposée, revêtue du sceau de M. d'Ogeron, dans les archives du gouvernement; un double fut remis à l'amiral.

Il était près de midi lorsque le conseil leva enfin la séance; ses membres se dirigèrent immédiatement vers la taverne du *Saumon Couronné*, où les Frères de la Côte étaient convoqués pour l'enrôlement.

On voit par ce qui a été dit plus haut que jamais expédition flibustière n'avait jusqu'alors réuni d'aussi grands noms. Tous les Frères de la Côte les plus célèbres en faisaient partie.

Une large estrade avait été dressée dans le fond de la grande salle de la taverne; sur cette estrade, recouverte d'un tapis, étaient disposés des sièges pour le gouverneur et les chefs principaux de l'expédition; à droite et à gauche, au pied de l'estrade, deux tables, derrière lesquelles étaient assis des secrétaires, chargés de faire signer les volontaires.

Les portes et les fenêtres de l'auberge étaient ouvertes, de sorte que la foule, pressée au dehors et qui n'avait pu trouver place à l'intérieur, non seulement voyait tout ce qui se passait, mais encore ne perdait pas un mot de ce qui se disait.

Montbarts, M. d'Ogeron, Morgan et les autres flibustiers prirent place sur l'estrade.

Midi sonna.

Les deux secrétaires frappèrent avec le manche de leur poignard deux coups secs sur les tables placées devant eux.

Aussitôt toute cette foule hurlante, grouillante, tumultueuse, qui ondulait avec des froissements étranges, devint immobile et se calma subitement, comme les flots irrités de la mer au *Quos ego!* prononcé par Neptune en courroux.

Un silence de mort plana sur cette multitude.

Montbarts se leva, salua gracieusement l'assistance et prononça un long discours.

Ce discours qu'il est inutile de rapporter, mais qui touchait les intérêts les plus chers des aventuriers, les passionna vivement.

Puis on lut la chasse-partie générale, et celle qui contenait les nominations faites par les membres du conseil de guerre.

— Avez-vous des réclamations à élever contre la chasse-partie générale? demanda Montbarts.

— Non! cria la foule.

— Vous êtes prêts à la signer?

— Oui! oui! reprirent d'une seule voix les aventuriers.

— Vous jurez de vous y soumettre.

— Nous le jurons? Vive Montbarts! Vive Morgan!

— C'est bien, approuvez-vous la chasse-partie particulière?

— Oui!

— Acceptez-vous les chefs qui ont été élus par le conseil suprême de l'expédition?

— Oui!

— Vous jurez de leur obéir en tout ce qu'ils vous ordonneront pour le bien de l'expédition?

— Nous le jurons! nous le jurons!

— Pardon, amiral, dit respectueusement un aventurier, me permettez-vous de vous adresser une question?

— Parle, frère, tu es libre encore d'interroger, je suis ton égal tant que tu n'as pas signé ton engagement.

— Vous ne nous avez pas fait connaître le but de l'expédition.

— Ce but ne peut et ne doit être révélé ici; les Espagnols entretiennent trop d'espions parmi nous pour que nous leur donnions ainsi l'éveil sur nos projets.

— Je comprends, fit l'aventurier en hochant affirmativement la tête.

— Tout ce qu'il m'est permis de vous révéler, mes frères, continua Montbarts, c'est qu'après la victoire le plus pauvre de nous sera presque millionnaire; cela vous suffit-il, frères?

— Oui! oui! Vive Montbarts! crièrent les aventuriers.

— Et toi, frère, as-tu à ajouter quelque chose?

— Oui, amiral, j'ai à ajouter ceci, que je vous prie de m'excuser d'avoir osé vous adresser une sotte question et que je vous remercie d'avoir daigné y répondre.

Puis il salua respectueusement et fit un pas en arrière.

— Personne n'a plus rien à dire? demanda Montbarts.

Chacun se tut.

— Les engagements sont ouverts.

L'enrôlement commença aussitôt.

Il dura trois jours.

Montbarts ne s'était pas trompé lorsqu'il avait dit à M. d'Ogeron qu'il aurait plus de monde qu'il n'en voudrait.

Lorsque, cinq jours après le ban publié, les feuilles d'engagement arrivèrent à Port-de-Paix, il se trouva que, tout compte fait, les volontaires ayant été

Le lendemain, don Fernand et sa suite arrivèrent à Panama.

minutieusement choisis par les commissaires spécialement chargés de les enrôler, quinze cents hommes avaient été engagés en sus du chiffre désigné, sans qu'il se fût trouvé de motifs plausibles pour les refuser.

Lorsqu'on soumit les feuilles à M. d'Ogeron, il n'y voulut pas croire ; huit mille hommes trouvés en cinq jours sur une population dont ils formaient presque le tiers, cela lui semblait passer toutes les limites du possible, et encore trouvés, l'expression était impropre, ils s'étaient présentés d'eux-mêmes sans y être poussés, de leur propre mouvement ; si les commissaires, qui avaient des instructions excessivement sévères, n'avaient pas été aussi difficiles, on aurait facilement atteint le chiffre énorme relativement d'au moins douze mille hommes : car ceux qu'ils avaient écartés étaient tous valides, aguerris et capables d'un excellent service.

— Qu'en dites-vous ? demanda Montbarts au gouverneur, avec son charmant sourire toujours empreint d'une fine pointe d'ironie.

— Que voulez-vous que j'en dise ? répondit le gouverneur complètement ahuri par ce résultat inespéré ; c'est à n'y pas croire !

Pardieu ! ajouta-t-il en souriant, qu'on vienne me dire, après cela, que mes colons sont essentiellement cultivateurs, pour le coup j'ai la preuve en main, et je saurai que répondre. Vive Dieu ! amiral, vous en conviendrez avec moi, c'est une singulière colonie agricole que la nôtre !

— Bah ! répondit doucement Montbarts, qui sait ? Laissez-nous jeter notre gourme ; peut-être avant vingt ans d'ici détesterons-nous la guerre autant que nous l'aimons aujourd'hui ?

— Hélas, mon cher Montbarts, dit le gouverneur avec un désespoir comique, je le désire sans oser l'espérer ! ni vous ni moi nous ne verrons ce résultat, qui est ce que je désire le plus au monde.

— Je vous avoue franchement, mon cher monsieur d'Ogeron, que quant à moi, je ne tiens nullement à voir ce résultat dont vous parlez.

— Vous, je comprends cela, dit-il avec un soupir à faire tourner les ailes d'un moulin, vous êtes un batailleur, tandis que moi !...

Montbarts se mit à rire, et la conversation en resta là.

Ces deux hommes, qui s'aimaient et s'estimaient comme s'ils eussent été frères, doués tous deux d'une intelligence d'élite, étaient engagés chacun dans une voie si diamétralement opposée, que, placés sur un certain terrain, il était radicalement impossible qu'ils arrivassent jamais à s'entendre : aussi avaient-ils franchement renoncé à entamer toute discussion l'un contre l'autre.

Cependant le Port-de-Paix s'encombrait de navires ; les bâtiments arrivaient de Leogane et de Port-Margot, les uns après les autres, et cela si bien et si rapidement, que huit jours à peine après l'enrôlement terminé, toute la flotte flibustière se trouva réunie à Port-de-Paix.

La rade présentait un des spectacles les plus saisissants et les plus pittoresques qui se puissent imaginer.

Il régnait dans la ville une activité incroyable.

On embarquait les vivres, l'eau et les munitions de guerre ; sans cesse des canots sillonnaient la rade dans tous les sens.

Montbarts était partout, voyait tout, surveillait tout.

Lorsque toute la flotte fut réunie, il voulut la passer en revue.

Les officiers regagnèrent aussitôt leurs bords, et les équipages furent mis au complet.

L'armée était forte de huit mille cinq cents hommes, au lieu de sept mille sur lesquels on avait compté, ce qui augmentait les troupes de débarquement de quinze cents hommes, car le chiffre établi d'abord par Montbarts pour demeurer à bord des navires fut maintenu.

Chaque enrôlé était astreint à se fournir de ses armes et de deux livres de poudre et de balles, et en sus de vivres pour huit jours.

Ceci était de règle à bord de tous les bâtiments flibustiers.

Cette loi avait le grand avantage, surtout dans une expédition comme celle qui se préparait, de diminuer considérablement les dépenses.

La revue que voulait passer Montbarts était donc celle des armes, des munitions et des vivres; quant aux navires eux-mêmes, il les connaissait de longue date et savait qu'ils étaient bien gréés et parfaitement en état de faire un excellent service à la mer.

La revue eut lieu; elle fut minutieuse, taquine et sévère au plus haut degré. et cependant Montbarts redescendit à terre le cœur plein de joie; il n'avait pas eu un reproche à adresser, une réprimande à faire.

S'il connaissait les boucaniers, ceux-ci le connaissaient bien aussi, ils savaient combien il était sévère pour toutes ces choses de détail futiles en apparence et dont, cependant, dépend si souvent le succès d'une expédition : aussi s'étaient-ils mis en mesure de le satisfaire sur tous les points.

Le 18 mars, le conseil suprême fut convoqué par l'amiral à l'hôtel du gouvernement.

Le moment d'appareiller était arrivé; tout était prêt, il ne fallait pas perdre de temps sur rade, surtout avec des équipages qui, ayant devant les yeux la terre qu'ils aimaient, éprouvaient à chaque instant, malgré eux, des velléités d'indépendance, et qui ne seraient réellement disciplinés que lorsqu'ils auraient quelques jours de mer.

De plus, l'amiral voulait soumettre au conseil le plan de l'expédition, plan qu'il désirait discuter avec ses officiers, avant de le mettre définitivement à exécution.

A midi précis une salve de vingt et un coups de canon, tirée par le fort, annonça l'ouverture du conseil.

La flotte répondit par une décharge générale de toutes ses pièces.

Rien ne saurait rendre l'effroyable fracas produit par ces quinze cents canons tonnant tous ensemble.

Le bruit, répercuté par les échos, gagna de loin en loin et alla se perdre au fond des mornes de la montagne noire, où il gronda longtemps avec les roulements sinistres de la foudre.

Un canot se détacha de chaque navire amiral et fit force de rames vers le débarcadère, où tous les officiers supérieurs débarquèrent presque ensemble.

Un détachement de marins, qui les attendait pour leur servir de garde d'honneur, forma aussitôt ses rangs et escorta les officiers jusqu'à l'hôtel du gouvernement, à la porte duquel se tenaient Montbarts, M. d'Ogeron et son neveu Philippe.

M. d'Ogeron fit les honneurs de son hôtel ainsi qu'il avait coutume de les faire, c'est-à-dire grandement et noblement; après que les officiers eurent accepté quelques rafraîchissements pour la forme, car le temps pressait, ils passèrent dans la salle du conseil où tout était préparé pour les recevoir.

Ces Frères de la Côte, si insoucieux de l'avenir, dont la vie, lorsqu'ils étaient à terre sans engagement, était une suite d'orgies formidables, de caprices inouïs et de folies qu'aucune plume ne saurait décrire, aussitôt qu'ils avaient conçu un projet quelconque, que ce projet était en voie d'exécution, devenaient subitement et sans transition d'autres hommes; une métamorphose s'opérait en eux, complète et radicale; à l'ivrognerie, à la licence, à la paresse, à tous les vices enfin qui se disputaient ces singulières natures, succédaient tout à coup la sobriété, l'obéissance, l'activité fébrile, et toutes les autres qualités qui font, à un moment donné, sinon les grands hommes, du moins les héros.

Là peut-être était le secret de leurs innombrables et éclatants succès dans tout ce qu'ils entreprenaient.

Revêtus d'uniformes magnifiques et ruisselants d'or et de diamants, la forme de leurs chapeaux entourée de lourdes « fanfaronnes », les officiers supérieurs de la flotte flibustière laissaient bien loin derrière eux le luxe, toujours un peu étriqué, des plus brillants seigneurs de la cour de Louis XIV, et un étranger qui se fût à l'improviste trouvé au milieu d'eux aurait cru voir une réunion de princes.

Les Frères de la Côte, sales, débraillés, à peine vêtus de quelques loques sordides, tachées de graisse et de goudron et constellées de trous, aimaient voir leurs chefs richement vêtus; le luxe qu'ils méprisaient pour eux-mêmes, ils l'imposaient pour ainsi dire à leurs supérieurs; ils étaient orgueilleux de leurs chefs et leur obéissaient avec plus d'entrain, de dévouement et de respect. Ceux-ci le savaient, aussi ne se faisaient-ils pas faute de les satisfaire.

Mais cette différence de costume n'était qu'une distinction purement fictive entre l'officier et le matelot ; à terre ils ne se faisaient pas faute de s'en aller bras dessus bras dessous s'enivrer ensemble, jouer, perdre ou gagner des sommes folles dans les plus intimes tavernes.

Toute distinction cessait à terre ; seulement, à bord, la discipline régnait, mais là elle était toute-puissante, dure et implacable : un mot, un regard, un geste étaient compris et obéis avec l'obéissance passive la plus complète ; une ligne de démarcation immense, infranchissable, séparait l'officier du matelot, dont une heure auparavant il avait fait son compagnon d'orgie ; celui-ci le savait, il ne s'en offensait pas et trouvait, au contraire, toute naturelle cette distance établie entre lui et son chef ; car, matelot aujourd'hui, demain il pouvait commander à son tour et avoir sous ses ordres celui auquel il obéissait avec une si grande docilité et une si respectueuse déférence.

Les officiers prirent des sièges préparés à l'avance devant une grande table recouverte d'un tapis vert, et le conseil commença.

Montbarts expliqua avec netteté et concision le plan qu'il avait conçu.

Ce plan était un chef-d'œuvre d'adresse, d'audace et d'intelligence.

Les flibustiers écoutèrent l'amiral avec la plus profonde attention, sans l'interrompre une seule fois.

Lorsque Montbarts se tut, tous s'inclinèrent.

— Vous n'avez pas d'observation à me soumettre, messieurs? demanda le flibustier.

— Aucune, amiral, répondirent-ils.

— Donc, maintenant nous passerons, si vous le voulez bien, à l'exécution : entendons-nous, je ne prétends parler ici que des mouvements que nous devons opérer avant d'atteindre la terre ferme ; car notre expédition se divise en deux parties, bien distinctes : la première qui est essentiellement maritime, et la seconde, au contraire, pendant laquelle nous nous changeons en soldats, traversons de longs espaces de terre, et oublions complètement notre métier de matelots, excepté pour la rapidité de nos attaques et la célérité de nos marches à travers bois à la poursuite de ceux que nous voulons surprendre.

— C'est juste, dit Morgan.

— Nous ne nous occuperons donc ici que de la première partie de notre expédition, dit Montbarts, puisque c'est la seule qui soit en cause en ce moment. Notre flotte est nombreuse, les Espagnols, mis en éveil par nos immenses préparatifs et instruits par leurs espions, nous surveillent d'autant plus qu'ils ignorent sur quel point doivent porter nos efforts et quelle est celle de leurs colonies que nous voulons attaquer ; il faut autant que possible les

maintenir dans cette ignorance et augmenter encore leur inquiétude en leur
donnant le change. Pour cela, voilà, je crois, ce qu'il est bon de faire.

Les officiers se rapprochèrent et redoublèrent d'attention.

L'amiral reprit, après un instant de silence :

— Nous quitterons Port-de-Paix tous ensemble; à dix lieues en mer, sur
un signal arboré au grand mât du vaisseau amiral, la flotte se scindera en
trois, de la manière suivante : l'amiral Morgan, qui déjà s'est une fois emparé
de Porto-Bello, fera voile directement sur ce point, qu'il enlèvera et dans
lequel il préparera, après s'y être solidement établi, tous les moyens de débarquement, les bêtes de somme et les engins de transport qu'il pourra se
procurer. L'amiral Pierre Legrand se dirigera, lui, vers l'ile Sainte-Catherine
qu'il occupera. Cette ile est riche, bien fournie en vivres et munitions de toutes
sortes, elle sert à la fois d'entrepôt et d'arsenal aux flottes espagnoles; Pierre
Legrand préparera le plus rapidement possible tout ce qui sera nécessaire pour
le ravitaillement de la flotte ; il laissera une garnison suffisante à Sainte-
Catherine, et six navires pour surveiller les atterrissages de l'ile, car c'est là
que nous évacuerons nos malades et nos blessés et que sera établi le rendez-
vous général au retour de l'expédition ; puis, son escadre chargée des ravitail-
lements qu'il aura réunis, il ralliera la flotte au port de Brujas, en ayant soin
de faire prévenir par une mouche Morgan de son arrivée, afin que celui-ci le
puisse rejoindre; Ourson Tête-de-Fer piquera droit dans le vent avec la
dernière escadre, de façon à mouiller à l'entré du Rio San Juan, à quelques
lieues à peine de Chagrès, point sur lequel s'exécutera le débarquement général.
En agissant ainsi, je crois que nous parviendrons à maintenir les Espagnols
dans leur erreur et à leur donner le change sur nos projets; car, tandis qu'ils
s'acharneront à surveiller les mouvements de Morgan et de Pierre Legrand et
à s'opposer à leur descente sur l'ile Sainte-Catherine et à Porto-Bello, l'escadre
d'Ourson Tête-de-Fer passera inaperçue et ira sans être inquiétée mouiller
droit où nous voulons débarquer; de plus, solidement établis à Sainte-Catherine
et à Porto-Bello, nous sommes à la fois maîtres de la mer et de l'isthme et à
peu près libres, par conséquent, d'agir contre Panama sans craindre d'être
sérieusement inquiétés par des forces considérables, venant d'autres colonies
de la côte ferme au secours de la ville, dont nous prétendons nous emparer.
Voilà, messieurs, le plan que j'ai conçu pour l'exécution de la première partie
de nos projets; veuillez réfléchir sérieusement à ce que vous venez d'entendre
et faites-moi l'honneur de me soumettre vos observations que j'écouterai avec
toute la déférence que je dois à des hommes comme vous, si au fait des choses
de la guerre.

En entendant cet exposé si clair et si lucide du plan que l'amiral avait conçu, les officiers ne purent retenir l'expression, non de leur surprise, mais de leur admiration ; en effet, tout était prévu et déduit avec une habileté singulière ; il n'y avait rien, non pas à changer, mais seulement à modifier ; comme toujours en pareille circonstance, Montbarts avait tranché la difficulté d'un seul coup ; M. d'Ogeron lui-même, le sceptique par excellence, fut convaincu devant de telles dispositions ; il crut au succès de l'expédition et le dit hautement, tout en félicitant Montbarts de la sûreté et de l'excellence des dispositions si simples, cependant, qu'il avait imaginées.

— Amiral, dit Morgan au nom de tous avec un charmant sourire, c'est pure courtoisie de votre part de nous convoquer en conseil ; vous n'avez nullement besoin de nous ; il ne nous reste qu'à obéir aux ordres qu'il vous plaira de nous donner.

— Ainsi, messieurs, ce plan vous semble non seulement possible, mais encore exécutable.

— Il serait impossible, amiral, d'en faire un meilleur, et nous nous y rallions tous de grand cœur et sans arrière-pensée.

— Je vous remercie, messieurs, nous l'exécuterons donc ; avec votre aide j'ai bon espoir dans la réussite.

— Avec un chef tel que vous, amiral, reprit Morgan, la réussite des plans même les plus audacieux est toujours certaine ; nous tâcherons de nous montrer dignes de vous ; en toutes circonstances l'obéissance est un devoir, ici c'est un plaisir et un honneur.

Tous les officiers pressèrent la main de Montbarts et l'assurèrent, avec effusion, de leur dévouement absolu.

— Quand partez-vous, amiral ? demanda M. d'Ogeron.

— Aujourd'hui même, monsieur, avec votre permission, et se tournant vers ses officiers, il ajouta :

Nous sommes le 20 mars, messieurs, dit-il, le rendez-vous général est fixé au 10 avril, au Rio San Juan.

— Nous y serons ! répondirent-ils d'une seule voix.

Deux heures plus tard, la flotte flibustière appareillait par escadres, et s'éloignait en haute mer aux acclamations frénétiques de la foule pressée sur le rivage.

Jamais danger plus terrible n'avait menacé les possessions espagnoles de terre ferme.

La flotte manœuvrait avec un ensemble et une adresse admirables dans ce port si resserré : on n'eut pas à signaler le plus léger accident. Bientôt les bâtiments, poussés par une bonne brise, s'effacèrent les uns après les autres et ne tardèrent pas à disparaitre dans les lointains bleuâtres de l'horizon.

L'expédition était commencée.

M. d'Ogeron, qui avait voulu assister à l'appareillage, et qui était demeuré jusqu'au dernier moment debout à l'extrémité de l'embarcadère, se retira alors, et tout pensif il regagna l'hôtel du gouvernement.

XI

Comment le capitaine de Sandoval invita don Fernando à déjeuner à bord de la corvette « la Perle »

Un matin, vers dix heures, au moment où le comte de Castel Moreno se décidait enfin à quitter la couche moelleuse sur laquelle il était étendu, à passer sa robe de chambre et chausser ses pantoufles, sa porte s'ouvrit doucement; son valet de chambre de confiance, Michel le Basque, entra dans la chambre à coucher et annonça à son maitre que le señor don Pablo de Sandoval, capitaine commandant la corvette *la Perle*, réclamait pour affaire urgente et qui n'admettait pas de délai la faveur d'être immédiatement introduit en sa présence.

Le maitre et le valet échangèrent un sourire d'une expression singulière, et sur un signe du comte le capitaine entra.

Après les premiers compliments et les excuses réitérées de don Pablo de Sandoval sur l'heure peut-être un peu trop matinale de sa visite, Laurent, que toutes ces paroles oiseuses fatiguaient, résolut d'y couper court; il avança un fauteuil au capitaine, en prit un pour lui-même et avec son plus charmant sourire :

— Je n'accepte vos excuses qu'à une seule condition, mon cher don Pablo, lui dit-il.

— Quelle est cette condition, señor conde?

— C'est que vous accepterez franchement de déjeuner avec moi.

— Je ne vois pas qui m'empêcherait de déjeuner avec vous, comte.

— Très bien! Alors, c'est convenu.

— Je ne dis pas cela, comte.

— Hein! Que dites-vous donc alors?

— Votre valet de chambre ne vous a-t-il pas annoncé que je venais pour affaire grave?

— Certes, mais je ne suppose pas que cette affaire grave soit, par exemple, de me payer les cent cinquante onces d'or que vous avez perdues hier contre moi, sur parole, au bal du gouverneur?

— Pas précisément, bien qu'il y ait un peu de cela; les dettes de jeu se paient dans les vingt-quatre heures, ajouta-t-il en empilant sur une table la somme énoncée.

— Quelle folie de vous déranger si matin pour une pareille misère!

— J'avais un autre motif encore.

— C'est juste, je l'avais oublié.

— Tel que vous me voyez, mon cher comte, je suis envoyé vers vous en ambassadeur.

— Quelle que soit la mission dont vous êtes chargé, aucun ambassadeur ne saurait m'être plus agréable.

— Merci! comte. Voici la chose en deux mots.

— Je vous écoute.

— A propos, s'écria le capitaine en s'interrompant tout à coup, vous savez la nouvelle?

— Moi, je ne sais rien, je sors du lit.

— C'est vrai; eh bien, du reste, elle est toute fraîche de cette nuit; eh bien, dis-je, cette nouvelle, la voici, les ladrones se sont échappés.

— Quels ladrones? pardon! je ne suis pas bien au courant encore.

— Comment! vous ne vous rappelez pas ces dix ladrones français dont je m'étais emparé...

— Attendez donc! dans une pirogue, je crois?...

— C'est cela même.

— J'y suis maintenant, eh bien?

— Eh bien, ils se sont échappés?

— Comment, échappés?

— Comme on s'échappe, pardieu! Figurez-vous qu'ils étaient renfermés dans la prison, où ils attendaient le moment d'être pendus; il paraît que mes gaillards n'avaient qu'une médiocre vocation pour ce genre de mort.

— Je comprends cela.

— Moi aussi.

— De sorte qu'ils sont partis.

— Tout ce qu'il y a de plus partis; ils ont décampé cette nuit même, sans tambour ni trompette, après avoir un peu égorgé leurs geôliers.

— Alors, bon voyage!

— Comme vous y allez, comte, on voit bien que vous arrivez d'Espagne et que vous ne connaissez pas ces drôles; ce sont de véritables démons.

— Soit, mais dix hommes, fussent-ils comme Samson, le massacreur de Philistins, ou bien comme Hercule, fils de Jupiter et vainqueur de l'Hydre de Lerne, ne peuvent que médiocrement vous inquiéter, je suppose.

— Vous vous trompez, comte, ces bandits sont très redoutables.

— Craignez-vous donc qu'ils ne s'emparent de la ville? fit le jeune homme avec un singulier sourire.

— Je ne dis pas cela, bien que je les croie capables de tout!

— Même de s'emparer à eux dix de la ville de Panama? fit en riant le comte.

— Peuh! tout au moins peuvent-ils, si l'on ne parvient pas à remettre la main dessus, nous causer bien des ennuis; aussi le gouverneur est furieux, il s'en prend à tout le monde de sa suite; il dit qu'il y a eu trahison; je vous avoue entre nous que je partage cette opinion; il est matériellement impossible que ces misérables fussent parvenus à exécuter leur hardi coup de main, s'ils n'avaient pas été aidés du dehors par des complices ou du moins des gens gagnés.

— Ils avaient donc de l'or?

— Pas un maravédis, et voilà ce qui m'étonne; bref, don Ramon de la Cruz les fait poursuivre dans toutes les directions.

— Oh! alors je suis tranquille, on sera bientôt sur leurs traces.

— Voilà le plus extraordinaire, c'est qu'ils n'ont laissé derrière eux aucune trace, aucun indice qui puisse guider les recherches. On dirait, Dieu me pardonne! qu'ils se sont envolés ou que la terre les a tout à coup engloutis; ils n'ont été ni vus ni entendus par âme qui vive! Les portes de la ville étaient fermées, les chaînes du port tendues; où sont-ils passés?

— Je vous le demande, c'est extraordinaire, en effet, et ils n'ont rien laissé?

— Si, pardon! j'oubliais.

— Vous voyez bien!

— Bon! vous allez juger si cela peut aider à retrouver leur piste; ils ont écrit en lettres d'un pied de haut, sur les murs de leur prison, ces trois mots: *Hasta luego, Gavachos!* A bientôt, Gavachos!)

Le capitaine Laurent.

— Je trouve la plaisanterie médiocre.

— Le gouverneur la trouve exécrable, car ces trois mots sont une menace.

— Ou une fanfaronnade; que diable! ces dix hommes ont assez à faire d'essayer d'échapper à ceux qui les poursuivent.

— Cela leur sera difficile, j'en conviens; mais laissons cela et revenons à ce que je vous disais d'abord.

— C'est cela; car en somme les coquins ne m'intéressent guère.

— Hier, pendant le bal, il paraît que plusieurs dames ont comploté de venir ce matin faire une visite à bord de ma corvette avec quelques-uns de leurs parents et de leurs amis, invités, bien entendu, par ces dames; je vous citerai entre autres doña Linda, fille de don Ramon de la Cruz, le gouverneur, et doña Flor, fille de don Jésus; j'ai été averti il y a une demi-heure à peine; après avoir donné les ordres nécessaires pour qu'un déjeuner somptueux fût préparé, je suis venu en toute hâte vous prier, mon cher comte, de m'aider à faire à ces dames les honneurs de mon bâtiment.

— Votre proposition est charmante, capitaine, je l'accepte avec le plus grand plaisir.

— A la bonne heure! vous voyez bien que rien ne nous empêchait de déjeuner ensemble; maintenant que ma mission est remplie, je me sauve, le rendez-vous est fixé à onze heures et demie: à bientôt! comme l'écrivent si bien les ladrones.

Les deux jeunes gens se mirent à rire, échangèrent une dernière poignée de main, et le capitaine sortit.

Derrière lui Michel entra.

— Eh bien! lui dit Laurent, l'affaire a été bien menée, à ce qu'il paraît?

— Mais oui, pas mal, répondit le boucanier avec un sourire narquois. Vous avez eu des nouvelles?

— Oui, et des plus fraîches. Au dire du señor don Pablo, le gouverneur serait furieux du tour qu'on lui a joué, et il aurait lancé dans toutes les directions de nombreux détachements à la poursuite de nos pauvres camarades.

— Bon! Qu'ils courent, cela leur fera prendre de l'exercice, à défaut de ceux qu'ils poursuivent, et sur lesquels ils ne mettront pas la main, j'en réponds...

— Où sont-ils? Ici?

— N'était-ce pas convenu?

— Certes; seulement ils feront bien de se tenir cois.

— Bah! pourquoi faire? José est depuis ce matin occupé à les grimer et à les déguiser de telle sorte que, s'ils se regardaient dans une glace, il ne se reconnaîtraient pas eux-mêmes; ce diable d'homme possède un talent remarquable pour opérer ces métamorphoses: c'est à n'y pas croire.

— C'est égal, il est bon d'être prudent.

— José affirme que le meilleur moyen de se cacher, c'est de se montrer hardiment.

— Il y a du vrai dans ce paradoxe, cependant il ne faudrait pas le pousser trop loin.

— On ignore le nombre de vos domestiques; quelques-uns de plus ou de moins, adroitement disséminés dans la maison, le jardin et les écuries, ne seront pas remarqués; vous verrez quelle belle collection de valets on vous confectionne, monsieur le comte; vous en aurez de toutes sortes et de toutes nuances. Barthélemy, entre autres, votre maître d'hôtel, il en a fait le plus magnifique hidalgo qui se puisse imaginer; c'est à mourir de rire; sur ma parole, nous n'osons pas nous regarder en face.

— Vous êtes des fous, reprit Laurent, mais je vous le répète, soyez prudents.

— Puisque José répond de tout!

— Ah çà! tu n'as que ton José à la bouche depuis quelque temps; d'où te vient cet engouement extraordinaire pour cet homme?

— José n'est pas ce qu'il paraît.

— Alors il est déguisé aussi.

— Pardieu! nous le sommes tous, c'est charmant.

— Quelle singulière comédie nous jouons.

— Oui, et qui ne tardera pas à tourner à la tragédie; je ne me cache pas, du reste, de ma prédilection pour José; vous savez, monsieur le comte, que je ne suis pas homme à m'infatuer d'un individu à la légère.

— C'est une justice que je me plais à te rendre.

— Eh bien! j'éprouve pour cet homme quel qu'il soit une affection réelle; il est brave, loyal et dévoué, j'en suis convaincu.

— Montbarts, qui s'y connaît, m'en a fait un grand éloge, et me l'a fort recommandé.

— Alors, nous pouvons être tranquilles.

Tout en causant ainsi, Laurent s'était habillé avec l'aide de Michel et avait revêtu un magnifique costume; la Toison d'Or, ordre réservé aux princes et qui à cette époque ne s'obtenait que très difficilement, brillait sur sa poitrine.

Michel sourit en voyant Laurent s'en parer avec nonchalance.

— De quoi ris-tu, démon? lui dit-il; n'ai-je pas le droit de porter cet ordre?

— Dieu me garde d'élever le moindre doute à ce sujet, monsieur le comte! répondit vivement le boucanier; il est incontestable que plus que personne vous en avez le droit; seulement, je ris parce que cela me semble singulier de voir briller l'ordre de la Toison d'Or sur la poitrine de l'un des principaux chefs des Frères de la Côte, les ennemis acharnés de l'Espagne.

— Oui, en effet; aussi. pour toi-et pour moi, ce contraste est-il des plus piquants. As-tu mis de l'or dans mes poches?

— Oui, monsieur le comte.

— Bien; mes bijoux maintenant.

— Vous accompagnerai-je?

— Non pas, diable! je me rends à bord de *la Perla*; tu t'es pris d'un si grand amour pour ce charmant navire que, si je te menais avec moi, tu serais capable de me faire quelque esclandre; je te connais, compagnon; aussi je me tiens sur mes gardes; sérieusement, Michel, plus nous approchons du dénoûment, plus nous devons jouer serré et redoubler de prudence.

— Vous m'avez promis *la Perla*.

— Tu l'auras, gourmand, mais pas avant quelques jours; ainsi, prends patience jusque-là.

— C'est bon, répondit-il en grondant comme un molosse auquel on retire un os; c'est bon, j'attendrai; cependant. vous ne pouvez pas aller seul là-bas.

— Fil-de-Soie m'accompagnera.

— Voilà un moussaillon qui a de la chance! il n'y en a que pour lui.

— Jaloux! dit en riant le jeune homme, les chevaux sont-ils prêts?

— Ils vous attendent.

— Alors je pars; ne m'attends pas avant quelques heures; je ne sais pas combien de temps je demeurerai à bord.

— C'est bien.

Ils sortirent.

Dans la cour, Fil-de-Soie, ou plutôt Julien, car tel était son nom. prévoyant qu'il accompagnerait son maître, était déjà en selle. revêtu d'un splendide costume de page.

Le comte monta à cheval, fit un dernier signe d'adieu à Michel et quitta sa demeure, suivi à distance par Julien et un domestique en grande livrée chargé de ramener les chevaux.

Les Hispano-Américains ne connaissent qu'un mode de locomotion, le cheval.

Jamais on ne les rencontre à pied; pour les plus petites courses comme pour les plus grandes, pour traverser une rue comme pour faire cent lieues, ils montent à cheval; on peut dire qu'ils vivent sur le dos de leurs montures.

Après avoir traversé au petit pas une partie de la ville, où son passage excitait l'admiration générale, le comte atteignit le port; il mit alors pied à terre, fit signe à son page de le suivre, et après avoir confié ses chevaux à son domestique qui les emmena aussitôt, il fit signe à l'un des nombreux bateliers dont les embarcations stationnaient le long du quai à la disposition des promeneurs, et il se fit conduire à bord de la corvette *la Perla*.

La corvette *la Perla* était un magnifique bâtiment, fin, élancé, ras sur l'eau, élégant, dont la coquette mâture on peu haute et crânement penchée en arrière avait son gréement tenu avec le plus grand soin ; *la Perla* portait vingt-quatre canons et sortait des chantiers du Ferrol ; c'était un des navires les mieux espalmés et les plus soigneusement entretenus de toute la marine espagnole, qui cependant était encore à cette époque, après la marine hollandaise, la plus belle du monde.

Le capitaine don Pablo de Sandoval, malgré ses fanfaronnades un peu trop andalouses, était, en réalité, un excellent marin, d'une bravoure à toute épreuve ; il aimait sa corvette comme on aime une maîtresse chérie et s'ingéniait sans cesse pour la rendre plus élégante et plus coquette.

L'embarcation aborda à tribord ; don Pablo attendait le comte au bas de l'escalier d'honneur, appliqué au flanc du navire ; en apercevant l'ordre de la Toison d'Or qui brillait sur la poitrine du comte, il poussa un cri de surprise et d'admiration.

Don Fernan sourit en remarquant cette émotion involontaire.

— J'ai voulu vous faire honneur, lui dit-il en lui tendant la main.

Ils montèrent à bord, où le comte fut reçu avec tous les honneurs dus à son rang.

— Suis-je en retard, mon cher capitaine ? demanda négligemment le comte.

— Non pas, personne n'est arrivé encore, Excellence.

— Mon cher don Pablo, faites-moi donc un plaisir ?

— Je suis aux ordres de Votre Excellence.

— Eh bien, une fois pour toutes, abstenez-vous de me donner à tout bout de champ le titre d'Excellence ou de comte ; nous sommes trop liés ensemble pour que nous continuions à user l'un envers l'autre de telles cérémonies.

— Mais alors comment nommerai-je Votre Excellence, monsieur le comte ?

— Encore ! vous êtes incorrigible, sur ma parole ! reprit-il en riant.

— C'est que je ne sais comment faire ?

— Eh, pardieu ! appelez-moi don Fernan, comme je vous nomme don Pablo, c'est bien simple, il me semble.

— Si vous l'exigez...

— Je n'ai le droit de rien exiger de vous, capitaine ; je ne puis que vous prier, et c'est ce que je fais.

— Soit ! je vous obéirai.

— Merci ! don Pablo, vous me faites réellement plaisir ; vous ne vous imaginez pas combien toutes ces cérémonies me pèsent ; je suis un homme tout franc, moi.

— Je le vois, et j'en suis heureux, señor.

— Ceci est mieux, mon cher don Pablo, je vois que vous vous habituerez.

— Désirez-vous vous rafraîchir ?

— Je n'ai besoin de rien quant à présent, merci ! eh ! tenez, si nous profitions de notre solitude temporaire pour visiter votre charmant navire ?

Aucune proposition ne pouvait flatter davantage l'amour-propre du capitaine, aussi l'accepta-t-il avec empressement.

Le comte et le capitaine commencèrent leur visite ; Julien fut laissé sur le pont où il lia aussitôt connaissance avec l'équipage.

L'intérieur du navire ne démentait pas ce que promettait son extérieur, partout régnaient un luxe et une propreté remarquables ; le capitaine avait dépensé un argent fou pour meubler et installer non seulement son appartement particulier, mais encore les chambres destinées aux officiers composant son état-major : aussi avait-il réussi à faire de l'arrière de son bâtiment le plus délicieux et le plus coquet retrait qui se puisse imaginer.

Le comte, tout en feignant d'être assez peu versé sur ce qui se rapportait aux choses de la mer, visita la corvette avec une sérieuse attention, ne laissant échapper aucun détail important et questionnant avec une feinte nonchalance le capitaine sur des choses qui auraient pu éveiller son attention, si don Pablo n'avait pas été aussi enorgueilli de recevoir un visiteur de cette qualité, et n'eût pas éprouvé un aussi grand plaisir à faire ressortir toutes les qualités de son charmant navire.

L'équipage de *la Perla*, fort considérable pour un aussi léger bâtiment, avait été renforcé depuis quelques jours et montait à cent soixante-dix hommes, tous excellents matelots, braves et surtout accoutumés à la discipline, qui, contrairement à ce qui se passait à peu près sur tous les autres bâtiments, était sur celui-ci fort sévère.

Les officiers, au nombre de quatre, étaient de vieux marins énergiques et dévoués à leur chef qu'ils adoraient.

Le comte apprit de plus que *la Perla*, excellente marcheuse, manœuvrait avec une facilité singulière par tous les temps, et que son allure favorite était le plus près ; ce que, rien qu'à l'inspection extérieure du navire et à la disposition de sa mâture, le comte, au reste, avait tout de suite compris.

Dans la chambre du conseil, une table, surchargée d'une magnifique argenterie, et encombrée de mets de toutes sortes, froids naturellement, attendait les convives du capitaine.

Mais, à l'agitation extraordinaire qui régnait à l'avant, dans la cuisine, il était facile de comprendre que ces mets froids ne formeraient, le moment venu de se mettre à table, que la partie la plus minime du déjeuner.

Après avoir tout vu, tout visité, tout admiré, le comte remonta sur le pont en compagnie de son complaisant cicerone.

« Pardieu! disait à part lui le flibustier tout en souriant au capitaine, j'ai définitivement bien fait de ne pas consentir à ce que ce démon de Michel m'accompagnât à bord de cette *Perla*, la bien nommée; la vue de tant de richesses l'eût rendu fou, et alors Dieu sait ce qui serait arrivé. »

En ce moment, plusieurs canots furent signalés se dirigeant vers la corvette.

Le plus rapproché de tous portait le pavillon espagnol à l'arrière.

Ce canot était celui du gouverneur.

Quatre personnes étaient assises dans la chambre d'arrière : deux hommes et deux dames.

Ces quatre personnes étaient le gouverneur lui-même, don Ramon de la Cruz, revêtu de son grand uniforme, tout chargé d'or et de broderies, don Jesus Ordoñez de Silva y Castro, plus modestement habillé, bien qu'avec un certain luxe de bon goût, doña Linda de la Cruz, fille du gouverneur, ravissante jeune fille à peu près du même âge que la fille de don Jesus, pour laquelle elle professait une profonde amitié, et doña Flor Ordoñez, que le lecteur connaît depuis longtemps déjà, et sur la beauté et la grâce de laquelle il est inutile de s'appesantir de nouveau.

Les embarcations suivantes, au nombre de trois, semblaient maintenir avec intention une distance assez considérable entre elles et le canot du gouverneur, témoignage de respect sans doute de la part des personnes qui montaient ces embarcations.

A peine le canot du gouverneur eut-il été signalé que, sur un geste muet du capitaine Sandoval, le branle-bas de combat fut fait à bord de la corvette.

Cette manœuvre, si simple en apparence pour les gens qui ne sont pas du métier, est en réalité une des plus difficiles et des plus compliquées de la stratégie navale.

Le branle-bas de combat ne doit pas en moyenne durer plus de cinq minutes pour être complètement exécuté; il rompt brutalement toutes les habitudes de la vie maritime.

En cinq minutes, les cloisons intermédiaires sont enlevées, les cuisines

(LIV. 35)

éteintes, les soutes ouvertes, les armes montées sur le pont et distribuées à l'équipage; les pièces de canon mises en batterie, les bailles de combat remplies d'eau, les mèches allumées; un va-et-vient installé au grand panneau pour descendre les blessés que dans l'entrepont recevront le chirurgien et ses aides, leurs outils préparés sur une table; les manœuvres courantes sont bossées, les vergues assurées par des faux-bras; les soldats de marine rangés en bataille, les chefs de pièces à leurs canons, les gabiers dans les hunes, les pompes à incendie installées, les grappins d'abordage préparés à l'extrémité des vergues, les filets tendus; le passage des poudres organisé; chacun à son poste, en un mot, depuis le capitaine commandant le bâtiment jusqu'au dernier mousse chargé de transporter les gargousses et nous ne parlons ici ni des armuriers, ni des calfats, ni des charpentiers, ni des timoniers, qui doivent chacun, selon ce que leur impose leur état, pourvoir à la sûreté du navire; nous passons de plus sous silence une infinité de détails importants, mais qui ne seraient pas compris de la grande majorité des lecteurs.

Et toutes ces opérations multiples et complètement opposées les unes aux autres, bien que convergeant toutes vers le même but, doivent expressément être terminées, nous le répétons, en moins de cinq minutes, c'est-à-dire à peine le temps strictement nécessaire pour réciter le *Pater* et le *Credo*.

Aussi les équipages des bâtiments de guerre ont-ils besoin d'être exercés continuellement pendant plusieurs mois consécutifs à cette manœuvre avant de parvenir à l'exécuter à peu près correctement.

Le comte, appuyé sur le bastingage, suivait du coin de l'œil ce qui se passait autour de lui, bien que sans paraître y attacher l'importance que secrètement cela avait pour ses projets ultérieurs.

Il fut émerveillé de la façon dont fut exécuté le branle-bas de combat à bord de la corvette. En quatre minutes à peine, ce qui dépassait presque les limites du possible, chacun fut à son poste et tout fut prêt pour le combat.

— Hum! murmura-t-il à part lui, tout en mâchonnant sa moustache, voilà un rude équipage et qui, si nous n'y prenons garde, nous donnera diablement de fil à retordre; quels gaillards! Je voudrais que Michel fût ici, cela lui donnerait fort à réfléchir, je suppose.

Cependant le canot du gouverneur approchait rapidement. Bientôt il accosta.

Le capitaine et le comte étaient descendus pour recevoir au bas de l'escalier Son Excellence don Ramon de la Cruz; don Pablo offrit son bras à doña Linda; don Fernan s'empara de celui de doña Flor, puis ils montèrent à bord.

A peine le gouverneur eut-il posé le pied sur le pont qu'une salve éclata, le pavillon espagnol fut hissé au grand mât, don Ramon fut salué d'une salve de onze coups de canon, et les troupes rangées sur son passage lui présentèrent les armes, tandis que les tambours battaient aux champs.

Ces honneurs étaient exagérés; don Ramon de la Cruz n'avait en réalité, en sa double qualité de brigadier et de gouverneur, droit qu'à un simple salut de sept coups de canon, sans branle-bas de combat ni batterie de tambours.

Au moment où le comte se décidait enfin à quitter sa couche moelleuse...

bien moins encore au pavillon national hissé au grand mât; mais le capitaine don Pablo de Sandoval tenait à bien faire les choses et surtout à flatter l'orgueil du gouverneur, avec lequel il avait mille raisons d'entretenir d'excellentes relations: du reste, il atteignit complètement son but.

Son Excellence don Ramon de la Cruz, gouverneur pour le roi des Espagnes et des Indes de la ville de Panama, était littéralement enthousiasmé des honneurs extraordinaires qu'on lui rendait; il ne savait comment manifester sa satisfaction au capitaine de *la Perla*, qui, lui, avec une feinte modestie, s'excusait de n'avoir pu faire davantage.

Les trois autres embarcations dont nous avons parlé, et qui par respect étaient demeurées un peu en arrière afin de laisser au gouverneur l'honneur d'accoster le premier la corvette, arrivèrent à leur tour, de sorte que bientôt tous les convives du capitaine se trouvèrent réunis sur le pont de son navire, au nombre d'une quinzaine environ.

Tous ils appartenaient aux premières ou aux plus riches familles de la ville.

Chaque cavalier offrit le poing à une dame, et on suivit le gouverneur, qui avait témoigné le désir de visiter le bâtiment pendant que l'équipage demeurerait à ses postes de combat, ce qui lui fournirait l'occasion de passer une double revue, celle de la corvette et celle des hommes qui la montaient.

Don Fernan et doña Flor, peu curieux de ce spectacle, le jeune homme parce que sans doute, marin lui-même, il n'y avait plus rien d'imprévu pour lui, et la jeune fille, peut-être par timidité féminine, ou tous les deux pour des motifs qui leur étaient particuliers et connus d'eux seuls, laissèrent tout doucement passer devant eux leurs compagnons, demeurèrent un peu en arrière, et, profitant aussitôt de leur isolement au milieu de cette foule dont un vif attrait de curiosité attirait l'attention d'un autre côté, ils entamèrent à voix basse une conversation qui, à en juger par le jeu de leur physionomie et l'éclat de leurs regards, devait être non seulement très animée, mais encore très intéressante.

Plusieurs fois déjà, don Fernan avait eu l'occasion de se rencontrer ainsi seul avec doña Flor; nous disons seul, parce que les amoureux, gens les plus égoïstes qui soient au monde, rapportent tout à eux, ne voient qu'eux, et ont pour coutume de ne rien remarquer de ce qui n'intéresse pas directement leur amour.

Doña Flor, dont les yeux, la première fois qu'elle avait vu don Fernan, lui avaient si clairement laissé comprendre ce que son cœur éprouvait, n'avait pas jugé à propos de revenir sur cet aveu tacite, lorsque le jeune homme lui avait déclaré son amour avec cette hypocrisie que possèdent tous les amants; hypocrisie qui ressemble tant à de la déloyauté, car, lorsqu'ils risquent un aveu, c'est qu'ils ont au fond du cœur la certitude que cet aveu sera écouté sans colère, don Fernan avait ajouté :

— Et vous, doña Flor, m'aimez-vous?

La jeune fille, toute rougissante et toute frémissante, fixa sur lui ses beaux yeux au clair et limpide regard, et laissa doucement tomber sa main dans la sienne en ne lui répondant que ce seul mot :

— Oui.

FIN

RÉD. :

25

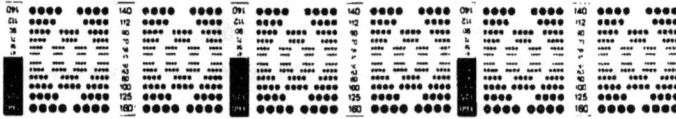

graphicom 338.57.70

MIRE ISO N° 1
NF Z 43-007
AFNOR
Cedex : - 92080 PARIS-LA-DÉFENSE

cm 0 1 2 3 4 5 6 7 8 9 10 11 12 13 14 15 16 17 18 19 20

DPCi

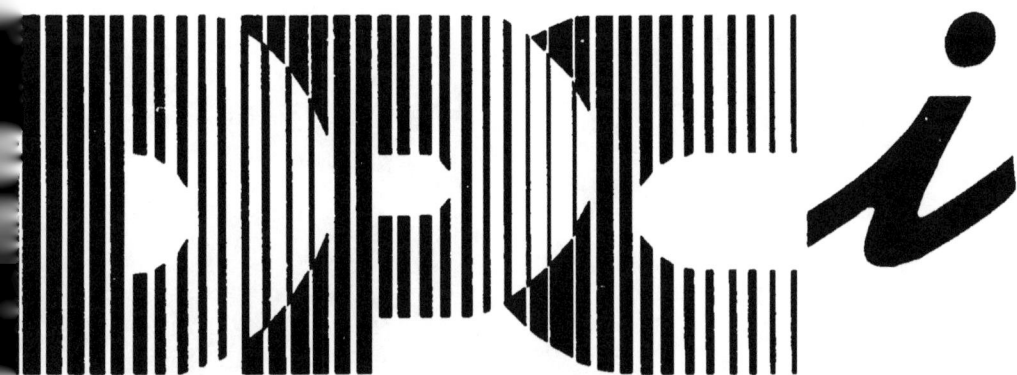

5, rue Jean-Baptiste Colbert
ZI Caen Nord - BP 6042
14062 CAEN CEDEX
Tél. 31.46.15.00

RCS Caen B 352491922

Film exécuté en 1992

www.ingramcontent.com/pod-product-compliance
Lightning Source LLC
Chambersburg PA
CBHW070618100426
42744CB00006B/534